本书的出版获得河南师范大学学术专著出版基金、河南师范大学外国语学院重点学科项目的资助

张冬冬 著

XIANDAI RIBEN NVXING
QUANYI WENTI YANJIU

现代日本女性
权益问题研究

中国社会科学出版社

图书在版编目（CIP）数据

现代日本女性权益问题研究／张冬冬著．—北京：中国社会科学出版社，2015.4
ISBN 978－7－5161－5654－4

Ⅰ.①现… Ⅱ.①张… Ⅲ.①妇女儿童权益保护—研究—日本—现代 Ⅳ.①D931.33

中国版本图书馆 CIP 数据核字（2015）第 041823 号

出 版 人	赵剑英
责任编辑	张　林
特约编辑	金　泓
责任校对	郝阳洋
责任印制	戴　宽

出　　版	中国社会科学出版社
社　　址	北京鼓楼西大街甲 158 号
邮　　编	100720
网　　址	http://www.csspw.cn
发 行 部	010－84083685
门 市 部	010－84029450
经　　销	新华书店及其他书店
印　　刷	北京市大兴区新魏印刷厂
装　　订	廊坊市广阳区广增装订厂
版　　次	2015 年 4 月第 1 版
印　　次	2015 年 4 月第 1 次印刷
开　　本	710×1000　1/16
印　　张	14.75
插　　页	2
字　　数	251 千字
定　　价	48.00 元

凡购买中国社会科学出版社图书，如有质量问题请与本社联系调换
电话：010－84083683
版权所有　侵权必究

代 序

妇女 女性 女性权益

一

提到妇女、女性这两个词，不由得想起43年前的经历。1971年冬天，我作为"知青"上山下乡后第一天上岗出工，生产队长派活，"你们妇女去……"（早不记得干什么活了），还不满17岁的我和几位女同学面面相觑，一片茫然。队长说话了，"看什么看，说你们呐！"噢，原来是我们突然被升格为"妇女"了！左边是"女"，右边是"帚"的"婦"字的本意不是已婚的女子吗？我们才十六七岁，就闪电般被列入"妇女"的行列，真是心有不甘。

这一纠结就是40多年。即使早已步入老妇行列，仍不愿意让二八年龄的女孩子被称为"妇女"。毕竟"妇（婦）女"这个词太陈旧了，隐含着性别歧视。过去国人尤其是女性文化程度低，叫了也就叫了，现在不一样了，随着时代的变迁，教育程度的提高，越来越多的女孩子不喜欢"妇女"这个词。2014年"三八妇女节"前后，某网站曾公布了一项网络调研结果：在接受调查的1206位女性中，有高达91.2%的人表示不愿被称做"妇女"（不喜欢76.0%，特讨厌14.8%），更有85.2%的被调查者希望改变"三八妇女节"这个节日称谓。这么多人不认为"三八妇女节"是属于自己的节日，甚至因被称作"妇女"而感到不满或不快，说明我们应该"与时俱进"，改一改"妇女"这个称呼了。实际上在2009年就有女政协委员张晓梅提出将"三八妇女节"改成"三八女人节"或"三八女性节"的提案，让这个节日除了有理解与尊重，还有爱与关怀的丰富含义，以符合现代众多女性的美好心愿。只是该建议仍处在"提案阶段"。

看看周边曾经受中国影响的国家的情况，或许会有所启示。韩国从战后以来，"妇女"和"女性"两个词曾经混用一段时间。从20世纪70年代起，就放弃了"妇女"一词，而仅仅使用"女性"。曾于2012年到韩国访问了几家著名的研究机构，从最高级别的官方研究机构韩国女性政策研究院，到全世界规模最大的梨花女子大学的女性学研究所、私立淑明女子大学亚洲女性研究所，这些研究机构全部冠以"女性研究"，而不是"妇女研究"。日本也是如此，过去长期使用"妇人"一词，到90年代初发生了变化，总理府的妇人问题企划推进有识者会议在1990年向总理府（现内阁府）提出建议，"除基于法令的用语和固有名词难于立即改正外，在使用表示女人的用语时，不应再使用'妇人'，而使用'女性'"，这个建议很快被采纳，此后，全国的官方文书、调查、公共团体名称等相继把"妇人"改为"女性"，如劳动省妇人局改为女性局，妇人警官改称女性警官，日本妇人科学者之会改称日本女性科学者之会，各地方的"妇人会馆"也相继改名"女性会馆"，机关、企业的"妇人对策室"改成"女性对策室"。把"妇人"改为"女性"的理由是：首先，"妇人"一词主要指已婚成年女性，从解决女性问题的角度来看，使用"女性"可以把女孩子、未婚女性也包含在内；其次，妇人一词没有像男人、女人，男子、女子，丈夫、妻子，绅士、淑女之类的对应语言；第三，从汉字的由来来看，"婦"是"女"与"帚"结合的会意文字，意义陈旧。

从"妇女"到"女性"，一字之差，实际上却跨越传统与现代。多年来，国人已经习惯于称"妇女"，改起来似乎并不简单，因为它涉及人们观念的改变。真心希望张晓梅委员把"三八国际妇女节"改称"三八国际女人节"或"三八国际女性节"的提案早日获得通过，更希望有一天我们的娘家——中华全国妇女联合会也改称"中华全国女性联合会"。过去都使用"婦"字的韩国与日本都已经走在前面了，难道我们不应该与时俱进吗？

据我所知，作者张冬冬在撰写这部书稿的时候，也遇到了这样的纠结。但毕竟是以日本问题研究为论题，显然使用在日本已经通行的"女性"更合适。

二

保障女性权益问题，是当今的世界性话题。战败后的日本，经过民主改革，最终完成了由于明治维新的不彻底性而被大大延误了的社会改革任务，一向处于家庭与社会底层的女性从家长制及男尊女卑的旧制度下解放出来。中日两国不仅地理相近，也具有相近的文化背景。日本在保障女性权方面取得了一些明显的成就，可以为我国妇女事业的发展提供借鉴，日本存在的问题，也值得我们吸取教训。一些问题可能是当代日本和中国同样面临的难题。因此，张冬冬的著作《现代日本女性权益研究》是很有现实意义的一部著作。通过这部著作，我们可以大致了解日本在保护女性权益方面的成就及存在的问题。

女性获得了法律上的平等权益。战后近七十年来，日本政府基于新宪法和新民法的基本精神，制定和完善一系列法律法规，以维护女性的权益，提过女性的地位。1977年，制定了有关女性问题政策实施的"国内行动计划"；1985年，颁布了《男女雇用机会均等法》，批准了联合国大会通过的《消除对女性歧视公约》；1996年制定了《男女共同参画2000年计划》，1999年，颁布实施《男女共同参画社会基本法》。这些法律法规赋予女性和男性同样的权益，保障了女性的人权。为了贯彻和落实这些法律法规，日本政府建立了相应的机构，如1975年，在总理府设立女性问题企划推进本部；1994年，在总理府设立"男女共同参画推进本部"、"男女共同参画审议会"、"总理府男女共同参画室"，显示了日本政府对女性角色的重视。

女性走上参政之路。1946年4月10日进行的第22届众议院选举，是日本女性首次行使投票权的日子，到1969年进行的第32届众议院选举中，女性投票率首次超过男性，此后，无论是众议院还是参议院的选举，女性的投票率一直高于男性。投票率是衡量选民政治参与行为的最基本指标，女性投票率走高，表明她们的参政意识正在不断提高。在1989年的海部内阁、1993年的细川内阁、1994年的羽田内阁、2001年的小泉内阁，女性的支持率甚至超过了男性，因此当今不论哪个政党或政治家，都越来越重视女性选民的力量。同时，女性参政还表现为积极参加竞选。进入20世纪90年代后，女议员人数明显增长，1996年第41次选举导入小选区比例代表制后，女众议员达到23人，所占比率为4.6%。在2000年以后的历次选举中，女性议员大幅增加（2000年的42届35人，7.3%；2005年第44届43人，8.9%）。在日本政界，政治家成功的龙门是入阁。1960年，曾任长崎市市立高等女学校教师的中山真佐子出任池田内阁的厚生大臣，从此改写了内阁大臣完全由男性垄断的历史。1989年8月，海部俊树首相组阁时破天荒的任命了高原须美子（经济企划厅长官）和森山真弓（环境厅长官）两位女大臣（森山真弓还是第一位女官房长官）。从海部内阁起到今天，日本政坛更替频繁，但每届内阁中都有女大臣的身影。在2001年4月至2006年9月的三届小泉纯一郎内阁时期，更是先后起用了八位女大臣，是日本女性在政坛上最出色、最活跃的时期。此外，日本政坛还有女议长、女政党领袖、女知事等。如今，日本女性在国家政治活动中已经成为不可忽视的力量，这是日本实现女性解放、"男女共同参画社会"的成果。

　　从家庭走向社会。在战前日本，"男主外，女主内"被认为是一种当然的社会分工，女性就业的机会远远少于男性。战后新宪法的颁布，奠定了男女平等的基础。在劳动就业方面，日本政府颁布了一系列相关法律，为女性就业提供政策保障。例如1947年实施的《劳动基本法》，规定实行男女同工同酬原则，并规定对女性在孕产期实施各种劳动保护。1985年，议会通过了《禁止歧视女性法案》，强调女性在求职、学习培训、晋升、社会福利、退休养老等方面享有与男子同等的权利。1986年，又颁布了旨在保证男女就业机会平等的"男女雇用机会均等法"。这些法律为女性走出家门，参加工作创造了良好的条件。相对宽松的社会条件及诸多促进因素，使越来越多的女性走出家庭，就业比率逐年上升。1950年以前，在年满15岁以上劳动人口中，女子的雇佣劳动者比率不超过30%，到70年代，已达到60%，到80年代则超过70%。1953年，有467万女子雇佣者，占全体雇佣劳动者比例28.1%，到2004年，女子雇佣者数达到2203万人，占雇佣劳动者比例41.2%，女性人力资源得到进一步利用。从女性从事的工作来看，就业最多的领域为服务业、商饮业和制造业这三大行业，护士、秘书、打字员、事务员、中小学教师等是女性的传统职业。随着女性学历的提高，越来越多的人向国家公务员、企业经营管理人员、医生、律师等高层次扩展，也有不少人涉足房地产业、金融保险业、通信运输业。在竞争日趋激烈的公务员考试中，经考试合格进入公务员行列的女性也呈上升趋势。从女性就业形态来看，基本上呈"M"型曲线状态。"M"型就业是由于女性结婚、生育造成的劳动周期的变化，即女性进入劳动就业期后就职参加工作，到结婚育儿期退出劳动力市场，待孩子长大后再次进入劳动力市场，这种就业模式在20世纪60年代后期形成，至今没有发生大的变化。尽管国际舆论对这种就业模式褒贬不一，但在素有"男主外，女主内"传统的日本社会，面对社会福利还不十分发达的现实，让婚育期的女性退出劳动力市场，可以使她们摆脱兼顾工作和家庭的两难境地，有利于母亲、孩子的身心健康与家庭的稳定，并降低了经济发展的社会成本。另一方面，虽然日本职业女性比重有所增加，但是"专业主妇"仍然被人们看作是女性的一种职业。在人们看来，结婚后辞去工作，全心全意相夫教子，让丈夫毫无后顾之忧地在外面发展事业，挣钱养家，不失为一种好的生活方式。从劳动经济学的角度分析，专业主妇虽然没有直接投入社会劳动，但是，专业主妇的家务劳动正是社会劳动的一部分。可以说，日本经济发展与社会和谐都离不开女性的贡献。

在家庭与婚姻中角色的改变　随着传统家族制度瓦解，在以男子优先、父子关系为本位的家族转变为以男女平等为前提、以夫妇关系为本位的家庭的过程中，女性的地位普遍得到提高。现如今，在绝大多数家庭中，都是由主妇"拉着钱口袋的绳子"，即由主妇掌管家计，安排家庭生活。男人们不认为让妻子管理钱财是一件束缚手脚、丢人现眼的事情，反而愿意让主妇做"一家之主"，这反映了人们家庭观念发生了明显变化。

在婚姻问题上，随着女性上学、就业增多，社会交往范围扩大，自己寻找志同道合者的恋爱婚姻逐渐增多。20世纪60年代末期，"恋爱结婚"就已经超过战前占主流的"相亲结婚"。另一明显变化是人们为追求个人幸福及生活自由、进而为了延长工作时间而尽量晚婚晚育，并出现了"不婚族"。可见在现代社会，婚姻不仅要由个人的意志来决定，对于许多女性来说已经不是唯一的选择。在离婚问题上女性也逐渐由被动转为主动。与战前明显不同的是，由女方提出离婚的越来越多，过去不可能存在的"性格不合"、"与丈夫的家人不合"等成为离婚的主要理由。近年来，尤其引人注目的是"熟年离婚"明显增加，且绝大多数是由女方提出来的。"熟年离婚"的增加说明社会对离婚的容忍度有了很大提高，同时反映了长期以来的社会问题，这就是在"男主外，女主内"的分工模式下，"大男子主义"观念根深蒂固的丈夫们缺乏对婚姻的经营及与妻子的沟通，引来独立意识日益增强的女性的反感。到了老年，儿女都已独立，在丈夫退休领取养老金的当口，比较容易获得赡养费和分割财产的情况下，提出离婚。"熟年离婚"的增加说明女性不再是丈夫的附属品，而成为自己命运的主人，毋宁说是社会在走向进步。

总之，战后近七十年来，日本女性在参政、受教育、就业、家庭关系等方面权益都在很大程度上得到保障，日本现代化的实现离不开女性的贡献。然而，由于传统观念根深蒂固，她们的地位依然低于男性，实现真正的男女平等还是长期的任务。在家庭关系中，很多人依然认为家庭主妇就是女性的终身职业，操持家务、照料孩子是女性的本分，无微不至地伺候丈夫是女性必须具备的美德。即使是双职工家庭，也应由女性承担全部或绝大部分家务。女子就业的人数虽然逐渐增多，但"M"型就业使女性一生大部分时间都离不开家庭，从而难于实现真正的男女平等，女性的就业层次也因此难以提高，在政府部门和企业重要岗位上的几乎全是男性，进入管理层及领导层的更是少之又少。在女性参政、议政方面，虽然近年来进步明显，在议会、内阁、地方长官中有了女性的身影，但还是势单力薄，无法与男性平起平坐。一般来说，衡量一个国家女性参政水平的重要指标是女性在议会中的议席占有率，2011年女性议员仅为11.3%，虽然创历史新高，但在世界186个国家中排在第121位，远远没有达到18.5%这一世界平均女性议员比例。可以说，日本在各个方面真正实现男女平等依然路远。

《现代日本女性权益问题研究》作者张冬冬是一位非常勤奋、好学的青年学者，她从日语专业跨界攻读历史学博士，其中的艰辛可想而知，该书的出版是她学术生涯的良好开端。作为新人新作，本书尚有不成熟之处，比如相对于日本女性权益的宏观把握，对各个具体领域的深入研究还有所欠缺。希望作者继续努力，开阔视野，让研究不断深入。

李 卓

2014年11月

目 录

第一章 绪论 …………………………………………………… (1)
　第一节 选题意义 ………………………………………… (1)
　第二节 研究现状 ………………………………………… (4)
　　一 日本学界的研究 …………………………………… (4)
　　二 国内学界的研究 …………………………………… (7)
　第三节 方法及内容 ……………………………………… (10)
　第四节 创新与不足 ……………………………………… (15)

第二章 现代日本女性的政治参与 …………………………… (17)
　第一节 战后日本女性参政权的获得与发展 …………… (17)
　　一 日本史上的女性参政状况 ………………………… (17)
　　二 战后女性参政权的获得与进步 …………………… (22)
　第二节 现代日本女性参政现状 ………………………… (27)
　　一 参政意识不断提高 ………………………………… (27)
　　二 涉足立法领域 ……………………………………… (33)
　　三 在司法界有所建树 ………………………………… (39)
　　四 参与行政管理 ……………………………………… (41)
　　五 活跃于政党及外交事务中 ………………………… (45)
　第三节 参政落后的现实及其原因 ……………………… (47)
　　一 日本女性参政面临的问题 ………………………… (47)
　　二 影响日本女性参政的因素 ………………………… (50)

第三章 现代日本女性的劳动就业权益 ……………………… (57)
　第一节 战前日本女性劳动就业状况 …………………… (57)

一　开启女性就业之路 …………………………………………（57）
　　二　被侵害的劳动权益 …………………………………………（61）
　第二节　现代日本女性劳动就业权益的保障措施 ………………（64）
　　一　制定和完善保障女性就业权益的法律 ……………………（64）
　　二　实施维护女性就业权益的相关举措 ………………………（71）
　第三节　战后日本女性劳动就业状况分析 …………………………（74）
　　一　战后经济恢复及高速增长期（1945—1973 年） …………（74）
　　二　经济稳步增长期（1973—1990 年） ………………………（77）
　　三　经济长期低迷期（1990 年至今） …………………………（80）
　第四节　现代日本女性劳动就业趋势及特征 ………………………（81）
　　一　就业率不断提高 ……………………………………………（82）
　　二　就业领域逐渐扩大 …………………………………………（84）
　　三　就业形态以非正规劳动为主 ………………………………（87）
　　四　就业模式呈"M"型特征 …………………………………（89）
　第五节　日本女性劳动权益实现中的问题及原因 …………………（91）
　　一　女性劳动就业中存在的问题 ………………………………（91）
　　二　影响女性劳动就业权益实现的原因 ………………………（97）

第四章　现代日本女子的教育权益 …………………………………（103）
　第一节　战前日本女子教育的发展 …………………………………（103）
　　一　女性有了接受学校教育的机会 ……………………………（103）
　　二　被曲解的女子教育权益 ……………………………………（108）
　第二节　战后女子教育权益的真正获得 ……………………………（112）
　　一　与男性平等接受学校教育的权益 …………………………（112）
　　二　与男性接受相同课程教育的权益 …………………………（113）
　　三　更多女性享有接受高等教育权益 …………………………（118）
　　四　现代女子教育的成就 ………………………………………（121）
　第三节　现代日本女子教育的特征与影响 …………………………（124）
　　一　现代日本女子教育的特征 …………………………………（124）
　　二　保障女子教育权益与社会进步 ……………………………（130）
　第四节　日本女子教育权益仍不完善 ………………………………（135）
　　一　良妻贤母主义教育影响犹存 ………………………………（135）

二　男女不平等依然存在 ………………………………………… (137)
　　三　原因分析 …………………………………………………… (141)

第五章　现代日本女性在婚姻家庭中的权益 ………………………… (144)
　第一节　战后日本婚姻家庭制度的变化 ………………………… (144)
　　一　战前日本的婚姻与家庭 …………………………………… (144)
　　二　战后日本婚姻家庭制度的变化 …………………………… (146)
　　三　女性在婚姻家庭中地位的提高 …………………………… (148)
　　四　家务劳动的社会贡献 ……………………………………… (151)
　第二节　女性婚姻家庭权益制度保障及现状 …………………… (153)
　　一　自主决定婚姻权益 ………………………………………… (154)
　　二　保障夫妇平等权益 ………………………………………… (156)
　　三　维护平等离婚权益 ………………………………………… (159)
　　四　保障女性人身权益 ………………………………………… (163)
　第三节　日本女性婚姻家庭权益中的现实问题 ………………… (165)
　　一　晚婚与不婚 ………………………………………………… (165)
　　二　单亲妈妈家庭 ……………………………………………… (167)
　　三　婚姻暴力问题 ……………………………………………… (169)
　　四　"熟年离婚"问题 ………………………………………… (171)
　　五　日剧《冷暖人间》——日本女性与婚姻家庭的缩影 …… (175)

第六章　终章 …………………………………………………………… (179)
　第一节　现代日本女性权益状况基本评价 ……………………… (179)
　第二节　促进日本女性权益保障事业发展的因素 ……………… (182)
　第三节　现代日本女性权益状况反思 …………………………… (188)

附录 …………………………………………………………………… (193)

参考文献 ……………………………………………………………… (210)

后记 …………………………………………………………………… (219)

表图目录

表2-1	二战后众议院选举投票情况	(28)
表2-2	参议院选举投票情况	(29)
表2-3	二战后地方议会的投票率	(30)
表2-4	二战后众议院女性候选人及当选者	(34)
表2-5	参议院女性候选人及当选者	(36)
表2-6	地方选举中的女议员当选者情况	(37)
表2-7	司法考试报名者及合格者数	(40)
表2-8	女国家公务员一般职人数及比例情况	(42)
表2-9	日本女知事一览	(43)
表2-10	日本女市长、区长一览	(44)
表2-11	各国众议院女性议员比例	(48)
表3-1	近代日本小学女教师统计	(59)
表3-2	日本女医生数量统计（1885—1935年）	(60)
表3-3	20世纪90年代以后制定和修订的关于女性劳动就业的法律制度	(70)
表3-4	日本第一、二、三产业就业人口比重变化	(78)
表3-5	日本女性雇佣劳动者比例	(82)
表3-6	日本人平均寿命演变	(83)
表3-7	分性别、雇佣形态的被雇佣人员数及女性比例变化情况一览	(88)
表3-8	分性别一般就业者以及全体就业者工资额变化	(94)
表3-9	历年有职务女性所占比例的变化（100人以上企业）	(97)

表4-1	20世纪60年代为止的家庭课	(116)
表4-2	20世纪70年代为止的家庭课	(117)
表4-3	20世纪80年代的家庭课	(117)
表4-4	20世纪90年代以来的家庭课	(118)
表4-5	二战后男女大学及研究生入学情况	(138)
表4-6	2010年东京大学本科生男女比例情况	(139)
表4-7	东京大学研究生男女比例情况	(140)
表5-1	日本离婚数字历年统计	(161)
表5-2	家庭类别户数构成比例	(168)
表5-3	日本婚龄与离婚数字年次统计表	(171)

图3-1	日本女性各年龄阶段劳动力率情况	(90)
图4-1	学校升学率的变化	(123)

第 一 章

绪 论

第一节 选题意义

关注女性权益、实现男女平等是衡量人类社会文明进程的重要标志和重要尺度。在人类社会的发展历程当中,与男性相比女性曾经长期处于不平等状态,人们对于女性的偏见和歧视体现在社会的各个方面,这种不合理的状况限制了女性自身的解放与发展,也阻碍着整个社会的文明与进步。

第二次世界大战结束以来,女性权益状况及权益保护在世界范围内受到重视,以联合国为首的国际社会组织制定了很多国际法规以保障女性的各项权益,尊重女性权利成为国际社会共同的呼声。联合国自成立以来就一直将女性问题作为其社会发展领域关注的重点,《联合国宪章》(1945年)确立了尊重基本人权和人格尊严的国际法基本原则,为保障女性权益的立法提供了一个总的指导方针。在此原则指导下,世界各国签署了《世界人权宣言》(1948年)、《公民权利和政治权利国际公约》(1966年)、《经济、社会和文化权利国际公约》(1966年)、《联合国公民权利和政治权利公约任意议定书》(1966年)及《消除对妇女一切形式歧视公约》(1979年)等一系列公约,为构建女性权益保障的国际法体系作出了不懈努力,确立了女性权益保障的基本框架模式。1975年以来,联合国陆续召开了四次世界妇女大会,讨论妇女问题、发表保障女性权益的宣言、制定妇女和平发展的行动纲领,以唤起女性权益意识的觉醒。在这样的国际环境下,各国女性的权益意识进一步加强,她们以自己的实际行动表明要与男性一样参与社会改造和社会发展,并且正在诠释着一个以权益来确认和张扬女性社会主题时代的来临。因此,研究女性权益问题,是具有世界意义的理论课题。

　　日本自二战结束至今的近70年间，虽然历经一系列坎坷，但最终跃身成为当今的发达资本主义国家，国际地位大大提升，在经济、文化、科技等领域都遥遥领先于世界许多国家，日本国民在家庭收入、教育水平、社会保障、生活质量等方面也位列世界前茅。人们在关注日本经济发展和社会进步的同时，也把目光投向了日本女性。与日本经济大国地位不相符的是，相比其他发达资本主义国家，日本女性在社会领域表现出政治参与程度不高、劳动就业率较低、工资收入与男性差距较大；在家庭生活方面，一般人的印象中，日本女性虽然文化水平较高，但多数是专职家庭主妇，经济自立性差。因此，日本女性的权益问题受到人们的关注，不少人认为日本女性的权益没有得到充分保障，日本社会是一个男女不平等的社会。

　　同时，我们也注意到，二战后，日本政府在保障女性权益方面作出了一系列努力。1946年颁布的《日本国宪法》中明确提出，"国民在法律面前人人平等，不因性别而有差别对待"（第14条）。依据《宪法》"婚姻基于男女双方之合意即得成立，且须以夫妇享有同等权利为基础，以相互协力而维持之"（第24条）的精神制定实施了新民法，保障女性在婚姻、家族及日常生活中享有与男性平等的权益。日本还先后批准加入联合国《妇女参政权公约》（1955年）、《消除对妇女一切形式歧视公约》（1985年）等，在国内也颁布实施了《男女雇佣机会均等法》（1985年）、《男女共同参画①社会基本法》（1999年）等一系列法律来保障女性权益。我们也发现，日本女性的平均寿命不仅高出日本男性，而且连续25年高居世界首位。②据日本厚生劳动省发布的消息，2009年日本女子的平均寿命为86.44岁，③比战后初期1947年的52.01岁增加了34.43岁；日本专门针对女性的社会福利建设是相对健全的；日本女性的教育普及率及学历水平在世界范围内也是比较高的。2008年《国民生活白皮书》表明，日本

---

① ［日］经济企划厅：平成9年国民生活白书：《働く女性　新しい社会システムを求めて（劳动女性　追求新的社会体制）》，http://wp.cao.go.jp/zenbun/seikatsu/wp-pl97/wp-pl97-01102.html。

② 日本总务省：《政府统计综合窗口·年龄、男女别人口统》，http://www.e-stat.go.jp/SG1/estat/List.do?lid=000001059592，2009年11月。

③ ［日］《读卖新闻》2010年7月27日。

女性的生活幸福度高于男性。那么，现代日本女性的实际权益是否得到保障？境况到底如何？社会地位究竟怎样？这些矛盾和疑问都是值得我们关注的。

本研究从现代日本女性的权益及其状况的考察入手，在现代日本社会整体发展变化的大框架下，考察日本女性在参政、劳动就业、教育、婚姻家庭等各个不同领域的权益状况。希望通过此研究对现代日本女性权益状况能够有总体把握，以进一步揭示日本女性权益在各个领域的特征及相互间的联系，总结评价现代日本女性的社会地位，并希望从历史学的角度分析研究不同领域、不同阶段影响女性权益状况发展变化的深层次历史文化背景。

对日本女性的社会状况从权益角度进行专门的考察在国内尚不多见，属于一个新的研究领域。因此，本研究从保障男女平等的各项措施入手，综合考察现代日本女性在政治参与、劳动就业、文化教育、婚姻家庭等各个方面的权益发展变化的历史、现状及特征等，并在此基础上分析影响现代日本女性权益发展的社会、历史、文化等因素。希望通过此项研究，能够对现代日本女性权益状况的实态及发展变化特征有总体的把握，并针对不同领域、不同阶段的权益状况作出客观的评价，进一步还原现代日本女性史发展的历程，认识现代日本女性的社会地位、生存状况等，进而能够对了解日本历史、认识整个日本社会有所帮助，从而拓宽目前国内的日本研究路径，拓展学术研究的视野。

日本是中国的近邻，中日两国有着相近的文化传统和性别规范，总结和借鉴日本女性权益问题的经验和教训，对我们中国而言，显得更加重要。一方面，虽然我国是较早对男女平等进行立法的国家，新中国成立以来我国在女性权益保障方面也取得了很多成绩，但是在现实生活中女性权益不能得到很好保障的现象仍然时常出现，而且处于转型期的当今中国，有关女性的问题也在不断涌现。日本在女性权益保障方面的一些政策、措施促进了日本女性地位的提高，这些经验值得我国借鉴。另一方面，日本是发达的资本主义国家，目前已经发展成为一个相对成熟的社会，在女性权益保障方面取得了一些明显的成就，可以为我国妇女事业的发展提供借鉴，一些问题可能是当代日本和中国同样面临的难题，我们可以吸取日本在女性权益保障中已有的教训，共同探讨解决女性权益发展中正面临的新问题。因此，研究日本女性的权益问题，考察日本在不同领域、不同时期保障女性权益的具体对策，可以为我国正在进行的和谐社会的构建提供参考。这就是本书写作的出发点及现实意义。

第二节 研究现状

一 日本学界的研究

关于女性权益的研究，在日本是个时代感很强的研究领域。战前日本女性地位低下，权益受到践踏，女性权益问题不可能得到人们的重视，也不可能成为研究者关注的对象。战后，随着民主化与女性解放及保障女性权益成为国际社会的潮流，社会各界开始关注女性权益问题，也吸引了众多学者的研究目光。尤其是在20世纪80年代以来，研究成果逐渐增多，出版了许多与女性相关的学术论著，这些论著从内容上看，遍布了女性在政治、经济、社会、家庭等社会生活的各个领域，从研究的方法来看，包括了社会学、历史学、政治学、教育学等传统研究和女性学、性别学等新兴视角。这里就与现代日本女性权益状况及社会地位问题相关的研究成果作简单介绍。

关于女性权益、地位等综合评价的研究。总体把握女性权益、社会地位的综合性研究，如一番濑康子等的《女性与社会保障》（东京大学出版会1993年版），汇集了很多社会保障方面的专家，从女性自立、家务劳动与社会劳动、年金保障等方面多角度阐述了日本女性在社会保障体系中所处的地位与所面临的实际问题，并探讨了出现这些问题的根源，提出了相应对策。袖井孝子、矢野真和的《现代女性的地位》（劲草书房1987年版），从女性的社会活动状况、教育、职业等多角度综合把握女性的地位，并提出男女平等的道路仍然漫长，对未来女性的发展进行了展望。此外，还有纲野善彦的《女性的社会地位再考察》（御茶水书房1999年版）、天野宽子的《战后日本女农民的地位：为创造男女平等的生活文化》（家政学出版2001年版）等。

保障女性权益的法律及女性政策研究。日本是一个法制相对健全的国家，制定了很多保障和维护女性权益的法律法规，因此对于保障女性权益方面的立法、政策介绍和研究的论著较多。对女性相关立法与政策进行介绍的论著有：横山文野的《战后日本的女性政策》（劲草书房2002年版）以战后日本经济发展的阶段划分为线索，考察了现代与日本女性相关的家庭意识、养老金制度、所得税制度、护理劳动、劳动政策等的沿革,指出当代日本政策与现实的冲突主要是源于政策所指向的单位为家庭,而现在日本社会是以"个体"为单位的时代。还有大泽真理等的《21世纪的女性政策与男女共同参画社会基本法》(行政出版社2000年版)、内阁府男女共同参画局编写的《逐条解说男女共同参画社会基本法》(行政出版社,2004年版)、中山淳的《现代女性与法》(世界思想社2006年版)、神崎智子的《战后日本女性政策史:从战后民主化政策到男女共同参画基本法》(明石书店2009年版)等。对女性相关法进行深入研究的论著也很多,如高桥保的《围绕女性的法与政策》(密涅瓦书房2008年版),从法及政策对女性生命及人身的保护、男女平等的保障、性的尊重、生活的保护等整体方面探讨关于女性权利保护的原理、体系及课题。还有探讨总体政策的论著如辻村三代子(音译)等的《为男女共同参画建言》(东北大学出版会2008年版);生田久美子从教育发展的历史、指导思想研究教育中性别体现的《性别与教育:从理念、历史的探讨到面向政策的实现》(东北大学出版会2005年版);橘木俊诏从经济政策角度分析女性政策实施可能性的《现代女性的劳动·结婚·育子》(密涅瓦书房2005年版)等。

  对各个领域女性权益现状及其存在问题的研究。久场嬉子等的《围绕女性的政治与社会参画》(东京女性财团,1994年版),在对女性问题进行翔实调查的基础上,展开对女性的政治意识及社会意识形成过程的研究,考察女性的思想意识对其参政及社会活动的影响;川人贞史、山元一的《政治参画与性别》(东北大学出版会2007年版),是东北大学21世纪COE项目"性别法"的研究成果,该研究集中了大海笃子、辻村三代子(音译)、川人贞史等专家学者对世界女性参政中的性别分析,如山田真裕通过对具体数据的分析指出,日本女性的参政意识较低,与她们的实际参政状况比较相宜,影响了她们的参政水平;一番濑康子等编写的《妇女解放与女子教育》(劲草书房1975年版)系列丛书,对日本教育中的男女平等、家庭科教育、高等教育的发展、短期大学、女教师等问题进行了系统研究,是资料翔实、分析较为透彻的著作,2005年日本图书中心对该丛书进行了再版;民主教育所组织三宅良子、水崎富美等学者编著的《性别与教育的现在》(民主教育研究所2004年版)对男女共学、性教育、就业指导、家庭科教育等当今教育中与性别关系较大的问题进行了介绍与论述。

随着参加工作女性的增多，围绕女性就业与家庭关系的问题越来越引人注意，本田由纪的《女性就业与亲子关系：母亲们的阶层战略》（劲草书房2004年版）一书分就业与育儿两部分，通过对女性就业意识、女性收入与家庭收入的关系、现代妇女与家务劳动等来分析已婚妇女在工作与家庭间的选择倾向及其原因，并列出职业女性家庭中出现的一些问题；木本喜美子、深泽和子等的《从新视角看现代日本的女性劳动与性别》（密涅瓦书房2000年版）从性别学中社会文化的性别差异视角，通过大量实例对女性劳动的现状、特征进行了分析，包括对女性劳动与社会政策、农村女性的劳动、女性在非传统职业的劳动、家政领域的女性劳动者等的研究。此外还有一些类似的相关研究，这里不再赘述。

女性问题资料集的编撰。为记录日本保障女性权益工作的进展，推动全社会进一步关注女性权益问题，日本各界编撰了很多女性权益相关资料集。如内阁府男女共同参画局编撰出版的《男女共同参画白皮书》（大藏省印刷局出版），从1998年至2014年每年出版一册，其中公布了各年度日本女性在参政、就业、工作与家庭协调、健康、教育等方面的数据以及女性中高龄者、生活困难者等群体的状况，并介绍了政府及民间各部门在促进男女平等方面的举措。再如促进女性参政的妇女团体市川房枝纪念会编集的《妇女参政关系资料集》（市川房枝纪念会出版部，每10年出版一册），从妇女整体的投票率、参选人数到每个女大臣、女地方官员的职历都进行了详细记载，收集了妇女在参政领域的大量数据、资料。此外还有国立女性教育会馆编集的《日本的女性与男性·男女平等统计》（行政出版社2003年版、2006年版、2009年版）；井上辉子、江原由美子等编著的《女性数据书：从性·身体到参政》（有斐阁1991年版、1995年版、1999年版、2005年版）等。这些资料集的编撰出版不仅让人们了解了日本女性权益保障的发展步伐，也为研究提供了便利。

综观日本对女性权益相关问题的研究，笔者有如下两点感受：第一，日本学者在关于女性问题的研究上硕果累累，出版了大量的资料集、研究论著，特别是进入20世纪90年代以后，性别学的引入为女性问题研究注入了新的内涵，从性别学角度研究女性参政、教育、就业、家庭地位等的成果增多。这些成果中，资料汇编型、成果汇总的书籍较多，这为本书的研究提供了丰富的材料支撑，开阔了研究视野。第二，日本学者对女性权益问题相关的研究比较偏重对国家层面法与政策的介绍、研究，对女性实际权益状况的研究散布于各个相关领域研究中，且这些研究多为不同学者对相似问题研究成果的汇总，同时较多为定量的统计研究，缺乏对女性权益问题的深入分析，尤其缺乏从理论与实践相结合的角度对女性权益问题的整体把握。因此，若想就战后以来女性权益保障问题总结出一些规律性、借鉴性的东西，还需依据统计数据及大量发布的法律法规进行一定的总结与概括。

二 国内学界的研究

中国学术界对日本女性问题的研究始于20世纪80年代。随着改革开放的不断深入，陆续有一些与日本女性问题相关的论著问世。如张萍的《日本的婚姻与家庭》（中国妇女出版社1984年版），对二战后日本婚姻与家庭状况以及妇女地位做了全面介绍；李卓的《家族制度与日本的近代化》（天津人民出版社1997年版）、《中日家族制度比较研究》（人民出版社2004年版），从社会史研究角度出发，就日本的婚姻、家族、继承制度等问题做了深入探讨，并对日本女性的社会地位进行了评价；本书即将收笔之际看到了胡澎的《性别视角下的日本妇女问题》（中国社会科学出版社2010年版），该著作以性别视角为切入点，对当代日本妇女的生活方式和思想意识的变化、团体运动、就业、参政、人权、政策法规方面的基本情况作了详细的梳理。此外近年来还出现了王慧荣的《近代日本女子教育研究》（中国社会科学出版社2007年版）、赵敬的《当代日本女性劳动就业研究》（中国社会科学出版社2010年版）等论著。这些研究成果极大地开阔了我们的视野，深化了我们对日本女性问题的认识，对本研究亦有很大的参考价值。

对现代日本的女性权益问题进行专门研究，在国内尚属于新的课题。近年来出现了一些对日本女性权益保障进行介绍和研究的零星论文，如王伟军的《东京都推进男女平等的政策措施及经验》（《中华女子学院学报》2008年第1期），介绍了日本地方政府促进男女平等的举措；李宇征的《日本女性社会保障政策评析》（《中华女子学院学报》2008年第5期），从政策角度总结了传统男尊女卑思想广泛流行的日本，在二战以后在保护女性权益方面取得的进步与存在的不足；李宇征的另一篇论文《日本女性权益保障的国家责任评析》（《中华女子学院山东分院学报》2008年第

4期）提出政府对女性权益保障有至关重要的作用。这些研究从社会政策着眼，侧重于对现行制度架构、运行状况、保障水平等静态的描述，而疏于对导致当前女性权益保障制度形成与发展的社会、历史与文化等背景的动态分析和详尽论述。

此外，还出现了许多与日本女性问题相关的研究论文。这些论文的研究方向分布在日本女性地位、参政、就业、教育、婚姻家庭等各个方面。主要有：

(1) 对日本女性地位变化及女性自身发展的论述。如李卓的《日本妇女社会地位的演变》(《日本研究》1998年第1期)、胡澎的《近现代中日妇女社会地位的变化》(《当代亚太》1996年第1期)、马红娟的《战后日本女性社会地位的变化》(《日本学刊》1996年第1期)、田晓虹的《战后日本妇女发展》(《妇女研究论丛》2001年第6期)等。

(2) 关于日本女性参政方面的研究。如胡澎的《近代日本妇女的政治参与浅析》(《日本学刊》2003年第3期)、师艳荣的《日本妇女参政途径及成效》(《当代亚太》2005年第10期)、《日本妇女从政落后的深层思考》(《中华女子学院学报》2005年第4期)与《当代日本妇女参政的推动因素》(《前沿》2008年第8期)等，分别介绍了现代日本女性参政的途径、成效以及不足，并分析了影响女性参政的因素。

(3) 关于日本女性就业方面的研究。从法律、政策角度关注日本政府的女性就业保障的论文较多，如孟彤的《日本为改善妇女就业状况采取多种措施》(《中国劳动》1994年第7期)、田思路的《日本女性离职问题及其劳动权的法律保障》(《日本学论坛》2003年第4期)、何燕侠的《日本女性劳动权利法律保障的新进展——〈男女雇用机会均等法〉的修改》(《妇女研究论丛》1999年第3期)、胡澎的《日本在鼓励生育与促进妇女就业上的政策与措施》(《日本学刊》2004年第6期)、卢萍的《日本促进女性就业的经验对我国的借鉴》(《东北亚论坛》2009年第4期)等，也出现了对日本妇女就业现状进行介绍的论文，如荣轶的《浅析日本社会的女性劳动参与率》(《经济师》2003年第11期)、肖扬的《日本妇女的M型就业状况问题与对策》(《中华女子学院山东分院学报》2001年第1期)等，还有一些论文分析了促进和影响女性就业的因素，如张丹的《影响日本就业妇女角色实现的内在因素》(《日本学刊》1998年第2期)、陈武元的《日本女性接受高等教育与就业问题研究》(《南洋问题研究》2004年第4期)、赵敬的《社会性别分工与当代日本女性的生活模式》(《日语学习与研究》2009年第5期)等。

(4) 关于日本女子教育方面的研究。有的介绍战后女子高等教育发展，如赵叶珠的《日本女性高等教育的发展及原因探析》(《外国教育研究》1999年第3期)、丁坤的《女性主义视域下的战后日本女子高等教育》[《山西师大学报(社会科学版)》2010年第5期]、黄曹华的《应对与适应——谈日本短期大学课程设置的特点与启示》(《现代教育科学》2006年第2期)；有的对学校教育课程进行研究，如管斌的《日本学校的男女平等教育发展状况和课题——以中小学的家政课教育为焦点》(《外国中小学教育》2007年第5期)等；有的从比较的视角考察中日女子教育，如李卓的《"良妻贤母"与"贤妻良母"的不同命运——近代中日女子教育比较》(《日本学论坛》2007年第1期)、杜学元的《试论中日近现代女子高等教育的主要不同点及其成因》[《四川师范学院学报(哲学社会科学版)》1999年第4期]。

(5) 与日本女性婚姻家庭相关的研究。如田晓虹的《日本现代化进程中的家庭关系嬗变》(《日本学刊》2004年第1期)、周云的《日本女性与老人家庭养老》(《人口与经济》1999年第5期)、马玉珍的《日本人婚姻观念的变化》(《社会》2004年第11期)、傅紫琼的《女性主义视角下的当代日本女性婚姻观》(《怀化学院学报》2007年第5期)、李小俞的《探析日本女性晚婚、不婚原因》[《云南财贸学院学报(社会科学版)》2008年第2期]等，这些论文从现代日本家庭的变化、女性的变化等角度介绍了现代日本女性在婚姻家庭中的生活状况，并尝试从女性学等角度分析这些变化。

与日本女性问题相关的论文数量较多，但多是针对某一方面的孤立研究，比较零散，不能形成体系。这些研究虽然有利于某些层面研究的不断深化和升华，但却限制了现代日本女性问题研究的视阈，无助于对女性总体状况的客观把握，这就为本书的研究留下了进一步拓展和探讨的空间。因此，本书在已有研究成果的基础上，希望能够从女性权益问题研究入手，利用翔实的资料数据，对女性参政、就业、教育、婚姻等各个领域中女性权益的实际状况作全面系统的考察，并在此基础上进行分析研究，归纳总结出其特征。

第三节　方法及内容

本书的主题为现代日本女性权益问题研究，关于研究对象中"女性"一词的使用，中国官方通常在谈到权益概念时使用"妇女"一词来表达，而日本社会通常的说法为"女性"。本书在行文和论述中根据语境取舍词语，不刻意区分使用"妇女"与"女性"。但是对于引用日本机构的名称或特定词汇，本书沿用日语中约定俗成的"女性"；强调女性性别或者称呼未婚女性时，也多使用"女性"。另外，在讨论现代日本女性学校教育问题时，本书采用了日本学术界通常使用的"女子教育"这一表达形式，以区分社会教育中的"女性教育""妇女教育"。

本书所考察的"女性权益"是一个具有较为宽泛内涵的概念，它涉及女性在政治、经济、文化等领域中应享有的权利和利益，直接体现为女性在社会生活中的实际地位和作用，其核心内容包括女性的生存权和发展权，即女性的基本人权。因此，本书尝试从保障女性与男性平等、体现妇女基本人权的政治参与、生产劳动、文化教育、婚姻家庭等四个大的方面考察现代日本女性的权益状况。日本是一个法制相对健全的国家，对于维护女性的每一项权益，几乎都会制定、颁布法律法规来保证女性能够履行权利、实现权益，因此本书在各部分论述时，对相关法律进行阐述，不再单独设章展开对女性法律方面权益的研究。其他诸如女性的人身健康权益、财产权益等生命、生活方面权益，本书均在相关章节中进行一并叙述，不再单独设章论述，如女性享有与男性同等的财产继承权这一女性在财产方面权益的介绍，本书在女性的婚姻家庭权益状况中进行阐述。

现代日本女性权益问题是一个涉及多领域的宽泛概念，所以本书对它的研究主要侧重于宏观视角的总体把握，但同时也把握微观的研究。基于这一点，首先本书将研究视野设定在最能体现现代日本女性权益状况的领域，从对女性的政治参与、就业劳动、文化教育及婚姻家庭等保障男女平等的权益状况考察入手，并在这四个框架下间接考察女性的人身财产、法律权利等其他有关女性生活、健康、保障等方面的权益状况，以期对现代日本女性的权益状况有个全面的概观。其次，选取各个领域最具代表性的具体内容，如在现代日本女性的政治权益方面，主要考察选举、立法、行政、司法、政党、外交等女性主动行使政治权益领域的状况。再如在教育权益方面，淡化社会教育，主要考察女性在学校教育中的权益获得及实际状况。作出这种限定主要是出于以下考虑：一是现代日本教育发达，教育形式及内容繁杂，无法一一顾及，必须分清主次，抓住关键部分，而学校教育是教育的基础和灵魂，最能体现女性的教育权益状况；二是现代日本对小学和初中实行义务教育，女子高中和大学的入学率也比较高，而且日本官方公布了大量关于学校教育的统计数据，这些数据真实可靠，因此考察女性在学校教育中的权益最具普遍性和代表性，最准确可信。另外，在各个方面对女性权益进行考察之前，简单回顾其发展形成的历史，既注重对当前权益状况的全面把握，也重视对每一项具体权益纵向的发展历程考察。

本书以马克思主义理论为指导，坚持辩证唯物主义和历史唯物主义相结合，实事求是，从社会史的角度入手，综合运用历史学、社会学、女性学、性别学、政治性、教育学及伦理学等多学科的方法，依据大量的文献资料和官方相关统计数据，从参政、就业、教育、婚姻等方面对现代日本女性权益的发展进行全面、系统的考察。长期以来对女性权益问题个案的纯社会学考察和历史的探究之间存在某种差异，社会史研究可以弥补这一不足，因为它要求考察者针对女性权益问题寻求一个合理、恰当的结合点，将社会学考察和历史分析有机结合，既要从调查、实证研究的角度考察女性权益的真实，又要对其加以定性分析。女性学、性别学的引入拓宽了本书的视野，特别是性别学这一全新的学科方法，为我们研究历史问题提供了全新的视角。教育学、伦理学等在各个相应领域研究视角的纳入，加深了我们对各个方面的微观把握。

对现代日本女性权益问题发展的考察也必须基于上述结合，首先在充分占有相关资料的基础上，依据女性权益的相关知识和理论，研究、揭示现代日本女性权益问题发展的本来面貌。其次，注重历史考察，力求脉络清晰。通过考察现代日本女性权益的发展变化，利用相关的社会史理论及研究方法对其进行历史学的分析，透过现象看本质，准确把握其发展的内在逻辑。与此同时，现代日本女性权益保障的发展是现代日本社会权益保障发展中的一个个体，也是现代日本女性发展中的一个方面。因此，考察女性的权益发展状况，必须将其置于现代女性发展、现代日本社会权益保障发展变化的总体框架背景之下，从宏观上进行综合把握，然后再对具体的女性权益的保障措施、现状、特点、背景、影响等微观层面进行分析、研究，从而作出客观的评价。

在具体的研究方法上，本书从以下几个方面入手：

第一，运用历史学的研究方法，注重对第一手材料的解读与分析，并结合其他相关学科的研究方法，对这些史料进行了整合和梳理。本书所选取史料主要是已出版的文献、资料汇编、法律文书以及日本官方机构公布的统计数据等权威资料。在充分阅读和整理这些资料的基础上，以史论结合的方式，分别论述了在参政、教育、就业、婚姻等各个领域现代日本女性权益保障的形成过程、发展状况，总结了其在各个方面的特征，分析了这些权益状况形成的深层次历史文化背景。

第二，采用实证主义的研究方法，利用收集的资料，对每一方面女性的权益状况进行分析和论证，将女性学、性别学等方法引入对社会文化的分析之中，进一步加深对影响男女平等、女性权益发挥的传统观念的思想认识，并在此基础上，实现各个领域的具体个案研究与整体研究相结合，就现代日本女性权益问题在整个现代日本女子史发展进程中的作用作出初步诠释，并由此进一步梳理现代日本女性权益保障的发展轨迹，更为直观地体现日本女性权益保障在每个具体领域的特征。

第三，在具体研究中还采用了其他一些研究方法。如运用"制度与实态并重考察"的方法，以弄清制度、法律法规本身和具体实施状况直接的差别及成因。再如运用"统计和定量分析"方法，对女性参政的具体数据、女子就业率、升学率的变化等作了统计分析，不仅显著提高了文献资料的利用率，而且大大提高了相关问题的研究精度。此外，还运用"动态比较"方法，以探讨和揭示日本女性权益状况在不同阶段呈现的发展特征与变化，以及女性与男性在具体权益方面的不同；运用"普遍联系"的方法，揭示现代日本女性权益保障及其实施状况在不同领域的互动和彼此影响。

本书按照现代日本女性权益在政治参与、劳动就业、文化教育、婚姻家庭等各个方面的具体状况为线索展开论述。全书共分为六章。

第一章绪论部分介绍了本书的选题缘由，追溯国内外目前的研究现状，并对研究思路及具体研究方法等作了概述。

第二章对现代日本女性在政治参与领域的权益状况作了宏观的把握。首先介绍了二战结束以前女性在国家政治中的权益状况及地位，并概述了近代日本妇女运动家及妇女团体带领广大女性为争取政治参与权——选举权而作出的一系列努力，指出近代日本女性争取选举权的运动唤起了广大妇女政治意识的觉醒，为战后女性行使参政权奠定了群众基础。在此基础上介绍了战后日本女性政治权益获得的过程，通过对国内外一系列法律法规的制定，实施过程及女性实际参政状况进行描述，阐明国家对现代日本女性政治权益保障的具体措施，以及战后日本女性权益保障的发展历程。然后，援引大量官方数据，详细介绍了现代日本女性在立法、行政、司法、外交及政党事务等方面行使政治权益的具体情况，指出其在各项具体政治权益中取得的成绩。最后，对现代日本女性参政中的实际问题进行总结，指出目前女性参政的力量仍然很单薄，参政的领域也较狭窄，参政水平有待进一步提高。并在此基础上从日本的政治文化、国民观念以及女性自身的思想认识等方面分析影响女性充分行使政治权益的因素。

第三章是对现代日本女性的劳动就业权益的研究。第一节首先简要回溯了战前日本女性的劳动就业状况。第二节梳理了战后日本制定和完善保障女性就业权益的法律、规章制度，比较有影响的法律制度有《劳动基准法》《劳动妇女福利法》《男女雇佣机会均等法》《育儿介护休假法》等。日本政府和社会各界还为实施维护女性就业权益出台了相关举措，以上法规和措施虽有一定的局限性，但其为女性走出家庭、出入职场所取得的成效还是比较明显的。第三节将战后日本女性的劳动就业情况与日本经济发展的三个阶段来对比和审视，即战后经济恢复及高速增长期（1945—1973 年）、经济稳步增长期（1973—1990 年）、经济长期低迷期（1990 年至今）。从各阶段的经济状况、产业结构、人口结构、雇佣政策等变化的宏观角度来具体把握日本女性个体劳动就业权益实现状况的微观发展脉络。第四节分析了现代日本女性劳动就业的趋势及特征。主要体现在就业率不断提高、就业领域不断扩大、就业形态以非正规劳动为主、就业模式呈 M 型特征等方面，其中还对以上特征进行了原因分析。第五节剖析了现代日本女性劳动参与中存在着的一些问题，与男性相比女性的就业只是劳动力市场的调节阀、工资收入差距较大、在具体职业中被歧视。深究其原因，主要是传统性别分工意识根深蒂固；育儿、照顾老人以及家务劳动的拖累；日本现行的许多以家庭为单位制定的政策与制度等的影响，这些都限制了日本女性在劳动就业权益方面的充分实现。

第四章以学校教育为切入点对现代日本女子的教育权益状况及地位进行了考察。首先回顾了现代以前日本女子教育的确立与发展，并重点介绍了近代日本女子教育发展阶段的教育政策法令和教育理念、教育特征，指出日本女子获得教育权利较早，但这是一种性别差异显著、不平等的教育权利，并不是出于对女性作为"社会人"自身素质培养的需要，而是以培养"良妻贤母"为目的的不平等的女子教育。接着通过对教育相关法律法规及实施状况的考察，论述了战后从男女别校、男科研女家政到男女共学、教育内容一致这一漫长的女子平等教育权益获得过程。在此基础上，介绍了获得平等教育权益后，女子教育水平的提高及女子高等教育的飞速发展。然后集中论述了获得教育权益保障后，现代日本女子教育所呈现出的特色及其影响，充分肯定了女子获得平等教育权益后教育地位的提高。最后客观分析了现代日本女子教育中仍存在的问题，指出日本虽然建立了完善的教育制度，保障女性受教育的权益，但是受到传统"良妻贤母"教育理念的影响，在教育实践中男女不平等的现象依然存在。

第五章探讨了现代日本女性在婚姻家庭生活中的权益保障状况及地位。首先介绍了战后家族制度改革，从制度层面考察法律对女性婚姻家庭权益的保障以及新宪法、新民法制度下女性家庭地位的提高，并就家庭主妇的形成及家务劳动的价值进行评价，指出专职家庭妇女阶层的形成是战后社会性别分工的结果，妇女的家务劳动也为战后日本经济的腾飞作出了贡献。然后具体分析了在法律的保障下，女性在结婚前的婚姻自由、婚姻中夫妇平等、离婚时离婚理由平等以及离婚后的保障等方面的实际权益状况，阐明女性在婚姻家庭中的地位。同时列举了现代日本女性在婚姻家庭中出现的一些问题，如晚婚不婚增多、单亲妈妈家庭增加、熟年离婚热等，分析并指出这些现象的出现是现代日本女性婚姻家庭地位提高、婚姻权益得到保障的结果，也给女性权益的发展提出了新的课题。

第六章结语是对全书的总结。首先对现代日本女性权益状况进行总体的把握，接着对日本政府在制度层面、机构设置等方面对保障女性权益所制定的措施和地方、民间团体为促进女性权益发展所作出的努力进行总结。然后概述现代日本女性权益发展的成绩以及不足，并综合分析产生这种状况的深层次社会文化背景，并对现代日本女性的社会地位作出全面评价，进而在此基础上总结维护女性权益的举措，为今后研究日本女性权益及社会地位问题提供了有益的借鉴。

第四节 创新与不足

对现代日本女性权益问题进行全面研究是一个具有一定理论意义和现实意义的课题，笔者在研究学习的过程中，也力求进行一些创新的研究和探讨，主要有以下几个方面：

首先，在研究视角上，本书以现代日本女性的权益问题作为研究对象，在系统学习和研究的基础上，对参政、就业、教育、家庭等方面女性的权益状况进行考察，注重制度考察与实态分析相结合，将现代日本女性的权益问题置于现代日本社会变化及女性发展的总体框架下进行分析，力求全面、立体地把握现代日本女性权益状况。在此基础上，笔者给出了自己的看法。本书认为，战后日本女性权益保障有了长足的发展，取得了喜人的成绩，但是仍然存在一些显而易见的问题与不足，国家制度的相对完善与女性的现实权益状况之间还有很大的差距，女性自身的权益意识不容乐观，受到传统历史文化、社会性别分工意识等的影响。

其次，在资料收集、运用方面，本人有幸亲自到日本进行实地收集，获取了大量的第一手资料。这些资料中有来源于日本政府官方公布的数据信息、资料汇编，通过对其整理分析用以佐证，大大提高了本书的研究精度。还有大量日本国内最新的研究成果，极大地丰富了笔者的研究视野，为及时掌握日本国内的最新学术动态及研究状况提供了便利。这些翔实可信资料的取得为本书的研究奠定了良好的基础。

再次，在研究方法方面，本书借鉴了历史学、社会学、女性学、性别学、政治学、伦理学等多学科的研究方法，多角度展开对现代日本女性权益问题的论述。在具体研究中，运用了"统计和定量分析""动态比较"等多种方法。

然而由于笔者的个人能力、理论功底等方面的限制，本书也存在着一些不足之处。首先，女性权益问题概念宽泛，由于本人研究功底及资料收集所限，本书对最有代表性的政治参与、劳动就业、文化教育及婚姻家庭等领域中女性的权益状况进行了重点考察，对人身财产、健康等方面的权益状况虽有涉及，但未能展开深入研究，这是本书的一个缺憾。其次，现代日本女性的权益保障在不断发展变化，本人对女性权益保障理论和实践的认识尚待深化，这在一定程度上影响了本书的理论深度。另外，本书在研究时借鉴了历史学、社会学、女性学、性别学、教育学、政治性、伦理学等诸多学科的研究方法，但是在分析论述的过程中，笔者深感理论功底的不足，尤其社会学、女性学等方面理论的运用还比较欠缺。因此本书的论述比较偏重于历史的实证研究，较缺乏理论的分析与创新。这些不足是今后需要努力改正之处，我将在以后的研究过程中，加强学习。今后笔者将继续认真地向学界前辈、同人学习与请教，希望通过不断的努力来加强自身的学术修养，以弥补本书及本人自身学力和研究水平的不足。

第 二 章

现代日本女性的政治参与

女性的参政权,是女性的基本权利之一,也是衡量女性解放和决定男女平等的一个重要标尺。女性参政是指女性参与国家政治生活及管理社会公共事务的资格和权利,主要包括民主参与和权力参与两个方面。民主参与是指女性行使公民的民主权利,包括行使选举权,对各级政府进行民主监督,以及通过各种方式发表自己的政治见解等。权力参与是指女性直接担任各级议会议员(相当于中国的人大代表)和各级各类领导职务,直接管理国家与社会事务。女性参政是衡量社会进步与社会文明的重要尺度,女性参政权的保障是当今世界人权保障体系的重要组成部分。

日本自战后发展至今,伴随着民主化进程的发展与经济的起起落落,在女性参政方面取得了显著成果,女性在国家政治活动中已经成为不可忽视的力量,在实现女性解放,实现"男女共同参画社会"方面向前迈出了一大步。但受千百年来根深蒂固的男尊女卑观念及"男主外、女主内"的传统社会分工影响及社会环境等因素的制约,日本男女共同参与社会目标的真正实现依然路远。

第一节 战后日本女性参政权的获得与发展

一 日本史上的女性参政状况

日本女性在政治舞台上曾经有过辉煌的表现。"元始,妇女是太阳"这句日本名言就是其真实的写照。在古代社会早期,曾出现过如卑弥呼、壹与、神功皇后、饭丰女王等女性首领。从公元 6 世纪末至 8 世纪初,又先后出现过六位、八代正式君临日本的女性天皇,她们是推古、皇极(重祚齐明)、持统、元明、元正、孝谦(重祚称德)。日本女帝出现人数之多、之密集，在世界史上都是少见的。而且，相比于中国第一位女皇武则天（在位690—705年）和朝鲜新罗的善德女王（在位632—646年），日本第一位女帝推古（在位592—628年）即位时间更早。这几位女帝秉政的时间正值大化改新前后吸收隋唐文化的重要时期，她们在内政、外交以及文化等方面都颇有建树，为日本中央集权的封建制国家的建立奠定了良好的基础，这一时期被称为"女帝的世纪"，是日本女性在政治舞台上最为活跃、表现最为出色的时期。

平安时代以后至战国时代结束，虽然日本历史上没有再出现过女皇，却也出现了像广义门院、日野富子及北条政子这样实际掌权的杰出女性。作为镰仓幕府时期政坛女杰的北条政子，她出身豪族，违背父亲的意愿与当时还在流放中的源赖朝私订终身，后又协助源赖朝建立了镰仓幕府。在源赖朝死后，她削发为尼，操纵幕府的实权，平息"承久之乱"，在艰难的环境中巩固了幕府统治，被誉为"尼将军"。

虽然有个别杰出女性存在，但武家社会是地地道道的男人社会，女性在政治、家庭等各方面均处于无权地位。尤其是江户时代，在幕藩体制之下，作为地方首领的大名们定期到江户城觐见将军，讨论政治。他们的妻子则被命令留在封地，不允许在江户城和地方之间自由走动，更没有机会接触幕政与藩政。而平民百姓无论男女都要恪守等级身份制度，连生活、行动的自由都要受到限制，更谈不上拥有政治权利，这个时期的日本女性与政权是绝缘的。

明治维新后，日本建立了天皇制国家政权，实行家国一体的家族国家制度，提倡"忠孝一致"，强调天皇制国家至上，否定个体，尤其强调女性为社会及男性牺牲安宁和幸福是理所当然的。对于皇族，在1889年与《大日本帝国宪法》同时颁布的《皇室典范》中明确规定，"大日本国皇位由作为祖宗皇统之男系的男子继承之"，"皇位传于皇长子"，"皇长子不在则传于皇长孙，皇长子及其子孙皆不在则传于皇次子及其子孙"，"皇子孙继承皇位以嫡出为先"，即确立了嫡长子继承制，直接否定了女性的皇位继承权。战后，根据1947年颁布的新的《皇室典范》，皇位仍由属于皇统的男系男子继承，其继承顺序为长子、长孙，与战前的形式相同，即皇位的继承人仍然为男性。因此在不修改现行法律的情况下，不可能出现女性天皇。

对于普通民众来说，在封建时代，由于"家"制度确立及"家"观念的存在,一方面树立作为家长的男性户主的绝对权威和社会意识,对男性实行"立身出世"教育,加强培养其在社会领域活动的意识及能力;另一方面对女性进行以勇于牺牲自我幸福和屈从、忍耐为中心的妇德教育,注重塑造培养子子的下一代"贤母"和服务丈夫的"良妻",将女性牢牢限制在家庭内部。在这种"家"制度下,女性没有自我,没有任何政治权利。近代以后,《明治民法》将女性置于无权的地位,在家中是丈夫的附属品,甚至连对子女的亲权都受到限制,① 根本谈不上在政治上有所建树,更何况明治政府专门制定强硬的政策阻止女性参与政治。1890年,根据《明治宪法》规定,由纳税较多的男性有产者选举产生了第一届众议院。选举之后,元老院很快就颁布了《集会及政社法》,其中如下内容涉及女性问题:

政治集会的组织者仅限于拥有选举权的成年男子(第3条);

女性不得参加政治集会(第4条);

女性不得加入政治结社(第25条)②。

这是近代日本史上第一个明文禁止女性参加政治活动的法律,从此,日本女性被彻底排除在政治之外。10年后的1900年,日本政府出台了《治安警察法》,其中第五条规定,"禁止女性参加政治结社""禁止女性政谈集会",重申了禁止女性参政的规定。

明治中期以后,自由民权运动风起云涌,反对明治政府的规定、要求男女平等的呼声日益高涨,出现了一批出色的女性活动家。她们创办杂志、发表宣言、组织女性团体、进行各种请愿活动,为争取女性的合法权益,特别是参政权而斗争。出生在自由民权运动高涨的土佐的女权活动家楠濑喜多(1836—1920年)在丈夫去世后,作为女户主诚实纳税,因此向区议会提出要求参加选举,在遭到县町政府拒绝后甚至向内务省提交申诉。此后,她开始在各地演讲,要求获得选举权,被称为日本民权运动的

---

① 《明治民法》第877条规定:母亲只能在"父不明时、死亡时、离家时或不能行使亲权时"才能行使亲权。

② [日]《集会及政社法》:见"战前代表性治安立法一览",http://cache.yahoofs.jp/search/cache? c = 7LBa633m2pkJ&p = % E9% 9B% 86% E4% BC% 9A% E3% 81% 8A% E3% 82% 88% E3% 81% B3% E6% 94% BF% E7% A4% BE% E6% B3% 95&u = www. cc. matsuyama – u. ac. jp% 2F% 7Etamura% 2Ftiannrippou. htm。

"欧巴桑"①和提出女性参政权要求的第一人②。

岸田俊子（原名：中岛湘烟，1864—1901年）也是明治时期一位有名的女性运动领导人。她出身吴服商人之家，在《文选》教义考试中获得优异成绩，入选宫中文官，但不久便辞职加入了民权运动，撰写了大量的时事评论，为女性的觉醒大声疾呼，还经常到各地演说、宣传男女平等。从1884年5月起，岸田在《自由灯》杂志上连续刊登《告同胞姐妹书》，提出男女"同等同权"，号召女性"要改变陋习，破除旧习惯，打破那些没有良心的男人们的迷梦"，这是日本女性主张男女同权、要求获得参政权的第一篇檄文。

1905年，针对禁止女性参加政治活动的《治安警察法》第五条，受岸田俊子思想影响颇深的福田英子（原名：景山英子）与西川文子、今井歌子、堺为子等其他进步女性向众议院提出请愿书，争取女性的参政、议政权利。福田认为，《治安警察法》第五条明文规定禁止女性参加政治活动，是十分不合理的，是将女性闲置起来的遗风陋习。福田进而指出："今后，女性将会对各个方面感兴趣，发挥自己的特长，在还没有与男子具有相同地位的时候，屈从于这种毫无意义的法律条文，绝不是女子的真正心态。"她们的请愿运动引起了广大女性对获得参政权的关注。

一批以争取女性参政等女性权益为目标的进步女性团体也纷纷成立。1911年9月，女性运动家平塚雷鸟（1886—1971年）成立了青鞜社，并创办女性文学杂志《青鞜》。不久，一批接受资产阶级启蒙思想教育而觉醒的进步女性，如与谢野晶子、伊藤野枝、奥梅尾、市川房枝等相继加入，她们批判封建家族主义，提倡妇女解放，《青鞜》成为女性问题的专门刊物。此后，围绕在《青鞜》周围的进步女性和其他女性运动家一起，为争取女性政治权利开展了一系列活动，开始了真正的妇选运动。

1919年11月，平塚雷鸟、奥梅尾与市川房枝等发起成立了"新妇人协会"，进行了争取修改《治安警察法》和以限制花柳病男子结婚为中心的签名运动和演讲活动。"新妇人协会"是日本最早的女性运动机构，它的成立标志着争取女性参政运动的真正开始。由于种种原因，1922年12月，成立仅一年半的"新妇人协会"解散了。此后，"妇人参政同盟"

---

① "欧巴桑"，日语词汇音译，意为"阿姨"。
② ［日］石月静慧：《近代日本女性史讲义》，世界思想社2007年版，第6页。

(1923年2月，高木富代、高桥千代等组建)、"妇人参政权获得期成同盟"(1924年12月，久布白落实、市川房枝、中泽美代等组建)、"妇选获得同盟"(1925年4月，由女性参政权获得期成同盟改建)等女性组织又陆续成立。这些女性团体要求获得参政权的决心是非常坚定的。妇人参政权获得期成同盟在其"宣言"中写道，"我们决心打破两千六百年的旧习，男女共同享有天赋的义务和权利，担负建设新日本的责任"，"今天，在即将实行普遍选举法之际，把女子排除在外是不公正的，我们要求女子的选举权、要求参政权是理所当然的"，"我们要求得到市、町、村的公民权、国家公民权的资格，我们认为女性参政是必要的"，"以女性的名义达成统一，精诚团结，我们相信女性参政权运动是必要的，其成功也是可能的"。围绕女性公民权、参政权、结社权的要求，这些女性团体展开了各种各样的活动，如到帝国议会请愿、举行集会、签名示威活动，通过发行《妇选》等杂志进行启蒙教育等。

　　这些女性团体的活动，在当时取得了一些成效。1922年，政府公布了《治安警察法改正案》，允许女性政谈集会，但仍禁止女性参加政治结社。经过女性团体的多方呼吁与努力，《妇女公民权法案》于1931年在滨口内阁时期第58次帝国议会上得到了政友会、民政党两党的支持而获得了众议院的通过，这一法案规定给予道府县以外的市町村25岁以上的女性（男性是20岁）公民权，同时规定女子只能参加市町村议会的选举，若当选市町村议会的议员要首先征得丈夫的同意。显而易见，这是一个带有限制性的议案，即使如此，在众议院获得通过后，却遭到以华族势力为核心的贵族院的否决，理由是"给予女性参政权不符合日本家族制度"。尽管近代以来随着资本主义的发展，女性的教育与教养水平不断提高，在产业革命及其以后的资本主义生产发展过程中发挥了重要作用，但她们却不能与男子一样拥有参政权，被无理剥夺了选举权与被选举权，这一点使日本近代资产阶级民主制度大打折扣。此后，女性无权参政的情况一直持续到二战日本战败。

　　尽管如此，日本进步女性并没有放弃争取参政权的斗争，女性团体逐渐壮大起来。如"妇选获得同盟"1925年刚成立时只有200名左右会员，到1931年增加到1762名，并成立了很多支部。很多女性在运动中得到了锻炼和提高，这些对于提高女性地位和唤醒女性参政意识起到了不容低估的作用。不过，当时的争取女性参政运动也有其自身的局限性。日本女性深受传统家族制度的束缚,加上近代男权社会的压迫,她们的力量比较孤单,发起的运动是不彻底的,活动内容只是处于发表宣言、成立团体,很多想法还不成熟,并且参加运动的人数有限,波及范围小,只局限于资产阶级中上层女性,所以成果还不显著。

正是由于以上不足,多数女性团体在日本发动侵华战争——"卢沟桥事变"后发生政治转向。市川房枝等人从最初的反对战争到加入侵略战争,将女性参与战时体制与女性解放等同起来,认为支持政府的战争也是发挥女性的价值,幻想以此达到最终实现妇选的目的。由此,二战期间,日本女性运动团体偏离了其要求获得参政权的目标,活动性质也发生了变化,逐渐走上一条完全背离女性运动发展方向的歧路。①

二 战后女性参政权的获得与进步

第二次世界大战结束后,全世界掀起了声势浩大的民主化运动。自由、民主、和平成为世界人民共同的呼声。1945年成立的联合国,在其《宪章》中重申"男女权利平等",并通过各种实践在促进男女平等方面发挥着积极的作用。1946年,联合国妇女地位委员会成立,其宗旨是促进女性的政治、经济及社会权利的提高。1952年,《妇女参政权公约》获得通过,国际社会首次在法律上承认女性享有与男性平等的权利,包括选举权。这也是联合国第一次在国际文书中明确规定各成员国有义务保障男女平等。1967年,联合国大会通过了《消除对妇女一切形式歧视宣言》,要求各成员国"在法律上和事实上承认男女平等的原则"。各国女性要求参政的呼声也日益高涨,女权运动声势浩大,涌现出一批女政治家、女议员、女领导人,她们用自己的行动努力争取参政权,并积极行使自己的参政权,从而大大增加了各国女性参政人数,提高了参政水平。

在日本国内,那些在战前就热衷于女性参政权运动的女性运动家们,在战争结束伊始就开始投入新一轮的女性运动,继续为取得女性的参政权而努力。1945年8月25日,日本投降后的第10天,"战后对策妇女委员会"宣布成立,提出改善女性地位的具体要求,如要求女性的公民权、选举与被选举权、政治结社权、就任公职权等等。会员有原来"妇选获

---

① 胡澎的《战时体制下的日本妇女团体(1931—1945)》一书对此问题作出了全面而详细的论述。

得同盟"的山高繁、久布白落实等，还有原"大日本妇人会"的干部赤松常子、羽仁说子等，同时还有女子学习院的一些女性运动家。她们起草文书，拟向政府提出以参政权、公民权、结社权为中心的妇女参政要求。为了更好地分工合作，她们在委员会内部分设劳动、生活、政治、风纪、教养、援护、文化等各分部。为了进一步推动女性参政运动，实现参政目标，在"战后对策妇女委员会"的基础上，同年11月3日在东京成立了"新日本妇女同盟"，专门以获得女性参政权和女性政治教育为目标，由市川房枝担任会长。从此，伴随着战后盟军对日占领政策的实施，日本女性新一轮的参政要求逐渐展开。

在以美国为首的盟军司令部的领导下，战后日本进行了民主化改革。其中，颁布了一系列法律、条文专门保障日本的男女平等及女性参政权。在盟军司令部的指挥下，1945年10月11日颁布了日本民主化五大改革指令，其中第一条就是"赋予妇女参政权，实现妇女解放"，因此，有人称日本妇女的参政权是"麦克阿瑟的礼物"。与此同时，"为了将日本国民从专制中解放出来"，《治安维持法》被废除，允许国民自由结社。11月，又废除了《治安警察法》，允许女性自由加入政党，承认女性有结社权，日本女性获得了从事政治活动的自由。12月17日，公布了《众议院议员选举改正法案》，规定"20岁以上男女有选举权，25岁以上男女有被选举权"，赋予了女性与同龄男性一样的选举权与被选举权。在这一改正法案的讨论过程中，曾有一部分议员发出质疑之声，"给连公民知识都没有的妇女选举权，是否会出现大量弃权票？""现在就给妇女选举权，未免太早。不如先给她们公民权，让她们在村会、集会上锻炼锻炼再参加选举"，等等。而战前日本的地方制度规定，"只有在本地居住两年以上的25岁以上成年男子为公民"，"只有公民才具有选举权"。按照战前的这项规定，女性不仅不具备选举权，连公民权都没有。1946年公布了地方制度改正法，女性被赋予公民权。1947年2月，制定《参议院议员选举法》，重申"20岁以上男女有选举权，25岁以上男女有被选举权"。

女性参政运动的开展，在社会上引起强烈反响。占领军的指令，也对政府构成一定压力，迫使日本政府不得不采取顺应时代潮流的措施。1946年4月10日的第22次众议院议员总选举，是日本女性获得参政权后首次行使投票权的日子。人们曾预想女性投票率不会超过半数，而实际上66.97%的有选举权的女性参加了投票。在这次选举中，从79名女候选人中选出 39 人为日本历史上第一代女性众议院议员。日本妇女从明治时代以来苦苦奋斗追求的女性结社权、公民权、参政权一朝得以实现。这次选举促进了日本女性的政治觉醒，象征着女性参政的历史开端。

1946 年 11 月，《日本国宪法》颁布，并规定于 1947 年 5 月 3 日起实施。宪法中明确规定了男女平等，保障了女性的参政权，男女平等的政治权利在制度层面得以确保。宪法第 14 条："全体国民在法律面前一律平等。在政治、经济以及社会的关系中，都不得以人种、信仰、性别、社会身份以及门第的不同而有所差别。"在第 44 条中，对于议员及选举人的资格明确规定："两议院的议员及其选举人的资格，由法律规定之。但不得因人种、信仰、性别、社会身份、门第、教育、财产或收入的不同而有所差别。"宪法中关于男女平等的规定，更进一步在制度上保障了女性进入社会、参与政治等方面的权利。从此，女性有了合法的参政权。

1947 年 10 月，日本政府又颁布了《国家公务员法》，其中规定国家公务员的录用要遵循平等原则，"该法适用于所有国民，不分人种、信条、性别、身份、门第"[①]。从此，日本女性拥有了与男性平等的就任公职的权利。1955 年，日本政府批准加入联合国《妇女参政权公约》，承诺保护本国女性参政、维护女性的政治权利。

伴随着女性参政权的获得，各种妇女团体纷纷成立。如妇女民主俱乐部、妇女议员俱乐部、大学妇女协会、民主妇女协会、日本妇女协议会、妇女团体协议会、妇女人权拥护同盟等先后成立。这些妇女团体活跃于日本各地，组织妇女集会、定期举办讲座、出版机关刊物，在推动日本女性从政、提高女性参政水平方面发挥着积极的作用。

从 20 世纪 70 年代开始，战后第二次妇女运动的高潮在世界范围内掀起。与战后初期第一次妇女运动高潮不同的是，这次的妇女运动要求更进一步推进男女平等概念，主张打破社会、文化方面阻碍男女平等的传统观念，消除性别歧视的社会分工，达成实质上的男女平等。第二次妇女运动中产生了一系列的理论和思潮，这些理论与思潮又反过来促进了妇女运动向纵深方向发展，妇女问题成为国际社会共同关注的话题。

在第二次妇女运动中联合国起到了很大的推动作用。1979 年，联合国保障妇女在政治、法律、工作、教育、医疗服务、商业活动和家庭关系

---

① [日]《国家公务员法》，http://www.houko.com/00/01/S22/120.HTM。

等各方面与男性有同等权利的《消除对妇女一切形式歧视公约》在联合国大会通过。这项公约要求消除在各国政治和公共生活中对女性的歧视，保证女性在与男子平等的条件下，有选举权和被选举权，有权参加政府政策的制定及其执行，并担任各级政府公职和执行一切公务，参加有关本国公共和政治生活的非政府组织和协会（第7条），有机会在国际上代表本国政府和参加各国际组织的工作（第8条）。联合国将1975年定为"国际妇女年"，宣布1976年至1985年为"联合国妇女十年"，并先后于1975年、1980年、1985年和1995年召开了四次世界妇女大会。这些会议通过了《墨西哥宣言》《实现国际妇女年目标世界行动计划》《内罗毕战略》《北京宣言》和《行动纲领》等一系列的宣言和行动纲领，对世界各国的妇女政策产生了深刻的影响。特别是《实现国际妇女年目标世界行动计划》中，明确规定了十年中各国政府为了消除性别差别而应该采取的措施，制定了妇女政策的世界规范。世界妇女大会逐渐成为各国女性表达自己主张的场所，与世界妇女大会同步举办的NGO论坛（非政府组织论坛）对参会人员不问资格，只要对妇女问题关心均可报名，因此吸引了大批来自民间的妇女运动家。据统计，1995年的非政府组织论坛参加的女性人数超过3万人。来自不同国家的女性就本国的情况与问题与其他国家的女性在论坛上进行交流、寻求解决的途径。虽然各国的经济发展水平不同、历史文化传统各异，但是在女性参政问题上却面临着共同的问题，即女性参政明显落后。只要女性参政得不到保障，其他相关问题就更加没有办法解决。故以非政府组织论坛的发起为契机，各国民间女性的参政要求达成了全球共识。

　　日本政府和民间的妇女运动组织也乘着第二次妇女运动的高潮，围绕男女平等、女性平等进入社会、参与政治等积极开展各种活动，并且取得了显著的成果。

　　日本政府认真配合联合国开展的各种妇女解放活动，积极派出代表参加各届世界妇女大会，参与联合国开展的"国际妇女年""联合国妇女十年"等活动。自1955年起，日本政府先后举办了妇女取得参政权10周年、20周年、30周年、50周年的纪念活动。1985年日本签署加入联合国《消除对妇女一切形式歧视公约》。在国内，日本政府也制定了一系列措施，促进女性参政。1975年，日本政府设立了"妇女问题规划推进本部"，部长为内阁总理大臣，同时还设立了妇女问题办公室。

为实现男女平等，"妇女问题规划推进本部"1977年开始制定《国内行动计划》《促进妇女参政特别行动推进纲要》等并积极付诸实施，1987年制定了《面向2000年新国内行动计划》，并于1991年进行了第一次修改。1994年，日本政府总理府设置"男女共同参画室"和"男女共同参画审议会"，将"妇女问题规划推进本部"改组为"男女共同参画推进本部"。1996年，该推进本部制定《男女共同参画2000年计划》，1999年颁布实施《男女共同参画社会基本法》，提出将来的日本不仅要实现制度上的男女平等，还要破除观念、习惯上的社会普遍存在的事实上的不平等，建立一个不是依靠性别、而是根据能力分工的社会。2001年，日本政府进一步在内阁府设立"男女共同参画局"，继续开展促进男女平等的工作。

民间妇女团体也进行了卓有成效的活动，为实现女性参政作出了贡献。1979年联合国大会通过《消除对妇女一切形式歧视公约》后，各成员国陆续签字。而日本政府考虑到当时日本保守的政治文化及社会上的传统性别分工等因素，对待签字态度比较消极，甚至出现不加入该条约的倾向。针对这种情况，柴田知子、缝田晔子、大羽绫子等妇女运动家组织国内女性机关团体通过在报刊上发表消息、向政府提交请愿书、与议员协商谈判、在街头举行集会等活动积极奔走于各方，终于促进政府在"联合国妇女十年"的最后一年即1985年签署加入。1962年成立的市川房枝纪念会，也在推进女性参政方面发挥了不可忽视的作用。该纪念会创立于东京，原名"妇选会馆"，创立初衷是为了纪念日本女性获得参政权，其宗旨是提高女性政治觉悟、实现政治民主和男女平等。该纪念会成立以后，定期举办讲座，出版《妇女参政资料集》《妇女展望》等杂志，还设立市川房枝基金等支援女性参政等妇女活动。1994年地方城市松山市成立了"帮助妇女进入议会协会"，直接以产生更多的女性议员为目标，进行调查研究、收集情报、组织演讲等，提供各种支援，促进女性进入议会。由此在日本全国引发了一场"让妇女进入政界"的新的妇女运动。这些民间妇女团体是促进日本女性参政的一支不可忽视的力量，她们为妇女树立自信、进入决策领域发挥了积极的推动作用，同时，妇女团体的活动成果直接推动了日本女性参政的步伐，进一步提高了女性的参政意识。

第二节 现代日本女性参政现状

一 参政意识不断提高

"赋予女性参政权，实现女性解放"虽然是美军占领政策的实施及战后民主改革的成果，但也得益于近代以来社会争取女性参政权运动的宣传及影响，尤其是明治维新以来近代女子教育的发展在开启女性民智方面的巨大作用。长期以来被压抑的政治热情在新的社会条件下得以发挥与实现，参政意识不断提高，具体表现在两个方面：

其一是女性积极行使选举权 日本女性获得了参政权后，积极迈出参政议政的步伐，女性参政事业着实进展。投票——行使选举权是参政最直接、最基本的方式，拥有了参政权的日本女性很珍惜这个得来不易的权利，积极参加选举。如前所述，1946年4月的众议院选举是日本女性获得参政权后第一次有权参与选举。当时有些人认为女性深受传统家族制度的影响，参政意识和参政能力较弱，况且，战败后的日本一片狼藉，粮食紧缺，家庭妇女们都在为生计奔波，即使给她们参政权，估计也不会有多少妇女真正对这些感兴趣。出乎意料的是，在此次选举中，有大约2056万名女性参与投票，投票率高达66.97%，比男性实际投票人数还多出约424万人，战后首次参议院和地方议会选举中女性的投票率也非常高，在当时的日本社会引起了震惊。

获得选举权以来，具备选举权资格的女性人数一直高于男性，但女性的投票率一直低于男性投票率。在众议院选举方面，如表2-1显示，第22届众议院选举之后的第23届、24届选举中，日本女性的投票率有所下降。但是，从第25届开始，女性的投票率开始回升，并逐渐接近男性的投票率。1969年的第32届众议院选举中，女性的投票率首次高出男性约1.27个百分点。此后，无论是众议院选举还是参议院选举，女性的投票率一直高于男子，在1989年的第39届选举中甚至高出男性2.68个百分点。投票率是衡量选民政治参与行为的最基本指标，女性投票率走高，表明女性的参政意识正在不断提高。

表 2-1 二战后众议院选举投票情况①

届数		具备选举权的人数（人）		投票率（％）	
		女性	男性	女性	男性
第 22 届（1946 年）		20557668	16320752	66.97	78.52
第 23 届（1947 年）		21329727	19577766	61.60	74.87
第 24 届（1949 年）		22044778	20060522	67.95	80.74
第 25 届（1952 年）		24459823	22312761	72.76	80.46
第 26 届（1953 年）		24609577	22480590	70.44	78.35
第 27 届（1955 年）		25678542	23556833	72.06	79.95
第 28 届（1958 年）		27130119	24883410	74.42	79.79
第 29 届（1960 年）		28350831	25962162	71.23	76.00
第 30 届（1963 年）		30397537	27884141	70.02	72.36
第 31 届（1967 年）		32748180	30244616	73.28	74.75
第 32 届（1969 年）		35799080	33461344	69.12	67.85
第 33 届（1972 年）		38098550	35671086	72.46	71.01
第 34 届（1976 年）		40202572	37724016	74.05	72.81
第 35 届（1979 年）		41367765	38802159	68.56	67.42
第 36 届（1980 年）		41753906	39171128	75.36	73.72
第 37 届（1983 年）		43448438	40804170	68.30	67.56
第 38 届（1986 年）		44584739	41842106	72.52	70.21
第 39 届（1989 年）		46555038	43767870	74.61	71.93
第 40 届（1993 年）		48649594	45828222	68.09	66.39
第 41 届（1996 年）	小选区	50295683	47385036	60.23	59.03
	比例代表			60.20	59.01
第 42 届（2000 年）	小选区	51735761	48698037	62.94	62.02
	比例代表	51761453	48730875	62.90	61.97
第 43 届（2003 年）	小选区	52726517	49506427	60.03	59.68
	比例代表	52761704	49544980	59.99	59.63
第 44 届（2005 年）	小选区	53153968	49831245	68.18	66.80
	比例代表	53194247	49873719	68.13	66.75

① 根据［日］市川房枝纪念会编《妇女参政 60 周年——妇女参政相关资料集》第 8 页制作，市川房枝纪念会，2006 年，。

另外，如表2-2显示，在参议院选举的投票中，具备选举权的女性人数也是逐年上升。以全国区投票率为例在第1届参议院选举时，女性的投票率落后于男性14.37百分点，之后差距逐渐缩小。在1968年的第8届选举中，女性的投票率超过男性。此后虽然在第17届、第20届选举中略微低于男性，但女性的投票率总体上是高于男性的。

表2-2　　　　　　　　参议院选举投票情况[①]

届数	具备选举权的人数（人）		投票率（%）			
	女性	男性	全国区		地方区	
			女性	男性	女性	男性
第1届（1947年）	21351075	19607513	54.03	68.44	54.24	68.61
第2届（1950年）	22698869	20762502	66.74	78.40	66.74	78.16
第3届（1953年）	24582538	22454016	58.92	67.84	58.92	67.85
第4届（1956年）	26189879	23988009	57.73	66.88	57.73	66.89
第5届（1959年）	27905499	25610974	55.24	62.56	55.24	62.57
第6届（1962年）	29305713	26831582	66.51	70.07	66.51	70.08
第7届（1965年）	31044308	28500099	66.13	67.97	66.14	67.97
第8届（1968年）	34176584	31709561	68.97	68.89	68.98	68.90
第9届（1971年）	36765667	34412000	59.33	59.13	59.33	59.14
第10届（1974年）	38904791	36451277	73.63	72.73	73.64	72.74
第11届（1977年）	40410488	37911227	69.26	67.65	69.27	67.66
第12届（1980年）	41753906	39171128	75.30	73.67	75.33	73.69
第13届（1983年）	43161920	40520496	57.10	56.88	57.11	56.89
第14届（1986年）	44584739	41842106	72.44	70.14	72.47	70.17
第15届（1989年）	46334489	43556869	65.62	64.35	65.63	64.36
第16届（1992年）	48028863	45225162	50.84	50.56	50.86	50.57
第17届（1995年）	49802028	46956997	44.36	44.66	44.37	44.67
第18届（1998年）	51010009	48038691	59.27	58.36	59.28	58.38

① 根据［日］市川房枝纪念会编《妇女参政60周年——妇女参政相关资料集》第10、11页制作，市川房枝纪念会，2006年。

续表

届数		具备选举权的人数（人）		投票率（％）			
		女性	男性	全国区		地方区	
				女性	男性	女性	男性
第19届（2001年）	比例代表	52184874	49124806	56.86	55.95	56.88	55.98
	选举区	52151416	49084613				
第20届（2004年）	比例代表	52921904	49666507	56.51	56.58	56.54	56.61
	选举区	52882951	49624575				

在地方议会的选举中，女性的投票率也超过了男性。从表2-3可见，在1955年进行的第3届地方议会议员选举中，女性的投票率达81.18%，超过了男性的投票率，此后一直领先于男性。第4届市区町村长选举、第5届都道府县议会选举和都道府县知事选举中，女性投票率都超出男性，此后几乎一直保持高于男性的态势。从世界范围来看，各国女性的投票率一般偏低，而日本是世界上少数几个女性投票率高于男性的国家之一（菲律宾、美国、瑞典的女性投票率也高于男性），反映出日本女性的参政意识在逐渐提高。

表2-3　　　　　　　　　二战后地方议会的投票率[1]　　　　　　（单位:%）

届数	性别	都道府县议会	都道府县知事	市区町村议会	市区町村长
第1届（1947年）	女性	80.07	66.50	79.52	67.82
	男性	83.36	77.69	82.97	77.91
第2届（1951年）	女性	81.26	80.85	90.98	90.00
	男性	84.89	84.49	91.06	90.29
第3届（1955年）	女性	75.56	72.91	81.18	82.83
	男性	79.07	76.93	80.79	83.23
第4届（1959年）	女性	78.61	77.17	83.13	85.14
	男性	80.43	79.40	81.55	84.46

---

[1] 根据［日］市川房枝纪念会编《妇女参政60周年——妇女参政相关资料集》第27页制作，市川房枝纪念会，2006年。

续表

届数	性别	都道府县议会	都道府县知事	市区町村议会	市区町村长
第5届（1963年）	女性	76.99	74.67	81.22	82.81
	男性	76.70	74.56	77.74	80.22
第6届（1967年）	女性	72.05	69.53	79.09	78.50
	男性	70.51	67.81	74.50	73.93
第7届（1971年）	女性	73.99	73.24	79.77	78.43
	男性	71.78	70.73	75.39	74.26
第8届（1975年）	女性	75.00	73.06	77.40	74.65
	男性	72.81	70.72	73.25	70.46
第9届（1979年）	女性	70.50	65.18	75.63	73.08
	男性	67.90	62.93	71.06	67.01
第10届（1983年）	女性	69.79	64.92	75.23	72.10
	男性	66.75	61.40	70.18	67.07
第11届（1987年）	女性	68.35	61.58	71.30	70.46
	男性	64.85	57.89	66.32	65.52
第12届（1991年）	女性	62.04	56.41	66.61	68.04
	男性	58.45	52.36	60.83	62.31
第13届（1995年）	女性	57.85	56.71	61.96	62.07
	男性	54.49	53.44	57.11	57.45
第14届（1999年）	女性	58.08	58.25	62.48	63.19
	男性	55.21	55.23	58.09	58.89
第15届（2003年）	女性	53.81	54.16	57.93	58.19
	男性	51.05	51.01	53.82	54.13

从女性自身的投票发展趋势来看，无论是在国会还是地方议会，在参与投票人数呈现逐年增多趋势的同时，投票率也显示出一些复杂的变化之势。

首先是众议院选举的女性投票率，自1947年以来一直呈现上升趋势，至1989年第39届选举达到迄今为止的最高水平——74.61%，此后开始下降，2003年下降至二战后以来投票率最低点（小选区60.03%，比例代表选举59.99%）。2005年以来的两届选举又有所回升（见表2-1）。

其次是参议院女性的投票率，以70年代中期至80年代末的十几年为顶峰期，曾经出现70%以上较高的投票率，而此前和此后均呈现出较低的走向（见表2-2）。

再看地方议会中女性的投票率，总体上呈现出下降的趋势，70年代中期以前几乎都在75%以上，此后至90年代初，投票率徘徊在70%左右，而1991年的第12届选举，则降至平均60%左右，2003年都道府县的议员选举中女性的投票率仅为53.81%，比1951年的81.26%下降了将近30%（见表2-3）。

二战后日本经济的发展带来生活的富裕是造成女性自身投票率呈下降趋势的主要原因。由于社会稳定，物质财富极大丰富，人们越来越重视个性化的私人生活，对政治的关心度逐渐降低。无论男性还是女性，投票率逐年降低便是整个社会对政治冷漠的真实反映。在同样的降低趋势中，女性的投票率高于男性，表明现代日本女性对政治的关心度要高于男性。在1989年的海部内阁、1993年的细川内阁、1994年的羽田内阁、2001年的小泉内阁，女性的支持率甚至超过了男性。因此当今不论哪个政党或政治家，都越来越重视女性选民的力量。

另外，从女性投票的不同领域来看，在众议院选举中女性的投票率几乎都在60%以上，而在被称为"第二议院"的参议院和地方议会的投票率则在50%左右，其中地方议会投票中前期和后期的投票率落差极大。可以看出，现代经济的发展已经将整个日本连成一片，与区域社会相比整个国家的政治在日常生活中所发挥的作用越来越大，战后日本女性对地方政治的关心度逐渐下降，而对国家政治则显示出较高的关心。

其二是女性认真参与政治实践，正是通过以上积极的投票选举实践，使得更多的女性产生了参与竞选、亲身投入政治的想法。积极的参政意识为女性广泛参政行动奠定了良好的基础。目前活跃于政坛的女政治家大多并非从小立志从政，而是在女性的参政意识普遍提高后才逐渐产生了参政的想法。而这些女政治家之所以能够在政治舞台崭露头角，也多是得到了女性选民的信任与大力支持。例如，熊本县历史上第一位女知事潮谷义子，从政前在佐贺县、大分县等地从事社会福利事业，后在熊本县基督教慈善机构慈爱幼儿园工作，几十年致力于贫困、孤独儿童及妇女、老人的扶助工作，2000年参与竞选后，获得了以女性为中心的选民支持，成为继大阪府知事太田房江之后第二位女知事。这些女政治家的成功之路，为广大日本女性参政、议政及从政树立了良好的榜样。

在日常生活中,女性对政治的关注度也有很大提高。在街头、公园的政治时事演讲中,经常可以看见妇女演讲家的影子,而听众也是以女性居多。在电视、广播的时事评论中,女性评论家逐渐增多,并表现活跃。一些女性甚至著书立说,阐述自己的政治主张、评论时政。例如,1949年出生的爱媛县县议会第一位女议员阿部悦子,原本是一名家庭主妇,从参加孩子的家长会开始逐渐关心环境问题,继而投入政治,希望通过参政保护环境,改变生活。阿部悦子所在的爱媛县是个政治相对保守的地区,二战后女性获得参政权以来60多年间,当地的县议员中女性候选者仅7人,远远低于其他地区。她从保护环境等市民运动入手,通过发行参政书籍、组织女性自行车队街头集会宣传、进行"政治就是生活"的街头演讲、组织"送妇女进入议会协会"等方式带动女性为争取政治权益而努力,她本人也在选举中获得了选民特别是女性选民的支持,直到1999年当选爱媛县县议会议员。此后,阿部悦子又创立"阿部悦子与市民的广场"事务所,制作网页、接受女性的咨询,并经常举办讲座、报告会等,以带动更多的女性走进政治、了解政治,从而成为当地名人。

二 涉足立法领域

在评价女性地位的高低时,国际社会和各国政府通常将女性参与立法机构的人数及其占立法机构参加人总数的比例作为衡量的主要标尺。其理由在于,一个国家立法机构的主要任务是制定并通过本国的宪法和法律,提出并通过宪法和法律的修正案等等。当今的国际潮流要求各国在制定或修改法律时,力求反映本国全民的意志和利益,而全民的意志和利益,当然应当包括女性的意志和利益。日本女性在积极行使选举权的同时,也积极参加众、参两院议员以及地方议会议员的竞选。大批女政治家走进议会,是日本女性参政能力提高和成熟的体现。而她们的成功,又进一步推动了女性参政水平的提高。

女议员活跃于国会,国会是日本的立法机关,是国家的最高权力机关。女性进入国会、成为议员,与男性平等地行使国家权力,是女性参与国家管理的重要途径。如表2-4所示,1946年,在日本女性获得参政权后的第一次选举即第22届众议院选举中,产生了39位女议员,占总当选议员的8.4%。在同年进行的参议院女议员选举中,有5人当选,占当选参议员的4%,在刚获参政权的时候,这是一个很了不起的成绩。此后紧接着的两届众议院选举，女议员数量和比例都有所下降，但都在10人以上。而此后一直至80年代末期，除了仅有的两届当选女议员为11人，其他届选举中，当选的女议员人数均不超过9人，在所有当选议员中所占的比例也是徘徊在1.5%左右。1990年以来，女议员的当选数量和比例明显回升。特别是1996年第41届选举导入小选区比例代表制后，女议员数量猛增至23人，所占比率为4.6%。2000年以后的历次选举中，女性议员进一步增加，2005年的第44届选举中女性当选者达43人，占9.0%。在民主党实现政权交替的2009年，共有54名女议员当选众议院议员，占议员比例11.3%，创历史最高水平。①

表2-4　　　　　　二战后众议院女性候选人及当选者②

届数	候选人 女性（人）	候选人 总数（人）	候选人 女性所占比例（%）	当选者 女性（人）	当选者 总数（人）	当选者 女性所占比例（%）	女性候选人的当选率（%）
第22届（1946年）	79	2770	2.9	39	464	8.4	49.4
第23届（1947年）	85	1590	5.3	15	466	3.2	17.6
第24届（1949年）	44	1364	3.2	12	466	2.6	27.3
第25届（1952年）	24	1242	1.9	9	466	1.9	37.5
第26届（1953年）	22	1027	2.1	9	466	1.9	40.9
第27届（1955年）	23	1017	2.3	8	467	1.7	34.8
第28届（1958年）	19	951	2.0	11	467	2.4	57.9
第29届（1960年）	21	940	2.2	7	467	1.5	33.3
第30届（1963年）	18	917	2.0	7	467	1.5	38.9
第31届（1967年）	15	917	1.6	7	486	1.4	46.7
第32届（1969年）	21	945	2.2	8	486	1.6	38.1
第33届（1972年）	20	895	2.2	7	491	1.4	35.0
第34届（1976年）	25	899	2.8	6	511	1.2	24.0
第35届（1979年）	23	891	2.6	11	511	2.2	47.8

① ［日］《女性政治家》，http：//ja.wikipedia.org/wiki/%E5%A5%B3%E6%80%A7%E6%94%BF%E6%B2%BB%E5%AE%B6。
② 根据［日］市川房枝纪念会编《妇女参政60周年——妇女参政相关资料集》第9页制作，市川房枝纪念会，2006年。

续表

届数		候选人			当选者			女性候选人的当选率（%）
		女性（人）	总数（人）	女性所占比例（%）	女性（人）	总数（人）	女性所占比例（%）	
第36届（1980年）		28	835	3.4	9	511	1.8	32.1
第37届（1983年）		28	848	3.3	8	511	1.6	28.6
第38届（1986年）		35	838	4.2	7	512	1.4	20.0
第39届（1989年）		66	953	6.9	12	512	2.3	18.2
第40届（1993年）		70	955	7.3	14	511	2.7	20.0
第41届（1996年）	小选举区	127	1261	10.1	7	300	2.3	5.5
	比例代表	74	808	9.2	16	200	8.0	21.6
	合计	153	1503	10.2	23	500	4.6	15.0
第42届（2000年）	小选举区	166	1199	13.8	13	300	4.3	7.8
	比例代表	102	904	11.3	22	180	12.2	21.6
	合计	202	1404	14.4	35	480	7.3	17.3
第43届（2003年）	小选举区	132	1026	12.9	14	300	4.7	10.6
	比例代表	75	745	10.1	20	180	11.1	26.7
	合计	149	1159	12.9	34	480	7.1	22.8
第44届（2005年）	小选举区	123	989	12.4	19	300	6.3	15.4
	比例代表	84	778	10.8	24	180	13.3	28.6
	合计	147	1131	13.0	43	480	9.0	29.3

在参议院，如表2-5所示，1947年第1届选举的时候有10名女参议员，占4.0%；此后缓慢增加，到1986年第14届选举时增至有10人，占7.9%，1989年第15届选举时突破20人（22人，占17.5%）。此后，候选人中女性所占比例总体呈上升趋势，女性候选人的当选率也略有回落。纵观战后以来的历届众议院、参议院选举，除了第一届众议院选举以外，女议员在参议院选举中所占的比例均高于众议院。1993年8月，土井多贺子当选为众议院议长，成为日本宪政史上首位女议长，在当时的日本掀起了一阵"多贺子热"，当时的舆论开玩笑地说：以后议员桌子上摆的桌签不能简单一律地写"某某君"（日语中"君"多指男性）了，需要使用"某某さん"（日语中的"さん"是先生、女士的统称）。

表 2–5　　　　　　　　参议院女性候选人及当选者[①]

届数	候选人 女性（人）	候选人 总数（人）	候选人 女性所占比例（%）	当选者 女性（人）	当选者 总数（人）	当选者 女性所占比例（%）	女性候选人的当选率（%）
第1届（1947年）	19	577	3.3	10	250	4.0	52.6
第2届（1950年）	24	563	4.3	5	132	3.8	20.8
第3届（1953年）	28	447	6.3	10	128	7.8	35.7
第4届（1956年）	17	341	5.0	5	127	3.9	29.4
第5届（1959年）	18	330	5.5	8	127	6.3	44.4
第6届（1962年）	15	328	4.6	8	127	6.3	53.3
第7届（1965年）	13	332	3.9	9	127	7.1	69.2
第8届（1968年）	11	305	3.6	5	126	4.0	45.5
第9届（1971年）	15	305	4.9	8	125	6.4	53.3
第10届（1974年）	18	349	5.2	8	130	6.2	44.4
第11届（1977年）	36	320	11.3	8	126	6.3	22.2
第12届（1980年）	18	285	6.3	9	126	7.1	50.0
第13届（1983年）	55	430	12.8	10	126	7.9	18.2
第14届（1986年）	82	506	16.2	10	126	7.9	12.2
第15届（1989年）	146	670	21.8	22	126	17.5	15.1
第16届（1992年）	123	640	19.2	13	127	10.2	10.6
第17届（1995年）	124	567	21.9	21	126	16.7	16.9
第18届（1998年）	110	474	23.2	20	126	15.9	18.2
第19届（2001年）	137	496	27.6	18	121	14.9	13.1
第20届（2004年）	66	320	20.6	15	121	12.4	22.7

值得一提的是，无论是众议院还是参议院，20 世纪 80 年代中期以来，女性候选人的人数和比例都在增加，虽然最终当选议员的人数和比例并不高，但是女候选人的增加为女议员的产生奠定了基础，同时这种积极的参政行动也反映出女性参政意识的普遍提高。

地方议会中的女议员。1947 年 4 月 30 日，日本举行了第一届地方议

[①] 根据［日］市川房枝纪念会编《妇女参政 60 周年——妇女参政相关资料集》第 12、13 页制成，市川房枝纪念会，2006 年。

会选举。在这次选举中，共产生了22位都道府县女议员、94位市区女议员、677位町村女议员，分别占当选者总数0.9%、1.2%、0.4%，虽然首次诞生了一批地方女议员，但所占比例是很小的。此后，随着女性参政步伐向前迈进，都道府县女议员和市区议会女议员无论从数量上还是从比例上，都呈现出逐渐上升的趋势。而町村女议员方面，最初的两届选举中女议员数量在六七百名左右，此后有三十多年均只有一二百名，所占比例一直维持在0.5%左右。90年代以来，町村女议员的数量和所占比例明显增加，2003年的第15届选举中产生了1034位女议员，占5.9%。与国会选举相似的是，随着女性参政意识的提高，在地方议会的选举中，女候选人的数量及所占比例都呈现出逐年上升的趋势（见表2-6）。

表2-6　　　　　　地方选举中的女议员当选者情况[①]

届数	都道府县议会 女性（人）	都道府县议会 总数（人）	都道府县议会 比例（%）	市区议会 女性（人）	市区议会 总数（人）	市区议会 比例（%）	町村议会 女性（人）	町村议会 总数（人）	町村议会 比例（%）
第1届	22	2490	0.9	94	8167	1.2	677	183224	0.4
第2届	34	2616	1.3	152	8884	1.7	775	161395	0.5
第3届	29	2613	1.1	166	9972	1.7	206	43939	0.5
第4届	36	2656	1.4	210	11827	1.8	173	31252	0.6
第5届	39	2688	1.5	207	13111	1.6	192	30068	0.6
第6届	30	2558	1.2	240	13086	1.8	163	27188	0.6
第7届	21	2557	0.8	296	13510	2.2	133	25063	0.5
第8届	29	2614	1.1	381	13957	2.7	109	23810	0.5
第9届	28	2646	1.1	386	14038	2.7	120	23267	0.5
第10届	30	2661	1.1	488	13813	3.5	164	22303	0.7
第11届	52	2670	1.9	637	13329	4.8	269	21095	1.3
第12届	64	2693	2.4	839	13161	6.4	432	20573	2.1
第13届	73	2607	2.8	1043	12730	8.2	591	20145	2.9
第14届	136	2669	5.1	1378	12332	11.2	867	18999	4.6
第15届	164	2634	6.2	1552	11886	13.1	1034	17544	5.9

---

① 根据［日］市川房枝纪念会编《妇女参政60周年——妇女参政相关资料集》第28、29、30页制作，市川房枝纪念会，2006年。

可以看出，日本的女议员从无到有，在数量上呈现出逐渐增加的趋势，在当选者中所占的比例也逐年递增。另有资料显示，女议员的年龄也在年轻化。在2009年8月30日的第45届议会选举中当选的54名女议员里，有40名是获胜的民主党女议员，被称为"小沢ガールズ"（小泽美女团），超出此前妇女参政史上比较轰动的"小泉チルドレン"（小泉新人团）中女议员数量的1.5倍多，小泽美女团的平均年龄为45.6岁，而当年小泉新人团的平均年龄为51.2岁[1]。

同时，我们也注意到，与庞大的男性从政群体相比，无论在国会还是地方议会，女议员都显得凤毛麟角；与女性自身较高的投票率相比，女议员候选人和当选比例都非常低；与世界上其他国家相比，虽然日本的GDP指数、HDI指数[2]均居世界前列，但是2009年日本女议员在187个国家的国会女议员比例比较中位于第119位，[3] 在109个国家的GEM[4] 比较中，日本排名第57位[5]。这些都与其经济实力大国的形象不相吻合。

另外，从女议员的当选比例来看，地方议会要普遍低于国会，而且地方议会内部的都道府县女议员的当选又高于最基层的町村议会女议员。从全国范围来看地方女议员的分布，以2005年为例，东京、神奈川、大阪、埼玉等四地方女议员在所有当地地方议员中所占比例超过15.1%；京都、滋贺、兵库、千叶、长野、爱知等六个地区次之，在10.1%—15.1%之间；以下是奈良等26个地方，在5.1%—10.1%之间；熊本等地在5.0%以下。福井县和岛根县至2005年为止未出现过县议会女议员。另外，即使是国会选举中，女性在区域、地方的弱势也非常明显。为了增加女议员的当选比例而导入比例选举后，女议员所占比例有所增加，但是小选区代表女议员的当选比例明显低于比例代表当选的比例。2009年8

---

[1] [日]大海笃子：《从性别开始的政治社会学入门》，世织书房2010年版，第199页。

[2] 人类发展指数，英文Human Development Index的缩写，是联合国开发计划署从1990年开始发布，用以衡量各国社会经济发展程度的标准。

[3] [日]女性参画数据，http://www.gender.go.jp/research/sankakujokyo/2009/pdf/zentai.pdf，男女共同参画总部。

[4] 国际上衡量女性参与经济、政治的一个指标，主要考察女性的收入、职位、议员比例等。

[5] [日]女性参画数据，http://www.gender.go.jp/research/sankakujokyo/2009/pdf/zentai.pdf，男女共同参画总部。

月第45届众议院选举中，女议员的比例代表当选率是16.7%，而小选区代表的当选比例仅有8.0%，不及比例代表当选率的一半。

三 在司法界有所建树

任何法治国家，立法、司法和行政三权都是国家权力机构中必不可少的组成部分，并且司法与立法的关系是非常密切的，司法权的正当行使具有巨大的社会价值，而女性是正当行使司法权的必需的人员保障，我们完全有理由认为，女性参与司法是衡量女性权益及女性地位的一把标尺。

司法机构与立法机构一样，是日本重要的权力部门。法官、检察官、律师是在日本社会地位非常高、资格取得比较困难的职业。1940年，明治大学法学部女学生中田正子、久米爱、三渊嘉子三人在通过了司法科考试后，成为日本首批女律师，但是直到二战战败为止，全日本仅有8名女性通过了严格的司法考试。司法领域的职业长期被男性所垄断。

二战后，越来越多的日本知识女性涉足司法领域。就女律师而言，从1940年的3人起，到1966年超过了100人，1995年超过了1000人，进而至2006年超过了3000人，占日本律师协会会员的13%，[①] 到2010年，已经超过了4500人，超过了日本律师协会会员的15%[②]。近年来，女律师以每年新增200人的速度持续增加，以至于被称作"女律师时代已经到来"。

从70年代开始，日本有了女法官及检察官。女法官在1970年仅有76人，占总数的2.8%，而到2009年达到了570人，占总数的16%；女检察官在1977年为22人，仅占总数的1.0%，而2009年有336名，占总数的12.9%。与此同时，越来越多的女性挑战这一职业，参加司法考试的人数也逐年增多，合格者呈上升趋势。从参考情况来看，1980年参加司法考试的女性为1752人，占所有参考者的6.1%，2005年女性的参考

---

① ［日］日本律师联合会、关于两性平等委员会编：《女律师的发展历程，从3人到3000人》，明石书店2007年版，前言。
② ［日］（日本女性法律家协会会长）田中美登里：《日本女性法律家协会应该发挥的作用》，http://www.j-wba.com/images2/activities_1010_tanaka.pdf#search='女法曹'。

人数高达9889人，所占比例也提高到21.6%；从考试结果来看，1975年合格通过第二轮司法考试的女性仅有36人，占所有通过者的7.6%，2005年合格者增至350人，占到23.9%。[①] 值得注意的一个情况，如表2-7所示，女性报考与合格者的绝对数字虽远远低于男性，但女性的合格率却一直高于男性，而且超过平均合格率，说明一向被认为难以通过的司法考试已经不再是男性专属。

表2-7　　　　　　　　　　司法考试报名者及合格者数[②]

类别	1990年			1995年			2000年			2005年		
	总数	女性	男性	总数	女性	男性	总数	女性	男性	总数	女性	男性
	人	人(%)	人(%)	人	人(%)	人(%)	人	人(%)	人(%)	人	人(%)	人(%)
申请者(A)	22900	2852(12.5)	20048(87.5)	24488	4453(18.2)	20035(81.8)	36203	7463(20.6)	28740(79.4)	45885	9889(21.6)	35996(78.4)
合格者(B)	499	74(14.8)	425(85.2)	738	146(19.8)	592(80.2)	994	270(27.2)	724(72.8)	1464	350(23.9)	1114(76.1)
B/A(%)	2.2	2.6	2.1	3.0	3.3	3.0	2.7	3.6	2.5	3.2	3.5	3.1

女法官、检察官、律师日益增多，奠定了女性在司法界的地位。1994年2月，当时的首相细川护熙提名当时的劳动省官员高桥久子（1927—）出任日本最高法院法官，打破了长期以来男性对这一最高司法职位的垄断。此后，先后有横尾和子（2001年12月当选）、樱井龙子（2008年9月当选）、冈部喜代子（2010年4月当选）先后出任最高法院法官。与前三位行政官员出身的女法官不同，冈部喜代子出身学者，是庆应大学的法学教授，参加过很多司法实践，是日本历史上首位拥有法官资格当选最高法院法官的女性。冈部喜代子的当选大大增强普通女性从政的信心。另外，在高等法院、地方法院及家庭法院也产生了很多女法官，表明日本女

[①] ［日］内阁府男女共同参画局：《女性在政策、方针决策领域的参画状况调查》，内阁府男女共同参画局，2009年，第16、18页。

[②] 同上。

性在司法界地位正在不断提高。

四 参与行政管理

在积极参与国家的立法、司法活动的同时，大批女性进入国家的行政系统，并显示出不逊于男性的领导才能。

在二战后民主改革过程中，对明治以来的文官制度进行了全面改造，其中重要的内容就是排除了身份制因素，确立了通过考试任用官吏的原则，为女性进入国家行政领域提供了可能性。1947 年，日本颁布了《国家公务员》法，此后，日本女性开始参与公职、执行公务，任职政府官员、国家公务员及自卫队官员等。

日本的国家公务员分为特殊职公务员和一般职公务员。特殊职指的是国家官僚体系中的女大臣等。1960 年，曾任长崎市市立高等女子学校教师的中山真佐子（音译）出任池田内阁的厚生大臣，改写了内阁大臣完全由男性垄断的历史。然而当时对她的任命是出于转移国民关注安保运动的政治视线的需要，任期只有四个多月。两年后的 1962 年，近藤鹤代又出任科技厅长官。此后二十多年时间里，女性又与内阁无缘，直到 1984 年的中曾根内阁时期，才有自民党议员石本茂被任命为环境厅长官。1989 年 8 月，海部俊树首相组阁时史无前例地任命了高原须美子（经济企划厅长官）和森山真弓（环境厅长官）两位女大臣（森山真弓还是第一位女官房长官），并在第二次海部内阁时期启用女演员出身的山东昭子为科技厅长官，在当时引起巨大轰动。从海部内阁起到今天，日本政坛更替频繁，但每届内阁中都有女大臣的身影。1993 年，细川护熙首相起用了久保田真苗（经济企划厅长官）、广中和歌子（环境厅长官）和赤松良子（文部大臣）三位女大臣。2001 年的第一次小泉内阁和 2006 年的安倍内阁各产生了五名女大臣①（根据现行的日本内阁法，每届阁员应在 14 人以下，特殊情况下可以增加 3 人，不能超过 17 人），极大地冲击了长久以来男性垄断内阁的局面。值得一提的是，小泉纯一郎在 2001 年 4 月 26 日至 2006 年 9 月 26 日三次组阁，先后起用了八位女大臣，是日本女性在政坛上最出色、最活跃的时期，她们分别是：

---

① ［日］市川房枝纪念会编：《妇女参政 60 周年——妇女参政相关资料集》，市川房枝纪念会，2006 年，第 48、49 页。

田中真纪子（外务大臣）

森山真弓（法务大臣）

川口顺子（环境厅长官）

远山敦子（文部大臣）

小池百合子（环境大臣、冲绳及北方对策担当大臣）

小野清子（先后任国家公安委员长、青少年育成及少子化对策担当大臣、食品安全担当大臣）

南野知惠子（法务大臣、青少年育成及少子化对策担当大臣）

猪口邦子（少子化担当大臣、男女共同参画担当大臣）

其中，田中真纪子是日本历史上唯一女外务大臣。

在日本政界，政治家成功的龙门是入阁，女性入阁在二战前是根本不可想象的事情。而自1989年至2006年，共产生了37名女大臣（含新组阁和改组连任）。此外，日本政坛还有女议长（如第59代众议院议长土井多贺子、第26代参议院议长扇千景）、女政党领袖（社民党党首福岛瑞穗），同时，也产生了一批女政务次官（2001年1月以后改称为副大臣、大臣政务官）。1948年至2006年间，共产生了44名政务次官、副大臣，22名大臣政务官。

一般职的国家公务员分布在一些行政事务、税务、公安、研究机构、学校、医疗机构等。在这些女公务员中，有一些还是处于管理职位的。表2-8显示，总的来看，无论从整体而言还是单看管理职位，在国家公务员中女性所占的比例呈缓慢上升趋势。但是，在管理职位女性所占的比例始终很小，至2007年也仅有2.1%。

表2-8　　　　　女国家公务员一般职人数及比例情况[①]

年度	女国家公务员（人）	占国家公务员中的比例（％）	管理职中女国家公务员（人）	占管理职位的比例（％）
1975	146360	17.2	20	0.3
1980	149412	17.5	42	0.5
1985	145272	17.4	40	0.5

[①] 根据［日］内阁府男女共同参画局编《妇女在政策、方针决策领域的参画状况调查》第16、18页制作，内阁府男女共同参画局，2009年。

续表

年度	女国家公务员（人）	占国家公务员中的比例（%）	管理职中女国家公务员（人）	占管理职位的比例（%）
1990	148458	18.1	67	0.8
1995	158334	19.4	90	1.0
2000	159803	20.0	122	1.3
2001	161215	20.2	136	1.4
2002	161696	20.5	130	1.3
2003	160786	20.6	145	1.5
2004	125209	19.6	142	1.7
2005	126157	20.0	154	1.8
2006	126775	20.8	169	2.0
2007	86969	24.2	178	2.1

近年来，日本女性在地方政府官员的选举中有了较大突破。自1945年至2000年的半个多世纪中，日本47个都道府县的首领即知事一职一直为男性所垄断。2000年，企业家太田房江当选为大阪府知事，成为日本第一位女知事。截至2009年，日本产生了6位女知事（见表2-9）、12位市长、区长（见表2-10）。

表2-9　　　　　　　　日本女知事一览[①]

姓名	职务	任职时间
太田房江	大阪府知事	2000.2.6—2008.2.5
潮谷义子	熊本县知事	2000.4.16—2008.4.15
堂本晓子	千叶县知事	2001.4.5—2009.4.4
高桥春美（音）	北海道知事	现职　2003.4.23就任
嘉田由纪子	滋贺县知事	现职　2006.7.20就任
吉村美荣子	山形县知事	现职　2009.2.14就任

---

① 《都道府县市区町村：女性首长一览》，http：//uub.jp/cpf/femal.html。

表 2 – 10　　　　　　　　日本女市长、区长一览①

姓名	职务	任职时间
北村春江	芦屋市长	1991—2003
白井文	尼崎市长	现职　1993—
中山弘子	新宿区长	现职　2002.11—
清原庆子	三鹰市长	现职　2003.4—
东门美津子	冲绳市长	现职　2006.4—
当摩好子	所泽市长	现职　2007.10—
伊东香织	仓敷市长	现职　2008.5—
横山久雅子	白井市长	现职　2008.11—
中川智子	宝塚市长	现职　2009.4—
久保田后子	宇部市长	现职　2009.7—
奥山惠美子	仙台市长	现职　2009.8—
林文子	横滨市长	现职　2009.9—

　　从 2009 年女性担任地方长官的情况来看，行政区域稍大的都道府县女知事所占的比例大些，女市长、区长的人数多些，而最基础的町村中，女町村长数量和比例都比较低。相对于国家机关的女官僚，地方女首领的当选比例是比较低的。在地方公共团体中，也有一些女性工作人员，她们中的一少部分人从事课长（相当于中国的科级）以上的管理工作。

　　作为日本政府咨询机构的审议会，其主要职能是根据首相或各省厅长官提出的政策咨询课题进行调查研究、提出政策建议并参与最后决策，具有重要作用。审议会成员由首相和各省厅长官任命的各界知名人士组成，审议会中的女委员数也是衡量女性参政的指标之一。在国家审议会中，有女审议员的审议会从 1975 年的 73 个增加到 2009 年的 106 个，在整个审议会中的比例也由 30.8％上升到 97.2％；女审议员在 1975 年为 133 名，仅占所有审议员的 2.4％，2009 年增加到 591 名，所占比例也增加到 33.2％。在地方审议会中，女审议员的数量及比例呈现出缓慢增长趋势。在都道府县及政令指定都市②，2004 年以来有女审议员的审议会在 94％

---

①　《都道府县市区町村：女性首长一览》，http://uub.jp/cpf/femal.html。
②　指的是依照日本政府法律或政府指令必须设置审议会的地方机构。

左右，女审议员在各自审议会中所占比例在 27% 左右；在市区村町，有女审议员的审议会在 75% 左右，女审议员在各自审议会中所占比例在 22% 左右。总的来说，从有女审议员的审议会比例来看，在国家审议会中的比例要高于地方，而同属于地方审议会，在都道府县及政令指定都市的比例要高于在市区村町的比例。从女审议员在审议会中所占比例来看，从国家审议会到都道府县审议会及政令指定都市审议会，再到市区村町审议会，女审议员所占比例呈现出逐渐变小的趋势。从国家到地方，越往基层，有女审议员的审议会比例和女审议员在审议会中所占的比例越小。

五 活跃于政党及外交事务中

现代政治是政党政治，政党是现代政治中的重要主体，在现代政治中扮演着不可或缺的角色。那么，女性在政党党员中所占比例也是衡量女性参政水平的一个重要指标，女性通过加入政党来参与政治是其获得政治地位的重要途径之一。二战后初期，随着限制女性政治权利的《治安警察法》被废除，日本女性获得了参加政党活动的自由，有权进行结社活动，有志于参政的日本女性大都积极参与政党活动，以此实现自己的政治主张，并由此更有效地行使参政权。

近年来，各主要政党中的女党员人数增长很快。据市川房枝纪念会的统计资料显示，在 2009 年，自由民主党有女党员 388633 名，占总党员的 36.8%；民主党有女党员 81484 名，占 30.9%；公明党有女党员 210000 名，占 52.5%；日本共产党有女党员 179100 名，占 44.3%；社会民主党有 4800 名，占 15.0%[1]。在 20 年前的 1986 年，自由民主党中女党员的比例是 35.6%，公明党则是 38.3%，日本共产党为 37.5%，日本社会党（后来的社会民主党）为 16.0%[2]。除了自由民主党，其他党派的女党员比例均有所增长。从党内的女干部看，在 1986 年自由民主党中有 9 人，占 3.2%，公明党中有 2 人，占 4.9%，日本共产党中有 30 人，占 14.6%[3]；到 2009 年，自由民主党中有 19 人，占 9.5%，公明党中有 4

---

[1] ［日］内阁府男女共同参画局：《妇女在政策、方针决策领域的参画状况调查》，内阁府男女共同参画局，2009 年，第 35 页。

[2] ［日］市川房枝纪念会编：《妇女参政 40 周年——妇女参政相关资料集》，财团法人市川房枝纪念会妇女问题调查出版部，2006 年，第 48 页。

[3] 同上。

人，占9.5%，日本共产党中有19人，占13.5%[①]。女干部的增加表明女性在政党事务中发挥越来越大的作用。综合女党员和党派中女干部的情况来看，在影响力较大的主要政党如自由民主党、民主党等中的比例要低于日本共产党、公明党等一般政党中的比例。

女性自身的进步也带动了政党的发展。以社会民主党的发展为例，1986年，妇女运动家土井多贺子当选为社会党委员长，成为日本政党史上首位女党首。由此，社会上掀起了一股女性参政的"土井热"，社会党的女党员数量迅速增加，在1989年的参议院选举产生的22位女议员中，有一半是社会党党员。1996年，社会党改组，成立现在的社会民主党。2003年，女党员福岛瑞穗接替土井多贺子成为社会民主党新的党首。2009年，社会民主党中的女党员比例仅为15%，但是女干部却占到16.7%。与此相对，民主党的女党员比例为30.9%，为社会民主党的两倍多，却没有一名女干部。在所有政党中，社会民主党的女性力量是最强的，这与其政党自身的发展及出色的女党首的影响力是分不开的。

另外，日本女性的身影也出现在日本外交和国际事务领域中。1976年，国际基督教大学副教授绪方贞子（1927—）出任日本驻联合国代表团公使，成为近代以来日本女性登上国际政治舞台的第一人。此后，越来越多的日本女性逐渐在国际外交领域崭露头角。1980—2006年间，赤松良子等13名女外交官担任驻乌拉圭、爱尔兰、意大利、土耳其、肯尼亚等亚、非、欧、南美等地的日本驻外使馆大使、联合国日本代表团公使等。2009年，在日本所有驻外使馆的工作人员中，有529名是女性，占所有驻外工作人员的16.0%。其中，参赞以上职务的共有23人，占总人数的4.2%，级别最高的特命全权大使、总领事等有4名，占这一级别总数的2.0%[②]。

在联合国秘书处等国际机构工作的日本女性人数明显增加。1975年在国际机构工作的日本女性仅为81人，1995年增至467人，到2005年达到948人[③]。在各个国际机构的日本工作人员中所占的比例也是不断加

[①] [日]大海笃子：《从性别开始的政治社会学入门》，世织书房2010年版，第199页。

[②] [日]内阁府男女共同参画局：《妇女在政策、方针决策领域的参画状况调查》，内阁府男女共同参画局，2009年，第63页。

[③] [日]市川房枝纪念会编：《妇女参政40周年——妇女参政相关资料集》，财团法人市川房枝纪念会妇女问题调查出版部，2006年，第64、65页。

大。以联合国教科文组织为例，在1980年有4名日本女性，占该组织所有日本人的15.4%；到2009年，在该组织的日本女性有48名，占日本人工作人员的72.7%，而男性的日本人工作人员仅有18人[①]。在国际货币基金、亚洲开发银行等机构也出现了日本女性的身影，并呈现出逐年增多之势。日本女性在国家事务的各个领域中发挥着积极的作用。

总之，现代日本女性通过各种各样的方式参与国家政治生活，取得了可喜的进步与成绩，已经成为日本政界的一支重要力量。

第三节 参政落后的现实及其原因

一 日本女性参政面临的问题

日本女性自二战后获得参政权以来，已有六十多年的历史，取得了巨大的进步。然而日本女性的政治地位仍然较低，既无法同西方发达国家相比，也落后于中国等亚洲国家。主要表现在以下几个方面：

第一，女性参政的力量还比较单薄。

日本女性参政的状况若与男性的政治参与状况及国际上女性政治地位较高的发达国家相比，还处于较低水平。统计资料表明，1937年，日本女性人口首次超过男性（女性35503千人，男性35128千人，比例为100∶98.9，日本战败的1945年最低，为100∶89），从1947年到2005年，对于女性100的比例，男性一直在95—97以下徘徊[②]。假若立法机构仅由男子垄断，或者女性参与者太少，则制定出来的法律就不能很好地体现占人口一半的女性的意志，从而反映全民的意志和利益也就无从谈起。所以，有适当比例的女性直接参与立法机构及立法活动，是立法工作的需要。一般来说，女性在议会中的议席占有率是衡量一个国家女性参政水平的重要指标。1997年，北欧诸国女性在议会中的议席占有率已经达到了《北京行动纲领》所要求的目标——30%这一比例。2009年瑞典国会中的女议员比例达到47%。

日本女性在二战后获得选举权和被选举权以来，参政队伍呈扩大趋

[①] ［日］男女共同参画总部编：《妇女参画数据》，http：//www.gender.go.jp/research/sankakujokyo/2009/pdf/zentai.pdf。

[②] ［日］矢野恒太纪念会：《从数字看日本的100年》，2006年改定第5版，第37—38页。

势，但是在议会选举中所占的比例仍显得很单薄。以众议院中女议员所占比例来看，二战后第一次选举出现了女议员当选的高潮，占8.4%；此后至1990年，除了极少的几届，几乎都在3%以下。2005年以来，比例有所增加，但增加幅度很小。到2009年，众议院中的女议员仅为9.2%，在世界187个国家中排名第134位（见表2-11）。在2009年8月进行的第45届议会选举中共有54名女议员当选，占议员比例的11.3%，创下历史新高，仍然没达到18.5%这一世界平均女性议员比例，也不及亚洲的中国与韩国。综观当选女议员的数量及比例，在原有较低的基础上并没有突飞猛进的发展。在参议院和地方议会选举中，女议员的增长变化更加不明显。日本女性参政的基础仍然很薄弱，参政水平有待进一步发展、提高。

表2-11　　　　　　　　各国众议院女性议员比例[①]

排名	国名	议员总数（人）	女议员数（人）	女议员占比（%）
1	卢旺达	80	45	56.3
2	瑞典	349	164	47.0
3	古巴	614	265	43.2
4	爱尔兰	63	27	42.9
5	芬兰	200	83	41.5
17	德国	612	197	32.2
50	加拿大	308	68	22.1
57	中国	2987	637	21.3
57	意大利	630	134	21.3
65	英国	646	126	19.5
72	法国	577	105	18.2
82	美国	435	73	16.8
101	韩国	299	41	13.7
134	日本	478	44	9.2

---

① ［日］据内阁府男女共同参画局截至2009年5月的统计，http：//www.gender.go.jp/pamphlet/pamphlet-main/pdf/09_22.pdf。

虽然日本女性已经开始涉足中、高层领导职位，但是比例非常低微。2009年，在全国47名知事中，女知事为3人（占6.4%）；806名市区长中，仅16名女性（占2.0%）；在994名町村长中，女性仅有7名（占0.7%）①。再从日本国家公务员中处于领导职位（课长以上）的女性比例来看，1975年处于领导岗位的国家公务员有6938名，其中女性20名，占0.3%；2007年处于领导岗位的国家公务员有8676名，其中女性增至178名，占2.1%。② 仅从人数考察，这些年是有了一些增长，但是比例极低，仍是非常不乐观的，地方女领导人的数量更是稀少。这种状况与日本女性在社会经济建设和其他领域中所发挥的积极作用极不匹配，限制了日本女性在更高层次参与管理国家和社会事务能力的发挥。

第二，女性参政的领域偏窄。

二战后日本女性获得参政权以来，参加选举的投票率逐年上升，并且最终高于男性，显示了她们很高的政治参与热情。与此相对，投票产生的女议员以及行政领域的女大臣、女领导、女公务员等数量和比例却都远远低于男性。女性在日本政治中仍然仅仅处于参与、配合的地位，日本政治的主流仍由男性支配。

20世纪80年代，日本政界掀起了一股"女士旋风"，很多女性积极参与选举。与男性候选者普遍关注的财政、军事、国政不同，女性参选者更多关注的是一些生活细节。她们多为家庭主妇，在选举中从身边的家务事出发提出了很多口号，如当时的女候选人提出要关注学生的伙食、营造良好的社区环境、加强生活环保等。虽然她们迈出了女性参政重要的一步，但是由于视野相对狭窄，关注点比较局限，因此被当时由男性操纵的媒体讽刺为"只知道萝卜价格的政治家""主妇议员"。

2005年小泉政权时代，自民党积极扶植女候选人，产生了一批女议员。当时的媒体惊呼说，小泉政权是在利用女性吸引选民的眼球，进行"刺客作战"。但是值得注意的是，在这场被戏称为"小泉剧场型"选举中所产生的女议员，多为有过从政、工作等社会经历的职业女性。这打破了人们对女议员"主妇议员"的认识，女议员从政、议政的领域开始逐

---

① ［日］内阁府男女共同参画局编：《妇女在政策、方针决策领域的参画状况调查》，内阁府男女共同参画局，2009年，第41页。

② 同上书，第18页。

渐拓宽。

日本女性的参政实践中,居中高级职务的大多是在文教、社会事务等领域,而主管财务、经济、外交等重要部门的女领导极少。自1960年开始至2006年将近半个世纪,日本产生了41位女大臣。值得注意的是,其中共出现了12人次环境大臣,次之是文部大臣。女性参政关注较多的是环境、文教、社会福利等方面,而在对国家政策影响较大的领域,如财务、经济、国土交通等部门,女大臣则很少。同时,地方女领导、女党首、女法官、女检察官、女律师、女外交官中担任中高层领导主管和涉足重要领域方面也偏少、偏窄。这些都极大地减弱了女性参政、管理国家和社会事务的社会辐射力。

第三,女性参政的水平有待提高。

日本女性获得参政权以来,产生了一些优秀的女领导。但是,更多的参政女性仍被视为政治的"装饰物",很难有卓越的政绩。阁僚中处于正职的女大臣很少,女公务员中占绝对多数的是一般公务员,居于指定职位和领导职位的女公务员很少。以女性最常出入的环境省为例,据日本政府人事院的调查数据显示,2007年在环境省的国家公务员女职员共有159名,其中处于领导职位的仅有4人,占2.52%,而且这4人还处于领导职位的底层[①],其余的97.48%均为一般职员,而且一般职员中的84.52%是最底层的一般公务员[②]。参政女性本来就人数少、比例小,加之正职少、重要职位更少,因此,女性要想在国家政治中发表自己的政见、实现自己的政治理想还是有很多障碍的。

从最终在选举中胜出的女政治家来看,学者、知识分子出身的女性居多。她们相对于老成的政治家而言,从政资历较浅,政见不易受到重视;对于广大女选民而言,她们又属于出身较高的一类群体,很难真正代表广大底层女性的心声,因此要想获得选民的支持、提出合适的政见也需要很多努力。

二 影响日本女性参政的因素

日本是发达资本主义国家,经济发展水平、国民文化教育水平都居世

---

① 领导职位指的是公务员职位的7级至10级。这里的4人中,3人为7级,1人为8级。因此说,处于领导职位的最底层。

② 一般公务员分为1级至6级。这里的最底层指的是3级以下的一般公务员。

界前列，为何作为衡量一国民主化程度指标之一的女性参政水平却落后于其他发达国家？经过对日本女性参政的历史与现状进行考察，笔者认为有以下原因。

第一，与日本独特的政治文化有关。

日本的国家立法权是由通过选举产生的议员所组成的国会掌控的，因此，积极参与选举、通过选举胜出当选为议员是日本女性参政的重要途径。但是，日本目前的选举制度强调"地盘""知名度""金钱"① 等，这其中存在着很多不利于女性选举的因素。

首先，在选举中"地盘"是很重要的。这里所说的"地盘"，指的是被选举者所属的组织。在 2005 年 9 月 11 日的第 44 届参议院选举中，产生的候补议员分布情况为：政党党员及与政党工作相关的职员有 156 名、地方议员 112 名、国会议员的秘书 64 名、公司职员 64 名、中央官僚 25 名。分别比照一下日本女性的情况：在政党方面，除了在野的日本共产党中女党员比例稍高一点，民主党、自民党等主要政党的女党员比例都不高，也没有女党首；在地方议员方面，女议员的比例几乎不超过 10%，国会议员秘书中也是鲜有女性；在中央官僚方面，2009 年 8 月政府总务省人事院公布的数据显示，当年女性官员的采用率增加到 30.6%，但是，具有决策能力的处于课长以上管理职位的女官员仅为 2%②。日本目前的国会选举采取小区代表和比例代表并行的制度。2009 年 8 月的众议院选举中，女性在小区代表中的比例仅为 8%，比例选区中的比例为 16.7%。为了提高女性从政水平，目前世界上很多国家采用了有利于女性当选的"最低比例制"，即通过人为规定比例数，来确保女性在各种政治机构中必须构成一定的成员。北欧国家女性参政比例的提高，就在于"最低比例制"起了至关重要的作用。但是日本的国会和政党均没有实行此类提高女性从政的措施。从日本目前的政治文化体制来看，拥有一定的政治地盘，从而顺利成为候选人，对日本女性来说还相当困难。

其次，要有一定的"知名度"才有可能成为候选人。而现在日本的议员中存在着很多"二世议员""世袭议员"，一般的女性要想有一定的"知名度"是很不容易的。受传统家族制度的影响，日本人比较讲究家业

---

① 日语中称为"ジバン""カンバン""カバン"。
② ［日］大海笃子：《从性别开始的政治社会学入门》，世织书房 2010 年版，第 195 页。

的传承。战后以来,虽然传统的家族制度已经不复存在,但是牢固的传统观念已经渗透社会的各个角落和日本人的思想深处,并在很大程度上左右着日本人的行为。反映在政界,政治就是"肥水不流外人田",成功的政治家往往培养儿子作为继承人来传承这份政治家业,没有儿子时,就让女婿、养子或弟弟等男性来继承。以 2009 年 9 月议员的状况为例,当时自民党 119 名议员中有 51 名世袭议员,占到该党议员的 42.8%,民主党中也有 18.8% 为世袭议员,全部 480 名议员中,有世袭议员 103 名,占到 21.6%。① 这些"世袭议员"的存在,大大减少了其他候选人当选的机会。自 1990 年以来,"二世议员"中逐渐出现了女性的身影,但也只是有田中真纪子(前首相田中角荣之女)、小渊优子(前首相小渊惠三之女)、小宫山泰子(前众议院议员小宫山重四郎之女)、龟井亚纪子(前众议院议员龟井久兴之女)等寥寥数人。即使为数不多的女性世袭议员,也会因为是女性而遇到很多障碍。前首相田中角荣的女儿田中真纪子,进入政界后是小泉的铁杆"盟友",鼎力相助小泉竞选首相,自称小泉的"政治之妻",并出任小泉内阁的外务大臣,但是不到一年即被革职。素以果敢直言著称的田中真纪子有一次在接受 TBS 电视台采访时,道出了自己的苦衷:"我在外务省今天的处境,有一半原因是因为我是一个女人,一个日本女人,一个日本女外相。"② 看来,女政治家在男人当道的日本政界站住脚是多么不容易。

最后,现代日本政治是"金钱政治",即从政需要强大的资金后盾。候选人在参加选举前要上交一定的保证金,如果在选举中得不到一定数量的选票,保证金是不予退还的。紧接着开始的激烈的竞选活动,没有资金支持也是寸步难行。从准备材料、建立事务所、进行街头宣传,到通过各种方式拉选票等,都需要不菲的活动经费。在选举中还要利用各种人脉关系为选区争取政府补贴金和公共事业建设项目等,在目前几乎由男性垄断的财界、政界和商界,女性是很难做到这些来打开政治局面的。在自民党执政时代,执行典型的"金权政治",即很多有影响的大企业赞助、支持自民党竞选,再利用其到手的权力为企业谋利,这种"不清洁"的政治

---

① [日] 大海笃子:《从性别开始的政治社会学入门》,世织书房 2010 年版,第 194 页。
② 张鑫焱:《因为我在日本因为我是女人 女外相丢官后感慨万千》,2002 年 1 月 31 日,搜狐新闻,http://news.sohu.com/99/16/news147801699.shtml。

为日本普通民众所厌恶。2009 年民主党执政后，不再走与企业联手的路线，力图实现"干净的政治"，却频频因为资金问题闹出执政危机。女性在政治中一般与金钱、财团关联较弱，被作为"干净的政治"的招牌参与选举，颇能吸引一些选民的眼球，但实践证明，仅仅"干净"却缺乏资金后盾的女性在选举中胜出的几率非常之低。

此外，日本政治文化中的一些其他因素也影响到女性参政。例如日本政界素有"料亭政治"[①]传统，自民党执政时期尤甚。政治家们喜欢在非正式的场合，如餐馆、酒馆、夜总会等交流商谈政治，这些餐饮娱乐场合往往不适合女性政治家，因此女性逐渐被排除出被称作"夜间国会"料亭政治之"圈外"，也是影响参政的因素之一。

第二，与传统观念的影响有关。

近代以来，日本社会的性别分工一直非常明确，女性的社会角色被定为家庭内部。在严格的"家"制度下，男性家长拥有对家族内外事务管理的绝对权威，女性在家族中处于从属地位，被塑造成"良妻贤母"，服务男性家长、培养男性继承人，其活动的范围被局限在家庭内部。战后民主改革后的现代日本社会废除了传统家族制度，在法律上实行男女平等。但是在高速发展的经济形势下，很多人依然选择了"男主外、女主内"的社会分工。这种基于性别的社会分工，将女性的活动置于家庭范围之内，家务、育儿、护理老人是女性专有的职责，致使很多日本妇女远离社会、远离政治等社会活动。尽管战后以来，越来越多的日本女性走出家庭、进入社会、参与社会事务管理，但是，牢固的传统观念早已渗透在社会生活的方方面面，影响着人们的价值取向和行为选择，部分人的思想深处和潜意识对女性从政持不赞同、不欣赏的态度，甚至排斥。在这种社会偏见和性别歧视之下，对女性参政的社会接纳度明显低于男性，许多女性被排斥在参政的大门之外。

日本东北大学 21 世纪 COE 项目"男女共同参画社会的法与政策"项目组，针对 2005 年的总选举进行了"在政治和社会领域关于男女分工的意识调查"。在 2005 年的总选举中，女候选人占 13%、当选的女议员占 9%，从比例来看，妇女从政的比率还是很低的。但是，根据这项调查的

[①] 木灰：《日本"料亭政治"的前世今生》，中国网·观点中国，http://opinion.china.com.cn/opinion_73_14773.html。

结果显示，不论是男性还是女性，都有将近一半的人认为这样的结果"正好合适"。几乎一半的日本人认为不及十分之一的女议员当选率正好合适，可见女性从政与现今全日本社会对女性的角色期待还是有相当距离的。另外，在回答"你希望国会女议员占多少比例"时，调查的结论为33.7%，即民众对女性从政比例的期待只占到三分之一而已。①

此外，一些男性学者、官僚、政客们也对女性及女性从政持有偏见。1971年，作家石川达三撰写《妇女参政权亡国论》一文，发表在权威报纸《每日新闻》周末版中，他公然主张"不要给妇女投票权，只保留被选举权就好了"。当时，京都大学的历史学教授会田雄次看到报道后，也向《每日新闻》投稿，附和道："只会闲谈、只知道萝卜的妇女，只需给她们地方选举权就足够了。"石川达三、会田雄次都是知名作家、教授，他们尚且如此反对女性参政，可见社会对女性参政的阻力。也有很多时候，政党在竞选阵营中增加女性，只是为了吸引选民的眼球，以博得女性选民的好感，赢得选票，反倒是政治家们不经意的言行暴露出其对女性及女性参政的真实看法。2007年1月，日本前厚生劳动大臣柳泽伯夫在议会发言中，把具有生育能力的女性称为"生孩子的机器"。可以想象，不管是出于什么样的考虑，能抛出这种言论的政治家，是不可能平等看待女性参政问题的。柳泽的发言引起日本国民特别是女性选民的极大不满，尽管如此，他并没有辞职，而是在当年8月安倍内阁重组中再次出任厚生劳动大臣，从执政者对柳泽发言的包容也可以窥见政界对女性的定位。

而且，已经进入政界的从政女性，有时也会因为社会对女性从政的偏见而处于尴尬境地。太田房江从2000年开始连续八年任大阪府知事，是日本历史上首位女知事。她的当选可以说是日本女性在政坛上的一大胜利，但是即使这样一个成功的女政治家却在相扑赛场的颁奖仪式问题上连连受挫。相扑运动在日本是非常受欢迎的传统竞技体育，每年三月的春季相扑比赛结束后，有知事为冠军颁奖的惯例。但是，因为是女性，太田房江多次要求上台为大阪相扑比赛冠军颁奖均遭到严词拒绝。据相扑协会的铃木文子解释说，日本数百年来从没有女性踏足过相扑比赛的"土俵"（相扑手比赛的场地），"我们只想保护日本的传统文化，希望太田知事明白"。2000年以来，每到春季相扑比赛的季节，都会出现是否应该允许女

---

① ［日］川人贞史、山元一：《政治参画与性别》，东北大学出版社2007年版，第261页。

性进入"土俵"的讨论,但是迄今为止,女知事仍被拒绝进入"土俵"颁奖。

第三,与女性自身存在的不利因素有关。

首先,日本女性争取参政权运动存在先天不足。与西方一些发达国家相比,日本女性要求获得参政权运动的起步较晚,参加人数也有限。前述战前波及范围仅局限于资产阶级的上层女性,运动的内容也只是处于发表宣言、成立团体等,成果不够显著。日本女性参政权的最终获得不是战前女性运动直接作用的结果,而是通过盟军占领当局的指令实现的。因此,普通女性对参政权的获得并没有充分的思想准备,甚至充满新鲜感。1946年获得参政权后的第一次选举中有大约2056万名女性参与投票,投票率高达 66.97%,39 名女性当选为众议院议员,占众议院议员比率的 8.4%。而这一短暂的参政高潮很快就热情退去,到 80 年代末期,在历届众议院选举中,女性议员当选比率多数在 1%—2% 之间徘徊,全社会对女性参政反应平平。

其次,总体上看日本女性的参政意识和水平与日俱增,但整体素质和从政经验等仍显底气不足。受到传统社会分工的影响,二战后日本女性大多重视家政而参政意识较弱。走上政坛的女性很少是从小就立志从政的,她们多为家庭主妇或知识分子出身,受到社会思潮的影响转而加入政治的,参政女性的水平参差不齐、整体素质有待进一步提高。从市川房枝的妇女运动开始,日本从政女性多把目光凝聚在"厨房""生活"等比较局限的领域。目前,一些高学历和年轻的日本女性已经开始在日本政坛施展才华,但不可否认的是"生活政治"仍是女政治家的主要着眼点。另外,在具体参政实践中,日本女性整体的参政领域还不够宽泛。据日本东北大学 21 世纪 COE 项目"男女共同参画社会的法与政策"项目组的调查结果显示,女性参政的主要方式为投票、在请愿书上签名、为政治献金等,对于其他政治性较强的活动如自治会活动、与官僚接触、举行政治集会等,参与率要低于男性。[①]

再次,日本女性受到传统观念的束缚,甚至一部分人仍对参政存在偏见。相当一部分女性认为"政治是男人的事情",女性应该把主要精力放在家庭。即使一些有抱负要走出家庭的女性,也多喜欢把精力投入一些业

[①] [日] 川人贞史、山元一:《政治参画与性别》,东北大学出版社 2007 年版,第 266 页。

务性的工作中，对政治持敬而远之的态度。笔者留学日本期间结识一位在美国留学五年的日本女性，谈及女政治家的话题，此人很不屑地说，"从政有什么好，要花很多的钱竞选，即使当选也改变不了什么，还不如把钱用到别的地方干点实事"。一些走上参政道路的女性甚至还要接受来自家庭或周围居民的异常眼光。另一方面，参政妇女在参与竞选时，多穿上粉色套裙突出自己的女性特征，暗示自己与男性主导的政治是不一样的，以此赢得选民的认可。可见，女性对自我角色的认定与男性对其角色的认定几乎一致，潜意识中还是认为"女性是女性"，"政治是政治"，女性的主要任务是家务、育儿和护理老人。

总之，二战后至今，日本女性在参政议政方面已经取得了明显的进步。然而，由于传统势力与传统观念根深蒂固，日本女性参政水平仍有大幅提升的空间，实现真正的男女平等还是个长期的任务。这个过程既需要有法律上的规定，更需要在道德上的认同。

第 三 章

现代日本女性的劳动就业权益

女性权益的实现具有决定性意义的一步就是实现广泛的劳动就业，争取经济上的独立。就业状况往往反映着一个国家的经济发展状况，而女性就业状况则反映了一个国家女性的社会地位与社会的文明程度。恩格斯曾经指出："妇女解放的第一个先决条件就是一切妇女重新回到公共的劳动中去。"[①] 女性要想获得真正的解放，要取得和男性同等的地位和权利，首先要看其经济独立与否。就业是女性参与社会生活的主要途径，是其获得经济独立和个人发展的基本保障。从这个意义上说，关注女性劳动就业权益的实现与否，是研究女性社会地位高低的一项重要内容。

第一节 战前日本女性劳动就业状况

一 开启女性就业之路

在日本的社会文化传统中，"男主外、女主内"的性别分工模式强调男人外出工作，挣钱养家；女人留守家里，操持家务。这种模式不但是性别角色区分的重要标准，也成为束缚日本女性参与社会的一个牢固枷锁，于是，在前近代日本社会，家庭可以说是日本女性个体一辈子的生命和活动中心。

1868年的明治维新标志着日本近代化进程的开始，日本在政治、经济和社会等领域开始发生一系列重大变化，对日本女性进入国家经济生活起到了很大促进作用。尽管1898年实施的《明治民法》将封建"家"制

---

① 《马克思恩格斯全集》第4卷，人民出版社1972年版，第70页。

度合法化,把女性置于无权地位,① 但在现实中,由于"文明开化"将西方文化、技术、生活方式传入日本,使人们的观念发生变化,产业革命的发展也促进了人们生活的变化,从此,女性开始步入社会,走上就业之路。

女性进入产业工人行列。在世界资本主义工业化体系形成和发展过程中,棉纺业因与人类物质生活紧密相连和较容易形成集约型大生产的特点,在各国经济发展中占据首要位置,日本亦是如此。1883 年,实业家涩泽荣一等人创立了大阪纺织会社,成为日本第一家近代大规模纺织工厂,此后一大批近代化的私营纺织工厂相继诞生。进入纺织厂的工人大多数是女性。女工在纺织行业工人中所占的比率,1891 年为 70%,1898 年达 77%,② 到 1899 年,在全国企业 35.7 万工人中,有 25 万棉纺业工人,占 70%,而其中女工高达 86%,③ 成为产业工人中的重要组成部分。因此有学者说,日本的资本主义工业"完全是由女性发展起来的"。④ 女工中的一部分是外出谋生的士族家女儿,大多数则是入不敷出的农家女子,其劳动带有明显的"家计补助"性质,正如《纺织职工事情调查概要报告书》所言:"应招者很少是自愿成为纺织厂工人的,多是因为家庭经济问题,在父兄的要求下成为工人的,其所得之工资亦用于补贴家庭生活。"⑤ 其他多种类型的工厂、渔场,甚至矿山也开始把招工对象面向女性。

职业女性开始出现。首先是教师成为女性就业最多的领域,伴随明治维新后近代教育事业的发展,女教师大大增加。仅以小学为例,1873 年,日本共有小学女教师 311 人,占小学教师总数的 1.2%。到 26 年后的 1898 年(明治 31 年),已经有 9901 人,比例升至 11.8%;到 1923 年(大正 12 年),人数已达 65350 人,所占比例达到了 32.7%;到二战后的 1946 年,人数增至 151079 人,比例为 49.9%,几乎与男教员持平(见表 3-1)。如果加上其他各类学校(如女子学校、女子师范学校

---

① 李卓:《日本近现代社会史》,世界知识出版社 2010 年版,第三章。
② [日]安藤良雄:《近代日本经济史要览》,东京大学出版会 1981 年版,第 77 页。
③ [日]女性总合史研究会:《日本女性史》第 4 卷·近代,东京大学出版会 1982 年版,第 82 页。
④ [日]井上清:《日本女性史》,三一书房 1956 年版,第 194 页。
⑤ 转引自冈本幸雄《明治期纺织劳动关系史》,九州大学出版会 1993 年版,第 13 页。

等），女教师的数量则更多。

表 3-1　　　　　　　近代日本小学女教师统计①

年份	小学	
	女教师数（人）	占教员比例（%）
1873	311	1.2
1878	1965	3.2
1883	4087	4.5
1888	3005	4.8
1893	3961	6.4
1898	9901	11.8
1903	18626	17.2
1908	34847	25.9
1913	43479	27.6
1915	45810	28.1
1920	60299	32.5
1923	65350	32.7
1925	69363	33.0
1926	72109	33.3
1931	73858	31.6
1936	82633	31.6
1941	128343	43.2
1946	151079	49.9

明治时代末期，在各个领域都出现了女性的身影。如在通信事业方面，1890 年（明治 23 年），为开设东京与横滨间民间电话通信业务，递信省②公开招募 15—25 岁的女电话接线员，当时录用的九人全部是递信

---

① ［日］根据日本女子大学女子教育研究所《大正的女子教育》，国土社 1975 年版，第 330 页制成。

② 递信省：1885 年设立，是日本过去的政府机关主要管辖交通、通信、电气等事物，是现在的总务省的日本邮政及日本电信电话的前身。1885 年设立，主管驿递、电器通信事业行政，1949 年分为邮政省及电器通信省。

省官员的女儿。接线员是较轻松的工作,且工资较高(日工资25钱左右),故接线员成为当时"最美好、最适应女性的职业"[①]。到1910年(明治43年),全国的女电话接线员已经在3000人以上,仅东京就有1300多人。再如,女医生也开始出现。1884年(明治16年),明治政府正式允许女子参加医生开业资格考试,以优秀成绩毕业于东京女子师范学校和私立医学校好寿院的荻野吟子(1851—1913年)于1885年顺利通过了考试,成为近代日本史上第一位官许女医生,并在汤岛开设了"妇产科荻野医院",从此开启了女性行医之门。女医生的数量逐年递增,到1935年,已经有40多名女医学博士,3200名女医生(见表3-2),仅次于美国(8000人)、英国(5000人),居世界第三位,其中有三分之一的人独立开办医院和诊所。女性进入医生这一历来受人尊敬的高尚职业,打破了男性主宰医学领域的局面,提高了女性的社会地位。

表3-2　　　　　日本女医生数量统计[②]（1885—1935年）

年份	西历（年）	人数
明治18	1885	1
明治23	1890	7
明治28	1895	35
明治33	1900	50
明治38	1905	80
明治43	1910	120
大正4	1915	306
大正9	1920	486
大正14	1925	1032
昭和5	1930	2807
昭和10	1935	3200

进入大正时代,日本女性的就业范围进一步扩大,出现了女邮局职

---

① [日]《报知新闻》1896年4月9日—8月2日连载:《女子的职业》,载赤松良子《日本妇女问题资料集成》第三卷,家政出版社1977年版,第94页。
② [日]吉冈弥生:《女医诞生五十年》,载《吉冈弥生选集》第1卷,杢杢舍2000年版,第106—107页。

员、女政府事务员、女银行职员、女记者等。1912年（大正元年）11月的《内外新闻》列举了二十多种"妇女的职业"，如医生、护士、药剂师、助产士、教师、音乐家、新闻记者、摄影师、电话接线员、打字员、专卖局女工、西装裁缝等。到大正时代中期，又增加了事务员、外交官、美容师、妇女杂志编辑、记者、播音员、汽车乘务员（1920年，东京市街汽车公司首次录用37名女性乘务员）、百货店员、电影演员等。据1923年的调查，仅东京市的职业女性就达到43万人之多[1]。另据1932年东京市役所发表的《妇女职业展现的展望》，公布当时日本的职业女性增至874154人。[2] 尽管当时几乎所有行业都有了女性，但女性在就业数量上还属于少数，报酬和待遇也很低。然而这批走向社会，取得一定经济自立的女性可称得上是妇女解放的最早实践者，这是20世纪前期日本妇女运动产生并发展的社会基础。

二 被侵害的劳动权益

日本是个后起的资本主义国家，但资本家对工人的残酷压榨和剥削，并不亚于老牌资本主义国家。尤其是在企业逐渐由官办转为民营，民间资本日益扩大的情况下，资本家们以追逐利润为直接目的，对工人进行赤裸裸的榨取与剥削。如前所述，当时的女性产业工人主要集中在纤维产业，而存在于纤维产业的雇佣关系被日本学者大河内一男称为"典型的原生劳动关系"——以工人工资待遇低、工作环境差、人身自由受限制为主要特征，女工的劳动权益受到严重侵害。

首先是劳动强度大。资本家为了获得巨额利润，根本不去改善工人的劳动条件。尤其是在产业革命初期，基本上沿袭了农业生产中的日出而作、日落而息的劳动习惯。工人劳动时间经常在10小时以上，长达15小时也是很平常的事情，有的大工厂甚至实行昼夜两班交替作业。有些工厂还对女工实施计件工资制，据农商务省1901年对关西地区的16家棉纺工厂的调查显示，27229名工人中有16154人是计件工资，占总数的59%[3]。

---

[1] ［日］经济企划厅：平成9年国民生活白书：《働く女性 新しい社会システムを求めて（劳动女性 追求新的社会体制）》，http://wp.cao.go.jp/zenbun/seikatsu/wp-pl97/wp-pl97-01102.html。

[2] ［日］赤松良子：《日本妇女问题资料集成》第3卷，家政出版社1977年版，第116页。

[3] ［日］农商务省：《职工事情》（上），生活社1947年版，第112页。

各厂实行计件工资制的目的不外乎是要提高生产效率和解决工人不足的问题，同时缓和劳资矛盾。但这种生产效率的提高是以加重工人劳动强度为代价的，"女工不顾自己的劳动强度和身体的承受能力，为眼前的利益所驱使，不顾一切地提高产量，导致互相竞争，或在规定的时间之前就开始工作，或在下班之后还继续工作。少的工作十八个小时，多的工作二十二个小时"①。由于在极度苛酷的条件下工作，加上劳动环境恶劣，许多工人染上了肺结核等呼吸系统的疾病，致使死亡不断。据大正初年的调查，当时全国有纺织女工 50 万人，每年约有 9000 人死亡，其中 6300 人死于肺结核。②纺织女工竟因此被称为"结核女工"。当时，舆论曾一针见血地指出："肺结核病是劳动者病"，是"轻视劳动问题的结果"，造成结核病的原因是工厂不卫生，劳动时间过长，营养不足。而营养不足是工资过少的结果。③

其次是压低女工工资。在承受高强度劳动的同时，资本家还压低工人工资。当时纺织工人的工资极低。如在一些纺织工厂，女工织布 2 反（1 反宽约 34 厘米，长 10 米）才挣得工钱 2 钱 5 厘（1 钱为 1 日元的百分之一、1 厘为 1 钱的十分之一）。1894 年时，岐阜县笠松町的机械制丝工厂的女工每天工作长达 15—16 小时，而正式工人的月工资不过 1—3 日元。女工依靠如此低廉的工资仅能维持很低的生活水平。当时日本纺织业女工的工资远远低于同时期其他国家纺织工人的工资。比如，1898 年印度纺织工人的月工资平均为 8—9 日元，而日本男工的月工资不到 7 日元，女工仅 4 元。④ 与当时的先进工业国英国则更无法相比。尤其女工的工资大大低于男工，1889 年只及同行业男工工资的 48.1%，到 1900 年只有为 62.8%。⑤ 即便这样，如此微薄的工资在很多时候也不能足额发放，常常被扣除强制储蓄金、伙食费、住宿费、工钱预付款以及罚金，真正到手的工资所剩无几。

再有是限制女工的人身自由。在明治时代纺织业大发展的情况下，劳

---

① ［日］农商务省：《职工事情》（上），生活社 1947 年版，第 397 页。
② ［日］森末义彰等：《体系日本史丛书·生活史Ⅲ》，山川出版社 1990 年版，第 161 页。
③ ［日］《劳动世界》1902 年（明治 35 年）5 月 34 日，转引自森末义彰等《体系日本史丛书·生活史Ⅲ》，山川出版社 1990 年版，第 160 页。
④ ［日］高村直助：《日本纺织业史序说上》，墙书房 1971 年版，第 339 页。
⑤ 同上书，第 302 页。

动力不足问题已经凸显出来,工厂之间展开的对工人的激烈争夺也导致工人流动频繁。不少企业派专人或通过职业介绍人到各地农村招募工人,在招工过程中往往使用欺骗手段,夸大劳动条件、工资待遇。当被欺骗而来的女工发现实情并没有宣传的那么好时,常常选择逃离。在这种条件下,资本家不是努力改善劳动条件,提高工人待遇,而是采取各种办法来限制工人的流动。比如建立寄宿制度,让工人住到工厂的宿舍之中,并设置宿舍管理员,名为管理,实则监视。许多工厂为了防止女工夜间逃跑而在夜间将宿舍的房门上锁。宿舍上锁不仅限制了女工的人身自由,也使得火灾发生时女工难以逃离。《职工事情》记载:"爱知县叶粟郡光明寺村某工厂发生火灾,三十余名女工被烧死。报纸报道说,因为该地的工厂主每天晚上都把宿舍的出入口锁上,使女工没了逃生的路,遂被烧死。"① 有些工厂还限制女工与外界的接触,规定外出的人数和时间,有些工厂甚至禁止女工与家中通信。很多工厂为了防止女工逃跑,便建立强制储蓄制度,每月都强制性地扣除其部分工资作为储蓄金,并规定女工如果逃跑或违反厂规就不予退还。农商务省在 1902 年对 47 个工厂进行了调查,发现其中的 26 个工厂实行了强制储蓄制度,占总数的 62%。这些工厂每个月扣除工人工资的 3%—6% 作为储蓄金,或由会社保管,或存到银行②。强制储蓄制度完全成为限制工人自由的工具,因此被工人们称为"足留金"(意为束缚自由的储蓄金)。

以上做法严重侵犯了女工的劳动权益。高强度的劳动、恶劣的工作环境导致纤维产业女工患病率及死亡率极高。资本家及企业方对患病女工不给予及时治疗,而是将其解雇回乡,造成了结核等传染病在农村的蔓延。大正时代,日本每年有 11 万人死于结核,其中很多是这些患有结核病的女工回乡后传染所致③,也进一步加重了农村的贫困程度。

明治时代,在工业化发展的同时劳动问题也越来越严重,女工的权益毫无保障。特别是在雇佣了大量女工和童工的纤维产业,工人由于劳动时间长、劳动强度大、工资待遇差,其身体健康受到严重的伤害,以至于影

---

① [日] 农商务省:《职工事情》上,生活社 1947 年版,第 407 页。
② [日] 劳动运动史料刊行委员会:《日本劳动运动史料》第 10 卷,东京大学出版会 1959 年版,第 377 页。
③ [日]《厚生白皮书 1974 年版》,厚生省,1974 年,第 76 页。

响到劳动力的再生产和人口质量,这种情况受到社会舆论的强烈谴责。在这种情况下,明治政府开始对各地工人的劳动条件和工资待遇进行调查,并仿效欧美国家,开始着手制定劳动保护法以限制纤维产业工人的工作时间和最低工作年龄,并最终于1911年颁布了《工场法》。《工场法》的制定从一开始就受到资本家的反对和阻挠,致使这项法案拖延到1916年才付诸实施。①《工场法》规定,女工和未满15周岁的童工每天的工作时间为12小时;不得让女工和未满15周岁的童工在晚上10点到第二天凌晨4点之间工作;工业主应该给予女工和未满15岁的童工每月两天休假,每天工作时间超过6小时,应让其至少休息30分钟,每天工作时间超过10小时,应让其至少休息1小时。②尽管这些规定对工人来说都是最低限度的,但在一定程度上保护了女工和童工的权益。正是通过制定《工场法》这一契机,日本才真正开始通过立法的形式规范企业雇佣制度,维护包括女工在内的雇佣工人的权益,推动了日本战前劳动立法的进程。

二战期间,日本在军国主义政府的命令下,可谓是全民皆兵,男子被驱赶上战场,妇女也被号召从厨房中走出来,从事生产军需品、照料伤员、帮助军属等活动。当时,大批学校教室被改作军需工厂,大批正在读书的女学生被迫放弃学业,进工厂做工。这个时期,破败的日本经济依靠着日本女性的力量得以支撑,她们在这场战争中也付出了惨重的代价,或失去亲人,或荒废学业,或沦为娼妓,然而,她们在各个领域内受歧视、受压迫的境遇却并没有得到改善。值得肯定的是,战争导致的男性劳动力短缺状况也使得女性有机会进入一些以前由男人独占的劳动领域,她们在工作中的出色表现应当有助于改变其在就业时因性别而被歧视的问题。

第二节 现代日本女性劳动就业权益的保障措施

一 制定和完善保障女性就业权益的法律

二战前日本女性劳动就业权益之所以没有得到保障,首要原因是相关

---

① [日]竹内宏:《日本现代经济发展史》,吴京英译,中信出版社1993年版,第32页。
② [日]间宏监修:《工场法》,五山堂书店1990年版,第697页。

法律不健全，女性在法律上与男性相比处于不平等地位。一部《工场法》从酝酿到颁布实施，其间阻力重重，保障女性劳动就业权益竟用了近20年。二战后的日本经过民主改革，使得处于家族和社会底层的妇女的社会地位开始发生翻天覆地的变化，1946年11月《日本国宪法》公布，明确规定："全体国民在法律面前一律平等。在政治、经济以及社会的关系中，都不得以人种、信仰、性别、社会身份以及门第的不同而有所差别"（第14条）；"在不违反公共福利的范围内，任何人都有居住、迁移以及选择职业的自由"（第22条）；"全体国民都享有健康和文化的最低限度的生活的权利"（第25条）；"全体国民都有劳动的权利与义务"（第27条）。从此，日本女性在法律意义上拥有了与男性平等的劳动就业权。同时，一些相关法律法规相继出台，以帮助提高女性的地位，进一步保障女性的劳动就业权益。

1.《劳动基准法》

二战后，根据美国占领军司令部发出的赋予妇女参政权、鼓励建立工会组织、实行教育自由化、废除专制机构、促进经济制度民主化的"五大指令"，日本开始了一系列民主改革，其中重要的是劳动改革。1946年至1947年，先后颁布了"劳动三法"——《劳动组合法》（即工会法）《劳动关系调整法》《劳动基准法》，这一法律体系成为保障工人权益的重要依据。其中1947年颁布的《劳动基准法》，是以改善工人劳动条件，保护工人劳动权益为目的的法律，它以宪法规定的契约自由为前提，从保障劳动者生存权的立场出发，规定了工资、工作时间、休息、安全卫生等劳动条件的最低标准。并且规定这些劳动条件必须在劳资双方对等的前提下制定，劳动者和雇佣者双方均应遵守劳动协约、就业规则和劳动合同的规定，必须忠实地履行各自的义务。《劳动基准法》确立了男女同酬、母性保护的原则，其中第4条明确体现了男女同工同酬原则，规定"雇主不得以受雇者是女工为理由而在工资方面规定与男工不同的待遇"，还专设"女工及未成年工"一章。[①] 基于妇女在生理与体力上弱于男性的认识，该法对妇女的劳动规定体现出"保护"性色彩，如限制矿山坑内作业、限制危险有害环境作业（第64条）、对生理期劳动采取保护措施（第68条）等。还对孕产妇权益作出了专门保障：限制矿山坑内作业

[①] ［日］高桥保：《围绕女性的法与政策》，密涅瓦（音）书房2008年版，第29页。

（第64条2）、限制从事危险有害工作（第64条3）、产前产后实行休假（第65条）、调孕妇从事轻劳动（第65条3）、保证育儿时间（第67条）等等。① 由于《劳动基准法》规定了劳动者的最低劳动条件标准，并附有严格的罚则，所以具有很强的法律约束力，在一定程度上保障了劳动者——尤其是女性劳动者的权益。这个法律的局限在于，要求企业或雇主把女性当作特殊保护的对象，要考虑她们的安全及卫生待遇，所以只保障女性拥有一定的劳动时间与就业机会。因此，《劳动基准法》除男女同工同酬外，在其他方面并没有体现男女平等的有关规定，从而造成了除工资之外，女性在其他劳动方面受歧视现象依然较多存在。

2. 《劳动女性福利法》

随着二战后经济的高速增长，日本渐渐成为仅次于美国的资本主义世界第二经济大国，支撑这一高速增长的是日本的工业，特别是钢铁、造船、汽车以及重化学工业等的惊人发展。经济的快速发展为这个时期人们的就业提供了契机，企业增大了劳动力尤其是男性劳动力的需求，因为男性相对女性而言，更能够迎合企业对劳动力的要求，那就是：抛开自己的家庭，以企业为家，全身心、高效率工作。加之1947—1949年间，日本出现了战后第一次生育高潮，不少女性虽已就业，但由于结婚、怀孕、生育等原因无奈离职，操持家务、抚养子女成为她们的价值主流。同时，1961年日本政府实行配偶减税制度，即为专业家庭主妇的丈夫减税。日本女性开始处于同时肩负家务与工作的两难之境。

在这样的大背景下，1972年日本政府制定了《劳动妇女福利法》，该法的制定目的在于"明确劳动妇女的福利原理，对劳动妇女进行充实的职业指导，推进其职业训练，促进职业生活与育儿、家务等其他家庭生活的调和，推进福利设施的建立，进一步增进劳动妇女的福利，并提高其地位"，② 借以协调妇女的工作、育儿、家务等活动，以有效地发挥妇女的能力，使她们忠实于自己的工作。该法首次规定了妇女的育儿休假制度；明确规定了职业妇女的福利原则；具体提出了福利政策，并要求企业、地方自治团体及政府的有关人士实施好。而且，日本政府基于该法律建议，考虑职业妇女的工作环境，注重研究对她们的综合福利对策。同时，为高

---

① ［日］高桥保：《围绕女性的法与政策》，密涅瓦书房2008年版，第30页。
② ［日］《劳动妇女福利法》，http：//www.shimura-web.jp/ginwel/ginwel151_1.htm。

效落实妇女福利对策，除了企业等有关部门以外，也要求妇女本身做出努力与配合。

《劳动妇女福利法》体现了职业稳定、职业培训、母婴保健福利等有关职业妇女法律规定的基本理念，但由于只概括了职业妇女的福利概念，只不过是福利法，在法规层面上依然不能体现就业领域中的男女待遇平等。

3.《男女雇佣机会均等法》

1973 年，在遭遇石油危机的打击之后，日本及时调整产业结构，由重化学工业化的产业结构转向知识集约型产业结构，同时，积极发展第二、第三产业，使得适合女性就业的机会越来越多。如前所述，关于男女就业平等的法律还不完备，在劳动条件诸如招工、录用到解雇、退休等方面，都存在着性别歧视，因此，制定、出台男女平等、消除对女性歧视的法律成为日本女性的呼声。

特别是 1975 年首次世界妇女大会在墨西哥召开之后，制定男女平等的法律一时间成为国际潮流。1979 年 12 月，被称为"妇女国际宪法"的《消除对妇女一切形式歧视公约》在联合国第 34 次大会上获准通过，日本于 1985 年正式加入该《公约》。按照《公约》规定，加入该《公约》的国家应当采取一切必要措施，推行有关政策，消除对妇女的一切形式的歧视及其现象。根据《公约》的精神，日本开始对已实行的《劳动基准法》和《劳动妇女福利法》中有关条款内容进行了重新审议与完善。在以上国际、国内背景下，日本历史上从福利法进一步发展而来的平等法——《关于确保在雇佣领域男女均等机会及待遇的法律》（简称《男女雇佣机会均等法》）于 1985 年 5 月终于得以诞生，并于 1986 年 4 月 1 日开始实施。

《男女雇佣机会均等法》以"让女性劳动者不受因性别带来的差别，且在母性受到尊重的前提下从事充实的职业生活"为基本理念（第 2 条），要求雇主在劳动者的招募及录用方面，对女性必须提供与男性均等的机会（第 5 条）；劳动者的安排、升进及教育训练方面，不得以是女性为理由，而与男性差别对待（第 6 条）；雇主不得以女性劳动者结婚、怀孕或生育作为其退职的理由（第 9 条）。为了保障女性权益，特别就"妊娠中及分娩后的健康管理措施"作出规定：雇主应该按照厚生劳动省颁布的《母子保健法》的规定，确保对女性劳动者的保健指导及接受健康检查的必要时间（第 12 条）①。

《男女雇佣机会均等法》颁布的目的，是确保雇佣领域中男女有均等的机会与待遇，维护女性劳动者在妊娠及生产后的健康，对雇佣中的女性的权利保障由全面"保护"开始转向男女平等。该项法律的颁布与实施取得了明显的效果，步入职场的女性越来越多。在《男女雇佣机会均等法》的颁布 1985 年，日本全国女性雇佣劳动者约为 1548 万人，占女性就业者（除女雇佣劳动者外还包括从事农业等个体经营的家庭从业者）的 67.2%，占劳动力总人口的 35.9%。而到 1994 年，女性雇佣劳动增长到 2034 万人，占女性就业者的比例为 77.8%，占劳动力总人口的 38.8%，也就是大约每四个女性就业者中就有三个是雇佣劳动者。②

自 1986 年实施《男女雇佣机会均等法》之后的十余年间，女性参与就业的积极性大大提高，劳动状况发生了较为明显的变化，女性劳动者的数量增加，劳动形态趋向多样化。进入 20 世纪 90 年代后，日本经济渐入低迷，伴随泡沫经济的破裂，妇女身处的就业形势趋于困难，女大学生就业难问题日益突出。随着劳动条件的恶化，现行法律的不完备性也凸显出来，并且日本女性在就业领域作用的发挥与其他先进国家也存在着差距，《男女雇佣机会均等法》的修改被提上议事日程。

1997 年 6 月，日本对 1986 年实施生效的《男女雇佣机会均等法》进行了修改，称为《改正均等法》。《改正均等法》删去了《男女雇佣机会均等法》中"增加女性劳动者的福利"与"促进女性职业开发、协调工作与家庭关系"的内容，声明《改正均等法》的目的是"确保雇佣领域男女机会均等与待遇平等""保障女性劳动者怀孕、生育期间的健康"。在具体内容上，《改正均等法》重点将招工、录用、工作安排、晋升过程中歧视女性的"努力义务"改为"禁止规定"，增加了性骚扰的预防以及保护女性的暂时性特别措施，强化了法律的实际效果。2006 年，日本对该法进行了修改、完善，将机会均等的适用对象扩大为男女双方，规定无论男女都禁止差别对待，并且规定采取措施充实母性保护、防止性骚扰、

---

① ［日］《关于确保在雇佣领域男女均等机会及待遇的法律》，http：//law.e-gov.go.jp/htmldata/S47/S47HO113.html。
② ［日］总务省统计局：《劳动力调查·1953 年以来劳动者数量统计》，http：//www.stat.go.jp/data/roudou/longtime/03roudou.htm。

推进积极行动、对违法行为进行制裁和强制执行等，进一步推进了雇佣领域的男女平等。[1]

《男女雇佣机会均等法》颁布的积极意义体现在顺应了首次世界妇女大会后世界各国制定平等法的潮流，对劳动女性的权利保障由"保护性"转为"平等性"，即在加强对女性怀孕、产前产后的母性保护的同时，逐步减少对母性以外的一般保护。1985年制定的《男女雇佣机会均等法》虽顺应了世界潮流，但某种程度上也是当时国内各利益集团之间相互妥协的产物，其局限性体现在很多方面，最重要的是该法关于男女均等的待遇方面，对教育培训、福利待遇，以及解雇、退休、退职方面的女性歧视作了没有罚则的"禁止规定"，并且对招工、录用以及工作安排、晋升方面的男性歧视只规定为"努力义务"。后经过1997年、2006年两次修改、完善后完成的《改正均等法》，消除了对日本男性的性别歧视，改善了女性的就业环境，促进了女性的社会参与，使得日本女性的社会地位得以提高。

4.《育儿介护休假法》

20世纪60年代前后，伴随着日本社会迈入经济高度发展时期，促使越来越多的女性广泛参与到劳动就业中去，并且从事长期工作的意愿较之以往明显增强。因此，日本传统意义上的性别分工模式受到冲击，但性别分工的观念在日本可谓是根深蒂固。如何让日本妇女兼顾工作与家庭，既能使其安心参加工作，又能减少或解除其在育儿、照料老人方面的后顾之忧，这给日本社会提出了新的课题。

1992年4月1日，日本政府颁布实施了《育儿休假法》（1995年进行修订并更名为《育儿介护休假法》）。该法以促进男女劳动者工作与家庭的协调为宗旨，规定了育儿休假、照料老人休假以及照顾孩子的休假制度，并且要求企业主应当在工作时间上对劳动者提供方便和支持，以利于其养育孩子、照顾老人，促进养育孩子或照顾家人的劳动者可以不间断工作和再就业。[2] 为保障在生育和育儿期间劳动者的收入，1995年4月，日本实施了《雇佣保险法》，该法规定，有1岁以下孩子需要育儿休假的劳动者可以领取一定的育儿休假补贴。日本政府为了防止少子化的进一步激

---

[1] ［日］高桥保：《围绕女性的法与政策》，密涅瓦书房2008年版，第32页。
[2] 同上。

化，2002年9月提出了"到2014年为止把男性的育儿假休假率提高到10%，妇女的育儿假休假率提高到80%的目标"①。《育儿介护休假法》在2009年又进一步修订，强调夫妻应共同育儿，之后都还可以共同继续工作。2010年，"育儿爸爸"成为日本的流行语可以说明日本男性参与和喜欢育儿正成为一种流行热潮，一定程度上也为日本妇女分担了家庭负担，为其安心就业创造了良好的环境和心理支持。

5. 其他有关法律

二战后日本不断制定新的法律制度，以加强对女性劳动权益的法律保障，上述《劳动基准法》《劳动妇女福利法》《男女雇佣机会均等法》以及《育儿介护休假法》可以说是这一系列法律、法规的代表。除此之外，1985年日本议会通过了《禁止歧视妇女法案》，强调妇女在谋求职业、学习培训、晋升、社会福利、退休养老等方面享有与男子同等的权利。保障女性权益还在其他一些法规政策方面有所体现，从表3-3可以看出，进入20世纪90年代后，日本更是大幅度地制定和修订关于女性劳动就业的法律制度。

表3-3　　　　20世纪90年代以后制定和修订的关于女性劳动就业的法律制度②

年度	涉及的法律制度
1991	制定《育儿休假法》（1992年颁布实施）
1993	制定《短时间劳动法》；修订1947年制定的《劳动基准法》
1995	修订1992年制定的《育儿休假法》，更名为《育儿介护休假法》
1996	修订1985年制定的《劳动者派遣法》
1997	修订1985年制定的《男女雇佣机会均等法》；修订《劳动基准法》
1998	修订《劳动基准法》
1999	修订《劳动者派遣法》
2008	修订1993年制定的《短时间劳动法》
2009	修订《育儿介护休假法》

---

① ［日］独立行政法人国立女性教育会馆编著：《日本的女性与男性——男女平等统计2006》，中国全国妇联妇女研究所译，当代中国出版社2007年版，第59页。

② ［日］根据日本厚生劳动省法令整理而成，http://wwwhourei.mhlw.go.jp/hourei/。

二 实施维护女性就业权益的相关举措

在制定和完善保障女性就业权益之法律的同时，日本政府和社会各界通过一系列相关措施，推动法律的贯彻实施，将女性劳动权益各项保障落到实处。

1. 官方和民间相关机构的努力

1947年9月，日本政府在劳动省内设立专门担当妇女问题的妇女少年局，下设政策课、劳动课和福利课。此外，该省还设有妇女少年问题审议会，全国47个都、道、府、县也专门设立与妇女局相应的派出机构——妇女少年室。这些部门负责保障女性与男性雇佣机会均等、同等待遇；帮助女性协调工作与家庭的关系；推进女性政策的制定与实施；到企业进行实地考察并提供相应劳动对策；引导女学生确立正确的就业意识；支援女性就业。同时，对因性别原因歧视女性的雇主进行谈话指导，劝告其改正，对女性受雇佣权益被侵害情况进行调查、干预，并有权将调查结果向社会公开甚至向法院起诉，为女性提供更加便利的工作环境。1997年10月，日本劳动省将妇女局更名为女性局；2001年6月，厚生省与劳动省合并为厚生劳动省，劳动省妇女局随之与厚生省儿童家庭局统合为雇佣均等、儿童家庭局，继续发挥着促进女性在雇佣、家庭、地区各个领域与男性均等就业的积极作用。

为了确保国民获得安定的就业机会，厚生劳动省在各地设立了公共职业安定所，日本国民对其爱称为"你好，工作"。公共职业安定所致力于对就业活动进行支援，注重对单亲妈妈家庭等社会弱势群体提供帮助，对前来找工作的单亲妈妈等实行就业指导、职业培训，并接受女性工作中的问题与疑惑等的咨询，帮助她们顺利就业、实现自立。此外，还有一些官方相关机构也为女性就业、劳动提供指导和帮助。

此外，一些民间团体也致力于帮助女性实现就业。如在东京地区的就业指导性组织——东京工作中心，以促进女性再就业作为重点工作之一。该中心一方面对女性进行再就业必要的就业知识培训、专门技术训练，帮助女性发挥能力、快速就业；另一方面提供幼托服务，帮助女性实现工作、家庭两不误。类似这样的团体遍布日本各地，它们的活动直接促进和保障了女性就业权益的实现。

2. 促进男女平等就业机会和平等就业待遇

针对性别分工观念根深蒂固的现实状况，日本规定每年的4月10—16日为"妇女周"，从政府到各级妇女组织积极开展多种形式纪念活动，以推进各项妇女就业政策的实施。为促进男女就业机会平等和就业待遇平等，日本将每年的6月指定为"平等就业机会月"，开展各种形式的平等就业宣传活动。

1986年《男女雇佣机会均等法》实施后，日本劳动省还采取以下几项具体措施：加强对女工的建议与指导，及时协调和解决雇主与女工之间的有关纠纷；要求各企业指定其人事管理部门专门负责平等就业工作。劳动省为企业开发女性的职业技能提供有关信息，并举办专题研讨会等以支持企业为改善女性劳动者管理工作做出的努力。

在工资待遇方面，日本妇女在结婚生子后再次参加工作时，一般只能作为短期工、临时工的角色，而临时工与正式职工在工资、福利等待遇上有着较大的差距。为改善这种差距，日本于2003年10月开始实施《改正临时工劳动指南》，其主要内容涉及：临时工若与正式职工有相同职务，其待遇应尽可能做到与正式职工"均衡"；努力创造将短期临时工转为正式职工的环境；努力促进劳资对话，倾听临时工的意见，就待遇问题进行探讨。①

3. 营造兼顾工作与育儿的良好社会环境

从1995年开始，日本政府规定每年的10月为"工作与家庭思考月"，大力普及和宣传有关法律政策，倡导工作与家庭要兼顾，并从1995年4月开始向休育儿假的妇女职工支付保险费。

1999年6月，日本政府颁布实施的《男女共同参画社会基本法》中，提出了创造兼顾家庭生活与其他社会劳动的理念。2001年7月，男女共同参画社会会议通过了《关于支持工作与养育子女兼顾方针的意见》，要求企业采取积极措施，纠正性别分工和男子优先的传统风气，实行有利于妇女兼顾工作与养育子女的多样化雇用方式，为妇女提供相应的待遇和弹性劳动时间，期望企业能够灵活运用育儿休假制度和产假制度，奖励申请"育儿休假"的男性从业人员，并期望企业将"育儿休假"制度推广到临

---

① [日] 坂脇昭吉、中原弘二：《现代日本的社会保障》，杨河清、冯喜良、吕学静等译，中国劳动社会保障出版社2006年版，第97页。

时工、小时工等非全日制的劳动者范围。为督促企业主切实落实《育儿休假法》，保护母婴健康，日本政府定期举办企业经营者和管理人员研修班，设立普法指导员，并向已执行育儿休假制度的企业主支付"育儿休假奖励金"。

为保障处于育儿期的妇女也能够实现安心就职，日本政府每年完善与扩充托儿所等服务设施，并提供多种保育服务，实行弹性劳动时间，为妇女创造兼顾工作与育儿的社会环境；从1993年起，日本政府设立"企业内托儿补助金"，每年不低于360万日元，支付给那些在企业内设立职工子女保育、幼托设施的企业主或企业团体。为解决接送孩子困难问题，日本于1994年设立"家庭支持中心"，组织会员互相帮助，为鼓励更多的市町村社区成立这种"家庭支持中心"，地方政府还拨款给予经济上的资助。

4. 提供女性再就业及创业的便利条件

育儿休假结束后的女性在重返工作岗位时，会遇到一定的困难，为减少这种因再就业而带来的麻烦，日本出台多项举措，为再就业女性提供便利。育儿期的女性接触外界就业信息机会少、接受就业指导时间少，因此虽然每年有60万左右的女性有再就业意愿，但是在具体就业实现方面仍面临很多困难。日本各级政府部门成立了就业促进中心，兴建了许多公立职业技术学校和公共职业安定所，每年还举办六期妇女再就业培训班，全国设立60个"妇女就业援助设施"，为由于长时间离职而缺乏职业经验的女性提供就业调查信息、岗前技术培训、咨询讲习、必要的资金服务等，还有一些对低收入的单身母亲减免听课费和交通费等细致的支援活动，推进女医生、女研究者等群体育儿结束后的再就业支援等。此外，国家还要求企业有计划地提供招聘信息，放宽对再就业女性的年龄限制，灵活开展对育儿期妇女的职业培训等，响应政府对再就业妇女的支援政策。国家还在企业内部设立"育儿休假人员复工程序奖励金"，以提高企业吸收再就业人员的积极性。①

20世纪90年代中期至今，日本开始出现前所未有的女性创业热潮。日本对女性创业的支持体现在以下几个方面：日本各地方自治体的女性活动中心广泛开展了各种支持活动，主要对象是那些希望创业的家庭主妇

---

① ［日］内阁府男女共同参画局：《女性再就业支援计划》，http://www.gender.go.jp/。

层；日本全国主要地方自治体的商工部为了培养女性企业家实施了各种融资制度并开设了各种学习班；各地区的青年会、商工会议所、经济同友会积极吸收女性企业家加入其中，1990年新商务协议会设立了妇女经营者委员会，主要以女大学生为对象举办企业学习班；民间企业利用互联网发布关于有关女性创业的信息，另外日产火灾海上保险、东京海上保险等保险公司开展了对妇女企业家的网络支持活动；日本于1990年成立了妇女创业民间支援团体WWB/Japan（Women's World Banking/Japan），其团体总部1980年在纽约设立，受联合国和世界银行的支持。该团体以促进妇女创业为宗旨，是为妇女而设的"市民创业经营学校"，创办之初的主要业务是为女性创业者提供低利息贷款，逐渐又拓展许多新业务，包括举行创业研讨会、讲座，邀请创业成功者与学习者交流经验、进行岗前培训等，为妇女再就业提供了帮助。截至2004年年底，该组织已经培养了六千多名毕业生，其中一百多人成功创业。①

第三节　战后日本女性劳动就业状况分析

影响日本女性劳动就业权益实现的因素是多方面的，除前面谈到的国家立法和政府、社会具体支持外，还要受到来自经济发展、社会政策、传统文化、家庭生活等多方面的影响，这些影响有些是直接的、现实的，有些则是间接的、潜在的，有些是积极的、正面的，有些则是消极的、负面的。笔者尝试用以下三个时期来对比、审视二战后日本女性的劳动就业权益的实现状况，即二战后经济恢复及高速增长期（1945—1973年）、经济稳步增长期（1973—1990年）、经济长期低迷期（1990年至今）。从各时期的经济状况、产业结构、人口结构、雇佣政策等变化的宏观角度来具体把握日本女性个体劳动就业权益实现状况的微观发展脉络。

一　战后经济恢复及高速增长期（1945—1973年）

日本经济在二战结束时彻底崩溃，加之占领军的非军事化政策的影

---

① ［日］WWB/Japan（世界女性银行）主页，http://www.p-alt.co.jp/wwb/wwb.html#keii。

响，日本经济的发展受到种种限制。围绕日本经济未来走向问题，日本国内议论纷纷，最终，采取了"倾斜生产方式"，即优先发展煤炭、钢铁、化肥、海陆运输等产业，其中把煤炭和钢铁作为超倾斜；同时，日本在朝鲜战争中受益并奠定了其战后经济发展的基础。战后十年间，日本经济完成了全面恢复并达到了战前水平。1955—1973 年，日本经济又进入了高速增长时期，日本的工业特别是钢铁、造船、汽车以及重化学工业等的发展铸就了日本经济 10% 的年平均增长率，确立了其仅次于美国的资本主义世界第二经济大国地位。

1945—1973 年，日本经济的高速发展，改变着各经济部门在整个国民经济中的地位和作用，改变着日本的产业结构、就业结构。总体来看，日本产业结构的变化趋势为：第一产业比重逐渐下降，第二、第三产业比重逐渐上升，且第三产业上升幅度更加明显，这也影响着人们在三种产业中就业结构的变化。经济的高速发展对劳动力的需求大幅度增加，不仅迅速吸收了农村潜在的失业人口，解决了失业问题，也为农民进城就业以及女性参加工作创造了更多的机会。

在经济高速增长前的 20 世纪 50 年代，日本女性就业领域主要集中在第一产业，当时的女性劳动人口中，60% 以上从事农业，与此相应，这一时期大多数女性的就业形态是家族从业，雇佣劳动比较少。

1955 年日本进入经济高速增长期后，随着产业结构的转换，日本女性的职业结构也发生了很大的变化，在第一产业中就业的比例呈下降趋势，在第三产业就业的女性人数大大增加。1955 年以后的 BG（Business Girl）和 1965 年以后的 OL（Office Lady）是对当时在工厂和公司中从事事务工作的年轻女性的流行称呼，这也反映出随着经济的发展和企业规模的扩大，日本女性的身影开始逐渐活跃在职场之中。

我们注意到，20 世纪 60 年代到 70 年代，日本女性的就业率虽较以往相比有了不断提高，但还多为低年龄段（20—24 岁）女性的短期就业，工作年数往往都不长，大都属于从学校毕业后工作到结婚前辞职。25—35 岁的日本女性处于结婚生育期，她们选择回到家庭，充实到日本"专业主妇"的大军中去。35 岁以后，育儿期结束，很多女性又回到劳动力市场寻找工作，但只有一小部分女性能够成为正规职员，大多数女性为了能够在工作的同时兼顾家庭，而主动选择成为非正规职员或者打短工。这也形成了日本女性的"M"型曲线就业形态。

从劳动经济学的角度来看,"专业主妇"从事的家庭劳动是社会劳动的具体化,可以被看作是女性的一种职业。日本的专业主妇在世界上可谓规模庞大,具有典型性,同时,"专业主妇"群体的出现也是现代日本女性就业发展过程中的一个重要阶段,因此,有必要对这一时期"专业主妇"现象进行研究和思考。日本经济高速增长期,"专业主妇"的大量出现有以下几个方面的原因。

第一,国家税收制度对"专业主妇"家庭采取保护措施。1961年,在税收制度中实施了"配偶免除"制度,该制度以家庭为税收单位,强调"丈夫工作,妻子做家务"为标准的家庭模式,为夫妻养育孩子创造环境。如果妻子的年收入不超过103万日元,可以获得很多益处:

(1) 只要年收入在99万日元以下,劳动者本人不用缴纳个人所得税和居民税;

(2) 妇女作为第3号保险者,即被抚养的配偶,年收入在130万日元以内,本人免缴社会保险金;

(3) 丈夫的课税收入可以享受38万日元的配偶免除;

(4) 家庭中有被抚养配偶的丈夫可以领取配偶津贴、家庭津贴。[①]

这个制度实际上鼓励妻子成为家庭中的"专业主妇",这种103万日元的界限,被形象地称作"103万日元壁垒"。

第二,企业雇佣政策和文化传统排斥女性就业。在日本经济高速增长时期,很多企业采取了以劳动者长期稳定雇佣的"终身雇佣制度"和随着年龄、工作年限增长而提高工资的"年功序列制度",以上两种制度可以说是日本实现经济腾飞的两大法宝。同时,经济高速增长期日本工业是主角,需要大量的男性劳动力成为企业的人力资源。日本企业提出了激发劳动者士气的"为了能够养活妻子的工资而奋斗""只要努力工作就会实现理想家庭"等口号,日本经济联合会在1964年提出"妇女只有做贤妻良母在家庭发挥作用,养育子女,使丈夫能积极工作,才能说履行了社会的责任。作为一个独立的妇女,如果没有尽到母亲和妻子的责任,就是没有尽到社会的义务"。同时,为了保证男性职工能够全力工作,日本企业对女职工实施早期退职制度,该制度包括青年退职制、结婚退职制和生育退职制,在这种企业制度下,即使是具有较高

---

① [日]横山文野:《战后日本的女性政策》,劲草书房2002年版,第48页。

的文化水平和专业技能的女职工，一旦结婚或生育，就要离开工作岗位。

社会政策和企业文化激励着丈夫的工作热情，把丈夫培养成早出晚归的"企业战士"，丈夫稳定的工作和不断增加的收入，也使得妻子更加安心以家庭为中心的活动范围。另外，日本企业在女性的雇佣、工资待遇、晋升、再就业等方面都存在歧视问题，造成女性在结婚育儿期结束后不愿再走出家庭重新就业。

第三，操持家务与婚后育儿的重任呼唤女性留在家庭。经济的发展导致大批的青壮年为了就业离开家乡汇入城市，日本的传统家庭结构发生变化，以家长制为核心、几代同居的大家庭越来越少，以夫妻为核心、未婚子女共同组成的"核心家庭"逐渐增多起来，男性忙于工作，无暇顾及家庭，需要妻子为丈夫解决后顾之忧。同时，1947年至1949年的3年间，由于复员军人的陆续返乡，出现了日本历史上前所未有的"婴儿潮"，当时社会托幼体制、设施都不完善，照顾孩子的任务只能在家庭中进行，因此，作为母亲，哺育、教育孩子的重任成为日本女性无可奈何的选择。

从以上分析中，我们可以看出，日本经济高速增长期特定的条件形成了"专业主妇"群体，她们虽然留守在家庭之中，承担操持家务和养育孩子的责任，但是她们以牺牲自己的就业为代价，支持着丈夫的就业，她们的就业率虽然还不是特别高，却间接地为日本经济的高速发展起着巨大的推动作用。

二 经济稳步增长期（1973—1990年）

日本经济近20年的高速发展由于1973年的第一次石油危机而开始转入缓慢发展阶段。为应对这场危机，日本政府及时调整了产业结构，由重化学工业化转向知识集约型产业化，从1975年至1979年间，作为资本集约型产业的钢铁、石油制品、化学等部门，其固定资产投资额分别下降了30%、32%、37%，而同一时期知识集约型产业，如精密仪器、电气机器的投资额则分别增长了1.41倍和1.18倍，年平均增长为25%—30%。[①] 日本政府通过调整产业结构等一系列经济政策，不但平稳度过第一次石油

[①] 吴廷璆：《日本史》，南开大学出版社1994年版，第1098页。

危机，还成功渡过 1980 年的第二次石油危机。

产业结构的调整变化直接影响着人们的就业状况，并且使得性别差异不再是影响这一时期就业的重要问题。表 3-4 显示，随着日本第一、第二产业的逐渐萎缩，第三产业迅速发展起来，人们在第三产业中的就业比重也不断增加。第三产业在一个国家的国民经济中担负着流通、服务和社会管理等职能，可以说，经济越发展，社会越进步，第三产业的规模就越大，越能分化出更多新领域，增加更多的就业岗位。

表 3-4　　　　日本第一、二、三产业就业人口比重变化[①]　　　（单位:%）

产业 年度	第一产业	第二产业	第三产业
1950	48.5	21.8	29.6
1960	32.7	29.1	38.2
1965	24.7	31.5	43.7
1970	19.3	34.0	46.6
1975	13.8	34.1	51.8
1980	10.9	33.6	55.4
1985	9.3	33.1	57.3
1990	7.1	33.3	59.0
1995	6.0	31.6	61.8
2000	5.0	29.5	64.3

第三产业通常根据业务繁忙的实际程度采取灵活雇佣劳动者的雇佣方式，这种雇佣方式的灵活体现在"必要的时候雇佣所需的人手"，女性劳动力雇佣成本低并且能够迎合这种灵活方式，因此，打零工、兼职、劳务派遣等非正规就业形态不断呈现，同时，这个时期适合女性就业的行业、职业也越来越多。相比第三产业，原来一直由男性劳动力主导的行业和职业却发展相对缓慢，这样就使得这一时期日本社会的就业形势朝着有利于女性劳动者的方向发展。

首先，日本女性开始大批走入社会。据日本总务厅统计局调查显示，

[①] [日] 野恒太纪念会:《从数字看日本的 100 年》，2006 年改定第 5 版，第 81 页。

1986年日本的女雇佣劳动者达1584万人，占劳动者总数的36.2%，平均每3名女性就有1人就业；1990年又攀升至1834万人，35年间，比1955年的531万人增长了两倍多。① 其次，日本已婚女性中的"专职主妇"角色逐步向"兼职主妇"角色转变成为这个时期女性就业的一个突出现象。据调查，1985年就业女性已婚的占69%，说明许多女性开始由"专职主妇"向"兼职主妇"转变。一些女性在做了若干年的专职主妇后，选择了再就业，且主要从事临时工、钟点工的工作，这些工作还大都是工资报酬较低的辅助性、单纯性劳动。非但如此，一些女性在结婚后不马上辞掉工作，而是在孩子出生后才暂时辞掉工作，日本女性的"M"型就业模式在悄悄发生着变化。

日本女性的劳动就业权益实现状况反映着日本经济的发展状况，分析这一阶段日本女性的就业，除以上经济因素以外，以下几个方面的原因也不容忽视。

第一，日本女性自身就业意识的提高。1975年联合国第一次世界妇女大会召开后，国际社会关于男女平等的呼声此起彼伏，越来越多的国家开始重视对女性就业权益的保护；20世纪80年代后期，日本提出"男女共同兼顾工作和家庭"口号，来自日本国内国外的一系列运动，点燃了日本女性"自我实现的需求欲望"，加之日本女性受教育程度的提高，奠定了其参与社会的知识基础，激发了日本女性重新审视自身就业的积极性。她们开始不甘心拘泥于家庭这一狭小的空间，期望重新走进工作，实现自己的价值。

第二，日本经济发展带给家庭生活的影响。在日本经济的高速增长期，男性以厂为家、拼命工作，被誉为"企业战士"，在推动战后经济腾飞的同时，也带给家庭以稳定的收入。随着生活的富裕，日本人的生活方式在悄悄发生着变化，人们开始喜欢出入全日营业的旅馆和饭店、高尔夫球场、体育健身房、赛马场、酒吧、舞厅等娱乐场所，愿意到高档的商场购物。这种现象在第一次石油危机到来后被逐渐改变，进入经济缓慢发展阶段后，一直承担着家庭经济主要来源的男性劳动力的收入相对有所下降，而人们对高消费生活方式的适应以及通货膨胀等社会现实，要求家庭主妇能够再就业，通过劳动来分担家庭的生活开支、支付教育子女费

---

① ［日］日本总务省统计局：《劳动力调查表》，http://www.stat.go.jp/data/roudou/index.htm。

用等。

第三，兼顾工作和家庭这一现实矛盾的束缚。在日本"男主外、女主内"的社会性别规范中，丈夫（父亲）参与社会劳动并获得报酬，成为支持家庭经济的基础；妻子（母亲）则在家庭内担负家务、育儿和照料老人，成为保证家庭内部正常运转的"中枢"。男性在工作上承担着巨大压力，他们把时间和精力大都投入在了工作中，而女性只能牺牲自己的就业权益，照顾着家庭，这种生活模式逐渐在日本社会被接受、固定、传承。当就业之门对家庭主妇们敞开之时，她们大多数因为料理家庭的重任选择了打零工等非正规的劳动方式，而这也是她们在兼顾工作和家庭这一矛盾之中的无奈选择。

三 经济长期低迷期（1990年至今）

二战后日本的经济发展经历了一片凋零、高速提升、稳定发展等阶段，在20世纪80年代末期成为仅次于美国的世界第二位经济大国，异常的经济繁荣也刺激着日本国民沉醉于新一轮的消费热潮之中。进入20世纪90年代后，长期积聚、隐藏在日本"经济奇迹"背后诸如经济体制等各种矛盾开始显露出来，"泡沫"破灭、"繁荣"不再，经济疲软增长乏力，通货紧缩状况严重，财政状况空前恶化，金融市场动荡不安，失业问题严峻。日本经济开始陷入阶段性衰退的长期停滞阶段。

泡沫经济的破灭直接导致日本就业形势的恶化，主要表现在：

第一，失业率大幅度上升。战后以来，日本的劳动力市场在主要发达国家中一向以雇佣稳定、失业率低而著称。泡沫经济崩溃后其失业率一路攀升，此前一直维持在1%—3%范围内浮动的完全失业率[①]，在1995年突破3%，达到3.2%，此后一直呈上升态势，2002年达最高峰5.4%，2003—2007年处于下降状态，2007年降至3.9%，之后又呈上升状态，2009年、2010年又分别达到5.1%。将男女劳动者分开而言，2000年以后二者之间的失业率逐渐拉开差距，男性劳动者的失业率明显升高，且每年均高于女性劳动者，2000—2010年，男性劳动者的失业率最高值是5.5%，女性是5.1%，2010年最新统计显示，男性失业率为5.4%，而

---

① 完全失业率：指在劳动力人口中，完全失业者所占的比例。

女性则为4.6%。① 由以上失业率的起伏变动，我们可以看出当前日本的就业形势十分严峻，且男性就业形势比女性更显得糟糕。

第二，传统的"日本式雇佣体系"受到冲击。如前所述，在经济高速增长时期形成的以"终身雇佣制度"和"年功序列制度"为代表的具有日本特色的管理制度和雇佣方式，对日本经济的高速发展起到了极大的助推作用。随着20世纪90年代以来经济形势的恶化，这种传统的雇佣体系开始受到审视和质疑，不少企业开始重新探索和尝试新的雇佣模式，由正规雇佣、长期雇佣向非正规雇佣、短期雇佣转变，以适应经济环境的变化。

这一时期面临日益严峻的就业形势，日本女性的就业情况主要有以下体现：首先，女大学生的就业进入"超级冰河期"。经济的长期不景气，使得企业在选聘新员工时缩减名额，相对而言，女大学生的就职签约率比男生要低得多，特别是2008年席卷全球的国际金融危机的影响，女大学生就业难问题显得更为突出。其次，女性多以非正规劳动者的身份参与劳动就业。泡沫经济破灭后，大多数企业不但调整了正规劳动者的工作时间，还渐渐着手减少正规劳动者的雇佣人数，开始大量雇佣临时工、计时工、派遣工等非正规劳动者。非正规劳动者与正规劳动者相比待遇悬殊，而且随时有被解雇的风险，但日本女性由于家庭问题的牵绊，她们大都接受非正规雇佣，因而也成为非正规劳动者中的主力军。

2011年3月11日东京时间14时46分，在日本本州岛附近海域的9.0级强烈地震，并引发大规模海啸，日本经济蒙受巨大损失，日本社会的就业，特别是女性的就业问题也受到重大影响。

第四节 现代日本女性劳动就业趋势及特征

二战后至今，随着经济的发展和社会的进步，日本女性的劳动就业权益逐步受到保护，女性就业情况有了明显改善和提高，结婚、生育后辞职回家，已不再是日本女性的基本选择。辞职后重新就业的女性在逐渐增多；更多的女性进出职场，呈现良好的女性形象；年青一代女性愿意同男性一样不中断就业已渐渐成为主流；她们在日本社会发展的不同阶段，默

---

① [日]数据来源：日本总务省统计局"劳动力调查表"，http://www.stat.go.jp/data/roudou/index.htm。

默支持和推动着跌宕起伏的日本经济,并且日益成为日本重要的劳动力大军。梳理现代日本女性劳动就业的发展,其既有其他国家女性就业的共性特点,又有其比较明显的个性特征。

一 就业率不断提高

二战后以来,日本"男主外、女主内"的传统模式受到冲击,多种因素促进女性走出家门,走向社会,实现就业,女性就业的比率逐年上升,展现出女性就业权益积极实现的一面。由表3-5看出,1953年,在年满15岁以上的女性劳动力人口中,女性雇佣者所占比率为29.5%,到20世纪70年代,已接近60%,到20世纪90年代初则超过70%,到2010年,已经达到88.2%。1953年,有467万女性雇佣者,占全体雇佣劳动者比例为28.1%。此后,女性雇佣者数字一直呈上升趋势,截至2010年,达到2329万人,占全体雇佣劳动者比例的42.6%。对女性个体来说,其劳动参与程度不断得到提高,推动了自身的解放和劳动权益的实现;对社会发展而言,女性人力资源得到进一步利用,促进了社会经济的发展。

表3-5　　　　　　　日本女性雇佣劳动者比例[①]　　　（单位:万人;%）

年份 \ 就业情况	全体 总就业者数	全体 雇佣者数	全体 雇佣者比例	女性 总就业者数	女性 雇佣者数	女性 雇佣者比例	女性雇佣者占全体雇佣者的比例
1953	3913	1660	42.4	1584	467	29.5	28.1
1960	4436	2370	53.4	1807	738	40.8	31.1
1970	5094	3306	64.9	2003	1096	54.7	33.2
1973	5259	3615	68.7	2010	1187	59.1	32.8
1980	5536	3971	71.7	2142	1354	63.2	34.1
1990	6249	4835	77.4	2536	1834	72.3	37.9
2000	6446	5356	83.1	2629	2140	81.4	40.0
2005	6356	5393	84.8	2633	2229	84.7	41.3
2010	6256	5462	87.3	2641	2329	88.2	42.6

---

① 根据日本总务省统计局《劳动力调查》制成,http://www.stat.go.jp/data/roudou/index.htm

促进现代日本女性就业率提高的因素主要有以下几个方面：

第一，女性就学率和学历的提高。日本在战后初期，已经基本实现男女100%接受义务教育，高中就学率也随之提高，到1996年，基本上达到学龄少年全部升入高中的程度。高中毕业升入大学的女生在1955年只有2.4%，四十多年之后的1996年，已经达到22.9%。此外，进入短期大学的女子从20世纪70年代就一直保持在20%以上。① 教育的高度普及尤其是高等教育的发展，使日本女性的知识和教养水平得到提高，她们的眼界更加开阔，不再甘心仅做家庭主妇，极欲在社会劳动参与中实现自身的价值。可以说，高就学率与高学历，刺激了女性就业的积极性，也增加了女性在劳动参与中的适应性。

第二，寿命延长和生育率下降。随着社会经济状况的好转，日本女性平均寿命在不断延长。如表3－6所见，1947年，日本女性的平均寿命53.96岁，1950年增至61.5岁，1960年为70.19岁，1980年为78.76岁，1990年达到81.9岁，2003年更达到85.33岁。平均寿命的延长，相对延长了女性可参加社会劳动的时间。另一方面，战后女性生育率呈下降趋势，1947年战后第一次生育高峰时，女性的平均生育率为4.54人，而在第二次生育高峰的1973年，仅有2.14人，1975年开始降至2人以下（1.91人）后，此后一路下滑，到2004年，仅为1.29人②，女性育儿数目和时间的大大减少，使女性有时间和精力踏入社会参与工作。

表3－6　　　　　　　　日本人平均寿命演变③　　　　　　（单位：岁）

年份	男性平均	女性平均	总平均
1947	50.06	53.96	52.01
1950	58.00	61.50	59.53
1955	63.60	67.75	65.68
1960	65.32	70.19	65.32

---

① ［日］内阁府男女共同参画局：《男女共同参画白书·第7章教育研究领域的男女共同参画》（2009年），http：//www.gender.go.jp/whitepaper/h21/gaiyou/html/honpen/b1_s07.html。
② ［日］国立社会保障、人口问题研究所：《出生数、普通出生率、合计特殊出生率（1947—2004年）》，http：//www.ipss.go.jp/syoushika/tohkei/Relation/1_Future/Future.asp？chap=0。
③ ［日］总务省统计局、政策统括官、统计研修所：《男女、年龄别平均寿命（明治24年—平成15年）》，http：//www.stat.go.jp/data/chouki/zuhyou/02－36.xls。

续表

年份	男性平均	女性平均	总平均
1965	67.74	72.92	68.83
1970	69.31	74.66	71.99
1975	71.73	76.89	74.31
1980	73.35	78.76	76.06
1985	74.78	80.48	77.63
1989	75.91	81.77	78.84
1990	75.92	81.90	78.91
1995	76.38	82.85	79.62
2000	77.72	84.60	81，16
2003	78.36	85.33	81.85

第三，家务劳动的电器化和信息化。随着科学技术和新技术革命的发展，日本女性能够在繁杂的家务劳动中得以解放，家庭生活中的诸如洗衣、缝纫、烹调等都渐趋电器化、智能化。特别是随着互联网的发展，社会信息化程度不断提高，也给家庭生活带来新的气息和便利。女性投入在家务劳动上的时间在减少、强度在降低，随之闲暇时间开始增多，为其走出家庭参与社会劳动创造了条件。

第四，女性思想意识的变化。一方面，日本人普遍存在着中流意识，每个人都希望与他人有着同样的生活水平，为了改善家庭经济状况，必须通过就业才能获得报酬，以应付各种家庭开支，这也提高了日本女性就业的自觉性。另一方面，"男主外、女主内"传统社会分工模式在日本社会正在悄然变化，逐渐形成"男人工作＋女人工作并持家"的新模式，为女性参与社会劳动在意识上清除了障碍。

第五，就业政策和产业结构的完善、调整。战后以来，日本政府出台、完善了一系列政策和法规，为维护女性就业权益提供了制度保障；经济结构的转变和调整，为女性就业提供了大量的机会。如第一、二节介绍，这里不再赘述。

二 就业领域逐渐扩大

在经济高速发展之前，女性就业领域主要在第一产业，当时的女性劳动人口中，半数以上从事农业，并且是家族从业，雇佣劳动比较少。进入经济高速发展时期以后，随着产业结构的转换，日本女性的就业领域、职业结构也发生了很大变化，在第一产业中就业的比例呈下降趋势，在第三产业就业的女性人数大幅度增加。将1955年和2009年的统计作比较，可以更加清晰地看到女性就业领域的变化情况。按产业划分，1955年的女性雇佣总数为531万人，其中从事第一产业（农林渔业）的有33万人，占6.2%；从事第二产业（建筑业、制造业等）有219万人，占41.2%；其他从事第三产业的有279万人，占52.5%。2009年的妇女雇佣总数为2311万人，其中从事第一产业的有25万人，占1.1%；从事第二产业有362万人，人数虽有所增加，但比例下降至占15.7%；从事第三产业的女性人数和所占比例同时增加，分别是1924万人和83.3%。[1]

  第三产业的快速发展吸纳了大量的女性参与劳动，在当今日本第三产业中，女性较多的在专门技术、事务工作、服务领域工作。从具体工作来看，较之以往变化也很明显，一般来说，就业最多的领域是服务业、餐饮业和制造业这三大行业，护士、秘书、打字员、事务员、中小学教师等也是女性的传统职业。随着女性学历的提高，越来越多的人向企业经营管理人员、医生、律师等高层次职业发展，还有不少人涉足房地产业、金融保险业、通信运输业。在竞争日趋激烈的国家公务员考试中，经考试合格进入公务员行列的女性也呈上升趋势。2006年度日本女性科研人员人数首次突破10万人，达到全部科研人员比例的11.9%，创史上最高水平。[2]近年来，不少行业涌现出了一些出类拔萃的女性。2004年11月8日，美国《华尔街时报》评出全球"最受人注目的50名女性经营者"，其中宝马东京公司总裁林文子是入围的唯一一名日本女性，在实业界成就非凡的她于2009年8月当选为横滨市市长。2005年，记者出身的野中知世接任日本三洋公司董事长兼首席执行官（CEO），成为日本第一位接掌日本大型电子企业的女性。2010年6月，JR东日本任命39岁的白山弘子和37岁的清水佳代子分别担任四谷车站和目白车站的站长，无论是国铁还是JR时代，东京

---

[1] ［日］总务省统计局：《劳动力调查表》，http://www.stat.go.jp/data/roudou/index.htm。
[2] 《日本女性科研人员首次突破10万》，《科技日报》2007年4月17日，http://tech.sina.com.cn/d/2007-04-17/13291469443.shtml。

都内的车站由女性出任站长都是首次；2010年7月，日本央行任命了128年以来首位分行女经理，日本航空公司也出现了第一名女机长①。当然，日本女性能够在较高层次职业中就业并取得成功的还只是凤毛麟角，但这毕竟展示和引领着新一代职业女性的成功形象和发展方向。

  面对当今日本社会老龄化以及经济停滞这一现实，20世纪90年代中期至今，日本社会开始兴起女性独立创业、自办公司的热潮。从事创业的女性主要根据自己的兴趣和特长，从身边以及生活中获取创业灵感，并不断坚持、发展为更大规模。目前日本女性创业较集中的领域有办网站、软件公司、快餐中心、废旧物品再利用等。创业是艰辛的，但也不乏成功的案例，对于女性而言，成功者更难能可贵。享誉日本美容界的山野爱子（1909—1995年）提出"现代是女性自立的时代"，她所创办的山野集团前身是小小理发店，该集团发展至今在日本已经拥有430多家美容院、数所培训学校、多家株式会社，她本人也因对美容界作出杰出贡献，担任日本美容师总联合会会长、全日本美容讲师会会长等，并获政府表彰。② 全日本第二大临时工介绍所——临时雇员集团总裁筱原良子，曾在澳大利亚一家经营出口业务的公司担任总裁秘书，所在公司倒闭后，于1973年在日本创办了临时雇员集团，现已发展成全日本由女性创办并经营的最大公司，1997年，全美女性企业主基金会（National Foundation for Women Business Owners）把筱原良子选入全球最成功的50位女企业家排行榜。③ 为表彰、鼓励和援助妇女创业者，日本商工会议所、全国商工会议所妇女会联合会自2002年起，在全日本2.5万多名女性创业会员中设立了"女性创业者大奖"，迄今已经表彰了九届，她们分别是：创立家常菜配菜和销售公司的爱媛县的藤田敏子；从经营保育园起家的神奈川县的小宫山真佐子；销售当地土特产、开办农家餐厅的秋田县的田山雪江；创办育婴商品公司的静冈县的园田正世；创办全部使用清洁能源卡车的运输企业的大阪府门真市的池田治子；开发图书管理软件的三重县的谷口丰美；开发经

---

① ［日］内阁府男女共同参画局：《平成18年男女共同参画白书·教育研究领域的男女共同参画》，http：//www.gender.go.jp/whitepaper/whitepaper - index.html。
② ［日］山野爱子：http：//ja.wikipedia.org/wiki/%E5%B1%B1%E9%87%8E%E6%84%9B%E5%AD%90。
③ 财富中国：《全球最具影响力的50位商业女性》，http：//www.fortunechina.com/magazine/content/2008 - 11/14/content_ 12637_ 5.htm。

销育婴商品的河合友子（音译）；致力于保育事业的 Branche 公司董事、福冈县的权藤光枝；开发利用纳豆菌净化水专利的ビックバイオ公司董事、熊本县的坂本惠子。[1] 一个个创业成功的案例更让我们感受到当代日本女性不甘平庸、默默奋斗、自主自立、实现自我的价值取向和人生追求。

三　就业形态以非正规劳动为主

从国际范围来看，伴随经济形势的变化，企业自身的雇佣形态也在不断调整。一般而言，企业的雇佣形态分为正规雇佣和非正规雇佣两种[2]，对应企业的雇佣形态，雇佣者的劳动方式分为正规劳动与非正规劳动，二者在工作方式、工作时间、工资方式、工作地点等方面存在着较大区别。各自特点体现在，正规劳动是全日制工作、有固定工作时间和作息时间、固定工资、固定的单一雇主、固定的工作场所、长期（连续性）就业；而非正规劳动则是非全日制工作、弹性工作时间和作息时间、不固定工资、不固定的单一或多个雇主、不固定工作场所、短期（阶段性）就业。

20 世纪 90 年代以来，日本在泡沫经济破灭后，作为劳动力的需求方——很多企业在经济不景气、企业中中老年职员比例上升以及企业之间的竞争激化等压力下，开始控制正规劳动者人数，增加非正规劳动者。在这种情况下，女性在经过结婚、育儿期后重新回归工作之时，很难得到全日制的正规工作，往往成为非正规劳动者，这也正迎合了企业对非正规劳动者的需求。日本的非正规劳动者主要分为以下几类：

打零工（パートタイマー），语源于英语 part‐timer，指短时间劳动的临时劳动者，每周合计工作时间不得超过 35 小时；

兼职（アルバイト），语源于德语 Arbeit，指一边完成学业或本职工作，一边从事有酬劳动的人；

合同制职员（契约社员），指在一定时期内以合同方式被雇佣的有专门职业技能的人；

劳务派遣职员（派遣社员），指被派遣公司雇佣后，派遣到其他公司工作的职员；

---

[1] 全国商工会议所妇女联合会：妇女创业者大奖，http：//joseikai.jcci.or.jp/index.html。
[2] 正规雇佣指的是不需签订规定期限的雇佣合同而雇佣员工的长期全日制雇佣形态。非正规雇佣则是指通过签订规定期限的短期雇佣合同来雇佣员工的临时雇佣形态。

特聘职员（嘱托社员），指退休后仍继续被用人方以签合同的形式雇佣的劳动者。

从表3-7可以看出，自1985年到2010年，无论男性还是女性，正规劳动者的比例均呈下降趋势，而包括打零工、兼职、劳务派遣工、合同工等在内的非正规劳动者比例则在增加。对于女性而言，1985年的非正规劳动者占女性总雇佣人数的比例是32.1%，到了2010年，这个比例达到53.8%，非正规劳动者的人数也从470万人增加到1218万人，而女性正规劳动者的比例却从67.9%下降至46.2%。可见，当今日本女性的劳动就业方式逐渐从正规劳动转化为非正规劳动，且非正规劳动者的比例已经超过半数。在非正规劳动者中，女性大都从事打零工（兼职）职业，2010年这一群体比例占到总雇佣女性的41.2%。

表3-7　　　　分性别、雇佣形态的被雇佣人员数及
女性比例变化情况一览①　　　　　（单位：万人;%）

项目	年份	除管理人员之外的雇佣人员总数	正规劳动者	非正规劳动者	打零工/兼职	劳务派遣员工	合同、特聘制职员	其他
女性	1985	1463	994	470	417	—	53	
	1990	1695	1050	646	584	—	62	
	1995	1904	1159	745	675	—	70	
	2000	2011	1077	934	846	25	64	
	2005	2143	1018	1125	872	63	130	60
	2010	2263	1046	1218	933	61	151	73
男性	1985	2536	2349	187	83	—	104	
	1990	2674	2438	235	126	—	109	
	1995	2876	2620	256	150	—	106	
	2000	2892	2553	338	232	9	98	
	2005	2864	2357	507	247	42	149	69
	2010	2848	2309	539	259	35	180	65

---

① ［日］根据总务省统计局《劳动力调查特别调查》制作，http://www.stat.go.jp/data/roudou/index.htm。

续表

项目	年份	除管理人员之外的雇佣人员总数	正规劳动者	非正规劳动者	非正规劳动者 打零工/兼职	劳务派遣员工	合同、特聘制职员	其他
女性比例	1985	100	67.9	32.1	28.5	—	3.6	
	1990	100	61.9	38.1	34.5	—	3.7	
	1995	100	60.9	39.1	35.5	—	3.7	
	2000	100	53.6	46.4	42.1	1.2	3.2	
	2005	100	47.5	52.5	40.7	2.9	6.1	2.8
	2010	100	46.2	53.8	41.2	2.7	6.7	3.2
男性比例	1985	100	92.6	7.4	3.3	—	4.1	
	1990	100	91.2	8.8	4.7	—	4.1	
	1995	100	91.1	8.9	5.2	—	3.7	
	2000	100	88.3	11.7	8.0	0.3	3.4	
	2005	100	82.3	17.7	8.6	1.5	5.2	2.4
	2010	100	81.1	18.9	9.1	1.2	6.3	2.3

四 就业模式呈"M"型特征

女性劳动力率[①]是衡量一个国家女性在社会生产中的地位的重要依据，反映的是女性人口参与劳动就业的程度，是研究女性劳动就业权益实现与否的重要指标。二战后至今，日本女性的劳动力率一直呈上升趋势，并且不同年龄阶段女性的劳动力率呈现出明显的"M"型曲线特征。

由于女性结婚、生育造成的女性劳动周期的变化，即女性进入劳动就业期后就职参加工作，到结婚育儿期后退出劳动力市场，待孩子长大后再次进入劳动力市场，因此形成婚前就业的第一个高峰和结束育儿期后再就业的第二个高峰。具体来说，即20—24岁的未婚期是就业高峰；25—35岁是结婚生育期，就业比例急剧下降，其中30—34岁的育儿时期比例最低，形成低谷；35岁以后年龄段的就业比例又呈上升态势，45—49岁是第二个就业高峰；50岁以后再度滑落。不同年龄段女性的劳动力率呈现出一个清晰的变化曲线，这一变化曲线形似"M"，故被称之为"M"型

---

① 劳动力率指的是劳动力人口占15岁以上人口的比例。

就业模式。"M"型就业模式的形成与日本女性的结婚、生育、照顾家庭而导致离开劳动力市场有很大关系，这种模式在产业结构发生重大变化的20世纪60年代后期和70年代经济高速增长时期形成并被固定下来，成为日本女性就业的一个显著特征。

20世纪90年代以来，"M"型就业曲线逐渐发生一些变化，主要体现在两个方面：第一，曲线中的谷底呈现出明显的上升趋势，表明女性的劳动力率在提高。1999年（平成11年）作为谷底的30—34岁年龄段女性劳动力率为56.7%，2009年达到67.2%，可见，处于结婚育儿期的女性中，半数以上已经从非劳动力转变为劳动力，越来越多的专职主妇转变为兼职主妇。第二，曲线中的谷底呈现出明显的推移趋势，即由25—29岁阶段逐渐向35—39岁阶段推移。1975年25—29岁阶段是曲线的谷底，女性劳动力率是42.6%，2009年达到了77.2%，成为曲线中的最高峰。从图3-1中，我们可以清晰地看到，1999年谷底为30—34岁阶段，2008年、2009年谷底所在的年龄阶段均为35—39岁阶段。表明日本女性为了就业在不断调整着自己的结婚和生育时机，推迟因结婚和育儿退出劳动力市场的时间，这也是晚婚化和晚育化现象出现的原因。总体而言，"M"型就业曲线自形成至今虽有微小的变化，但由于依旧有很多女性因结婚生育而中断工作，所以该曲线并没有发生根本性的变化。

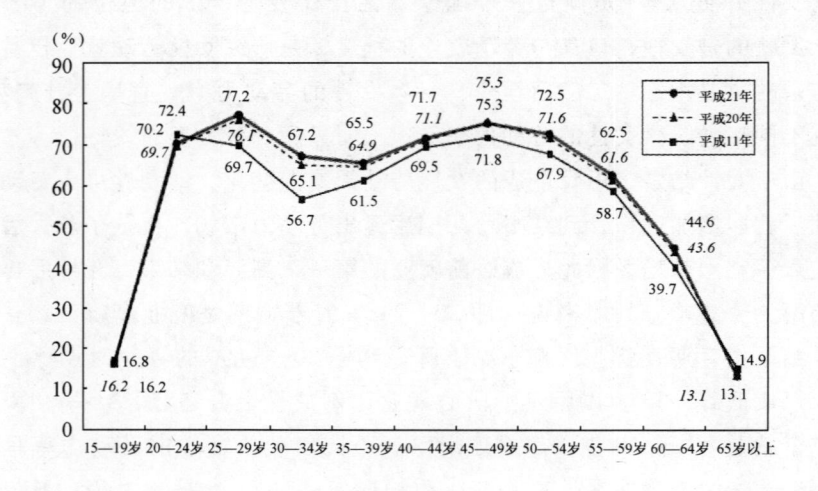

图3-1　日本女性各年龄阶段劳动力率情况

资料来源：总务省统计局《劳动调查》，平成11、20、21年。

"M"型就业曲线特征曾经是很多发达国家女性劳动就业的共同特点，随着女性劳动就业状况的不断改善，到20世纪90年代前后，大多数国家已经消除了"M"型中的谷底现象，女性一旦就业会工作到退休，就业曲线呈平缓的高原型或倒"U"型。目前，包括日本在内的少数几个国家，由于女性阶段性就业现象的存在，"M"型就业曲线也将依然存在。

"M"型就业模式也引起有关人士的评论，褒贬不一。认同者一方提出，女性因结婚、生育而辞去工作，可以使她们摆脱同时要照顾工作与家庭的尴尬处境，有利于女性本人、孩子的身心健康和家庭的稳定。日本政界部分人士分析指出，正是因为日本女性在家中做贤妻良母、相夫教子，承担起子女家庭教育的责任，让丈夫毫无后顾之忧地在外面发展事业，才促进了日本经济的腾飞，这是其他国家所不能相比的。批判者一方认为，这种就业模式实质上是对女性的一种歧视，使得她们在就业领域、就业层次、工资待遇、生活保障等方面缺乏保证，限制了女性的全面发展，与日本政府提出的"男女共同参与社会"理念相悖，并且不利于日本社会经济的协调发展。笔者认为，"M"型就业模式在日本这样一个遵从"男主外、女主内"的社会存在是有着其合理性的，对于妻子而言，当婚育期来临之时退出劳动力市场，专心将时间和精力投入到家庭之中，可以使她们摆脱兼顾工作和家庭的两难境地；对于男性而言，妻子在家庭中的付出保证了身为丈夫的男性毫无后顾之忧地在外面发展事业，挣钱养家；对于孩子而言，正是有了妈妈在家庭中的悉心照顾，保证了其健康成长，特别是家庭教育的获得。从这个意义上说，日本女性的"M"型就业模式实际上也推动着日本经济的发展和整个社会的和谐。

第五节　日本女性劳动权益实现中的问题及原因

一　女性劳动就业中存在的问题

纵观战后至今日本女性劳动参与的发展，可以肯定的是女性就业人数在逐渐增加，女性就业权益的保障和实现收到了扎扎实实的成效，女性对于日本经济的贡献也有目共睹。同时，我们也应看到，日本传统的"男尊女卑"思想和"男主外、女主内"传统社会分工渗透、体现在社会的各个方面，女性就业还有很多问题有待解决，男女平等的劳动就业权益的真正实现还相距遥远。日本女性劳动参与中还存在着不少问题。

首先，女性就业与男性相比只是劳动力市场的"调节阀"。

在劳动就业中，男性是劳动力市场的主角，处于核心地位；而女性只是劳动力市场的配角，处于边缘位置，充当着劳动力市场的"调节阀"。尽管法律法规承认与维护男女平等，但日本社会的性别规范往往将女性定位为边缘劳动力，政府也根据经济形势发展状况"灵活应用"女性劳动力。在经济萧条，全社会劳动力供大于求时，政府便号召女性安心留守家庭，照顾孩子和老人；当经济繁荣，劳动力供不应求之时，政府又鼓励女性积极加入劳动就业中去。

二战期间，在军国主义政府的指挥下，日本大量男性劳动力被驱赶到战场之上，支持国内经济的劳动力严重不足，日本女性被动员走出家庭投入工作。二战结束初期，战败的日本经济彻底崩溃，失业者大量增加，政府便号召战时在"勤劳奉仕"[①] 的口号下从事后方生产的女性重新回到家庭，推行牺牲女性利益的"以女子的失业代替男子的失业"[②] 的政策，以解决遍及全社会的失业问题。在经济高速增长时期，劳动力再次面临不足，国家出台有关政策，鼓励女性能够利用闲暇时间从事非正规劳动，很多企业因为男性劳动力不足，不得已开始聘用女临时工。石油危机之后，企业为了缩减经费开支，大量雇佣女性劳动力，因为付给女性劳动者的报酬要大大低于男性劳动力。在日本泡沫经济崩溃前夕，劳动力出现了所谓"人手严重不足"[③] 现象，企业又把目光投向了家庭主妇们，从她们的身上发掘劳动潜力。1995 年劳动省《临时工劳动者综合实态调查》表明，有 38.3% 的企业聘用女临时工的原因是人力费便宜，37.3% 的企业聘用女临时工的理由是为了在每天最忙的时间段让她们来帮忙处理业务。[④] 20

[①] 原义为：为公共目的，进行无偿劳动。这里特指第二次世界大战中强加给女性的无偿劳动。

[②] [日] 斋藤道子：《女子的失业》，《朝日新闻》1945 年 10 月 26 日。

[③] 20 世纪 80 年代末 90 年代初，日本媒体经常用"人手严重不足"这一固定说法来专门表示劳动力严重短缺这一状况。

[④] [日] 厚生劳动省：《平成 7 年临时工劳动者综合实态调查》，http://www2.mhlw.go.jp/info/toukei/toukei/koyou/9610.htm。

世纪90年代后半期开始,日本经济长期处于不景气阶段,大量企业为了削减成本,在不断减少录用正式员工的同时逐渐增加了由女性劳动力作为主体的临时工、计时工、派遣工等非正规就业人员。2006年厚生劳动省《临时工劳动者综合实态调查》表明,2001年62.1%的企业雇佣了临时工,至2006年10月66.3%的企业雇佣了临时工。[①] 2008年,全球范围的经济危机爆发,日本企业同样受到巨大重创,企业采取裁员、降薪等手段压缩开支,女性劳动力占有较大比例的派遣工群体首当其冲成为被削减对象,失业派遣工生活无助、不稳定情绪蔓延,在日本社会引起较大反响,"派遣裁员"在2008年和2009年成为日本社会、日本媒体频繁使用的词汇。

综上,日本女性在日本社会发展的不同阶段以及在自己人生的不同阶段,不断调整着自己在家庭生活与社会劳动之间的时间和精力分配,这种调节多数是被动的,女性劳动力以其能够被灵活雇佣的特点,在劳动力市场起着"调剂阀"作用。对劳动力市场来说,女性劳动力弥补了企业对正规劳动者雇佣灵活性差的弱点,根据需要出入劳动力市场;对女性自身来说,虽然很多女性能够进入劳动力市场,但由于其大部分属于非正规劳动者,面临着工资低、工作条件没有保障,甚至随时可能被解雇的风险,其不同年龄阶段的劳动参与状况还呈现出"M"型特征。可以说,日本女性在劳动参与方面,为国家、为家庭作出了极大的牺牲,担负起了社会赋予其在家庭内外应承担的重要职责,其自身的劳动权却未得到充分承认。

其次,女性与男性相比工资收入差距较大。

二战后的经济高速增长时期,日本企业普遍采用了以劳动者长期稳定雇佣的"终身雇佣制"和随着年龄、工龄增长而提高工资的"年功序列制",这两种顺应日本经济高速增长时期的特有制度,被固定在企业内部,并在日本经济发展中发挥了重大作用,同时,也造成了男女劳动者之间工资收入不平等这一状况。

日本企业以男性为中心,他们大都从事专业性较强的工作,而女性的中心在家庭,参与社会劳动也只能从事辅助性工作。这种性别分工,

[①] [日]厚生劳动省:《平成18年临时工劳动者综合实态调查》,http://www.mhlw.go.jp/toukei/itiran/roudou/koyou/keitai/06/index.html#jigyou01。

还使得女性在专业劳动方面的经验和技能得不到充分训练和培养，导致女性的工资收入远不如男性。虽然早在1947年日本制定并实施的《劳动基准法》中的第4条就明确规定了"男女同工同酬"原则，但发展至今，日本女性与男性间的工资差距虽有减小趋势但差距依旧明显。

表 3-8　　　　　　分性别一般就业者以及全体就业者工资额变化①

年份	一般就业人员			含部分时间工作人员的全体就业人员		
	女性	男性	女/男	女性	男性	女/男
1980	122.5	221.7	55.3	123.9	227.0	54.6
1985	153.6	274.0	56.1	148.5	280.5	52.9
1990	186.1	326.2	57.1	156.5	306.4	51.1
1995	217.5	361.3	60.2	180.2	345.9	52.1
2000	235.1	370.3	63.5	181.3	353.1	51.4
2004	241.7	367.7	65.7	175.9	342.8	51.3

从表 3-8 中我们来观察男女间工资差距情况。如果把男性平均工资水平作为100，一般就业人员的男女工资差距指数，1980年为55.3、1995年突破60、2004年达到65.7，另据最新统计显示，2008年达到67.8。可见，一般就业人员的男女工资差距呈缩小趋势，但女性的工资依然低于男性。而包括部分时间工作人员的全体就业人员的工资差距指数，1980年为54.6，之后的20多年差距一直在加大，2004年达到51.3，这主要是因为，女性多集中在部分时间工作领域，非正规雇佣劳动者比例的增加所致。

从发达国家间的比较来看，日本男女之间的工资差距更加明显。据《2000—2004年男女工资差异国际比较》显示，若把男性的平均工资作为100，男女工资差距指数依次为瑞典88.3、丹麦85.7、芬兰81.0、荷兰78.3、英国76.8、瑞士75.5、法国74.4、日本67.6，可见，日本是发达

---

① 一般就业者指一般的适用于规定劳动时间的常规劳动者，全体就业者除一般就业者外，还包括部分时间工作人员等。根据日本厚生劳动省《工资结构基本统计调查》（8·工资）、《每月勤劳统计要览》（7·雇用）制作。http://www.mhlw.go.jp/toukei/itiran/。

国家中性别工资差距较大的国家。① 另外，日本女性的年收入（包括奖金和补贴）与男性之间的差距比工资差距更大。根据国税厅2007年《民间工资现状统计调查》显示，年收入在300万日元以下的男性占21.2%，女性达到66.0%；年收入在700万日元的，在男性中占22.1%，女性只占3.1%。

同时，随着年龄增长，男女之间的差距更加拉大。女性从就业到30岁之前，其固定工资收入可以达到男性工资的90%还要多，差距不大。据日本总务省调查显示，2009年日本30岁以下单身女性的平均月收入为218156日元（约合2680美元），首次超过同龄男性，后者平均月收入为215515日元（合约2640美元）。在30岁之后，由于结婚、育儿等原因中断了工作，与男性之间的工资开始呈拉大之势，女性在完成育儿再次就业时，也只能从事临时工等工资很低的非正规劳动，到了50—54岁时，女性的工资差不多就只有男性的一半了。② 另外，即便女性连续工作，由于男女工作性质的不同，随着工作年限的增长，男女之间的工资差距也会相应加大。同时，男女之间的工资差距还影响到养老金等。可以说，女性劳动者自参与社会劳动开始一直到老，其工资收入一直都要笼罩在与男性存在较大差距的阴影之中。

最后，职业歧视现象比较严重。

在"男主外、女主内"传统性别分工模式影响下，在日本劳动力市场上职业或行业性别隔离现象普遍存在，主要体现在女性劳动者不得不从事那些收入较少和社会地位较低的工作，或者在同一工作环境中，企业故意将女性劳动者安排到低工资或者责任较小的工作岗位上，而把职位相对重要、技术性较强、高工资的工作岗位安排给男性劳动者。

由于这种职业上的歧视，使得日本女性的就业领域和就业层次均受到较大限制，她们常常集中在那些所谓的"适合女性"的有限就业领域，形成了所谓的"女性工作"，这大大限制了女性权益的充分发挥。例如，从职业名称来看，如果女性从事某些职业，如医生、教师、作家、议员、

---

① ［日］独立行政法人国立女性教育会馆编著：《日本的女性与男性——2006男女平等统计》，全国妇联妇女研究所编译，当代中国出版社2007年版，第54页。
② ［日］厚生劳动省：《平成21年工资结构基本统计调查结果概要·性别》，http://www.mhlw.go.jp/toukei/itiran/roudou/chingin/kouzou/z2009/index.html。

司机、棋手等,常会被人们在前面冠以"女"字,这可以说是人们在社会性别意识上的外在表现,在一般的意识形态中默认的主体是男性,与之不符时,就冠以"女"字来突出与常态不同,是一种典型的性别差异意识。

根据总务省统计局《劳动力调查》显示,从行业角度看就业情况,2002年在2594万人的女性就业人员中,从事"服务业"的有957万人,从事"批发零售业、饮食业的"有855万人,仅这两个部门的就业人员就占到了总数的约70%。而且在就业数量上也高于同行业的男性就业人员。2009年的统计显示,有2311万人女性就业人员,从事"批发零售业、饮食业"的有668万人,从事"医疗福利业"的有459万人,从事"服务业"的有345万人。可见,女性比较集中的行业主要分布在非正规劳动而且工资较低的服务业、批发零售业、饮食业等,而男性比较集中在正规劳动并且工资相对较高的建筑业、制造业、运输及通信业。从职业角度看就业状况,2009年在2311万人的女性就业人员中,作为"事务管理者"的为754万人,高于女性其他职业的就业人数,也高于相同职业的男性就业人员(503万人)。与男性相比,女性从业人数较少的职业主要有运输通信业(9万人)、管理性职业(17万人)等。由上,我们可以看出,由于性别导致的职业隔离现象客观存在,并且女性一般集中于工资比较低的行业和职业中。

1986年3月24日的《华尔街日报》在"企业女性"专栏当中用"玻璃天花板"(Glass Ceiling)一词描述女性在职业生涯中的无线壁垒,女性试图晋升到企业或组织高层却面临障碍,这种障碍并非遥不可及,但是却无法真正接近。时至今日,这种"玻璃天花板"现象依然在日本职场中随处可见。从表3-9中可以看出,从1980年至2009年,规模在100人以上的企业中,从事管理性职位的女性比例在逐年上升,但与男性相比仍然只占少数,差距很大。2009年,女性在企业中的股长、科长、部长的比例分别为13.8%、7.2%、4.9%,职位越高,女性所占的比例越少。比较主要先进国家女性在管理职位的情况,大多数国家在20%—30%之间,而日本的比例还达不到10%[①]。女性晋升难导致女性职位低下,这在

---

① 独立行政法人国立女性教育会馆编著:《日本的女性与男性——2006男女平等统计》全国妇联妇女研究所编译,当代中国出版社2007年版,第43页。

某种程度上也反映出日本女性社会地位不高这一客观现实。

表3-9　历年有职务女性所占比例的变化①（100人以上企业）　（单位:%）

年份	股长级以上女性合计		部长级		科长级		股长级	
	总数	女性	总数	女性	总数	妇女	总数	女性
1980	100.0	2.1	100.0	1.0	100.0	1.3	100.0	3.1
1985	100.0	2.5	100.0	1.0	100.0	1.6	100.0	3.9
1990	100.0	3.1	100.0	1.1	100.0	2.0	100.0	5.0
1995	100.0	4.2	100.0	1.3	100.0	2.8	100.0	7.3
1996	100.0	4.5	100.0	1.4	100.0	3.1	100.0	7.3
1997	100.0	5.1	100.0	2.2	100.0	3.7	100.0	7.8
1998	100.0	4.9	100.0	2.0	100.0	3.2	100.0	8.1
1999	100.0	5.0	100.0	2.1	100.0	3.4	100.0	8.2
2000	100.0	5.3	100.0	2.2	100.0	4.0	100.0	8.1
2001	100.0	5.1	100.0	1.8	100.0	3.6	100.0	8.3
2002	100.0	6.0	100.0	2.4	100.0	4.5	100.0	9.6
2003	100.0	6.1	100.0	3.1	100.0	4.6	100.0	9.4
2004	100.0	6.7	100.0	2.7	100.0	5.0	100.0	11.0
2005	100.0	6.7	100.0	2.8	100.0	5.1	100.0	10.4
2006	100.0	7.3	100.0	3.7	100.0	5.8	100.0	10.8
2007	100.0	8.2	100.0	4.1	100.0	6.5	100.0	12.4
2008	100.0	8.5	100.0	4.1	100.0	6.6	100.0	12.7
2009	100.0	9.2	100.0	4.9	100.0	7.2	100.0	13.8

二　影响女性劳动就业权益实现的原因

在上文的论述中我们可以看出，随着日本社会的发展与进步，日本女性的劳动就业状况较之以往有了明显的改善，但通过对其中问题的剖析，反映出女性的劳动就业权益并未与男性同样得到充分实现，导致这一状况的原因有很多，这里通过以下几个角度来审视这一问题。

第一，传统性别分工意识根深蒂固。

---

①　[日]根据厚生劳动省《工资结构基本调查统计结果》制成，http://www.mhlw.go.jp/toukei/list/52-22.html。

日本"男主外、女主内"传统性别分工规范在人们的意识中并非天生就有,其形成与传承有着深刻的背景渊源,家庭教化是这种意识的启蒙,学校教育中性别学科专业分化严重,社会环境不断对意识进行强化,大众传媒更是潜移默化、推波助澜,最终将女性塑造成特别适合担负家庭职责角色的"贤妻良母",将男性塑造为特别适合维持家庭生计的"企业战士"。战后以来,日本的社会结构和国民意识较之以往发生了深刻变化,但是,传统性别分工意识依然深蒂固地存在于日本社会和国民思想中,影响着日本女性的劳动就业参与。

男女性别分工在家庭中依然是一种固有模式。女性结婚后从事家务、育儿以及护理老人被认为是女性理所当然的职责,丈夫的职责则是全心外出工作,支持整个家庭生计。尽管有越来越多的女性走出家庭、进入职场,但对男女分工的家庭固有模式并未有太大的影响和改变,不少女性依然选择结婚后退出劳动市场在家安心育儿,虽然在育儿期结束后她们能够重新获得机会,却只能做临时工,更多的时间和精力依然投入家庭之中。

男女性别分工也深深扎根于日本企业经营管理之中。企业以追求利润为最大化,在企业雇佣、职业培训、职位晋升、工资待遇等都以男性为主,在劳动力市场中分化为"女性职业"和"男性职业",女性多从事非专业的、地位和收入都比较低的工作,很多情况下即便是专门性的技术职位,只要被认为是女性职业,报酬就很低,就会被看作低技术含量、低熟练度的职业,例如看护护理行业,就是典型例子。并且,企业在不景气时裁员对象首当其冲就是女性群体。

针对"丈夫在外工作、妻子照顾家庭"这一问题,我们可以从日本政府历年所做的舆论调查中进行对比,持"赞成"和"基本赞成"的,1979年女性和男性的比例分别为70.1%和75.6%、1992年为55.6%和65.7%、2004年为41.2%和49.7%。2009年《男女共同参与社会舆论调查》表明,2007年"赞同""丈夫在外工作,妻子照顾家庭"的有44.8%,"反对"的占52.1%,2009年"赞同"的占41%,"反对"的占55.1%[1]。从上面的数据我们可以看出,无论男性与女性,对"男主外、女主内"传统性别分工问题的认识逐渐在改观,但持"赞同"意见的还在四成以上。

---

[1] [日]内阁府男女共同参画局:《平成21年男女共同参与社会舆论调查》,http://www8.cao.go.jp/survey/h21/h21 - danjo/index.html。

存在即有其合理性，可以预见，深深根植于日本传统文化和家庭中的性别分工意识，短期内在日本社会发展中还不会被颠覆，必将对日本女性的劳动就业问题继续产生影响。

第二，育儿、照顾老人、家务劳动等家庭生活的拖累。

家庭是社会的细胞，没有家庭的稳定就不能有社会的稳定和经济的发展。战后至今，随着日本现代化的进程，日本的家庭在服务日本经济取得发展的同时，其自身也在逐渐发生着变化。20世纪70年代后，女性投入在家务劳动中的时间呈减少趋势，但在家务劳动时间中照顾孩子的时间比例却在增加，特别是有乳儿的专职主妇，增加趋势更加明显。80年代以来，虽然女性的劳动参与程度更加深入，但其在育儿、照顾老人以及家务劳动等方面投入的时间和精力并未减少。当今，这种存在于日本家庭中的育儿、照顾老人以及家务劳动等矛盾对兼顾工作与家庭中的日本女性提出了更大的挑战。

女性是生育的性别，在家庭中育儿被看作妻子一个人的责任，因此，妻子承担着育儿的巨大压力。其压力来自：（1）日本没有育儿隔代支援的传统，子女很难从父母那里得到更多的育儿支持；（2）日本的公共保育设施还不完善，育儿社会化的成本较大，加之日本已婚女性生育孩子相对较多，将孩子送到公共育儿场所的费用较高；（3）日本的企业鼓励女性育儿期间留在家庭，对于结婚、育儿期还要留在企业的女性，很难被雇佣为正规劳动力，另外，处于育儿期的女性在工作期间很少能享受到休假、哺乳的时间以及由企业提供的保育设施。基于以上压力，如何帮助女性在劳动就业和结婚育儿之间找到一个平衡点，是日本社会应该思考的问题。现今，不少女性由于不满社会对家庭育儿的支援，主动选择了独身、晚婚、晚育、少生育、不生育，这也导致了日本少子化社会的形成。

当今日本社会面临人口老龄化的严峻现实，2009年日本人的平均寿命，女性为86.44岁，男性为79.59岁。预计到2055年，男性将达到83.67岁，女性将达到90.34岁。随着平均寿命的延长，需要照料的老人将越来越多，而女性是承担赡养老人职责的主要力量。据厚生劳动省2000年《关于护理对各年龄层次的调查》表明，在对65岁以上需要照料的老人的护理人员中，妻子占19.8%、女儿占19.7%、儿媳占29.0%，

72.7%的护理人员是女性[1]。照料老人和女性参与劳动就业目前还没有找到一个最佳的平衡点。

在家务劳动方面,由于日本男性大多从事全日制工作,工作时间和通勤时间都很长,使得他们在家庭中对家务劳动的分担率非常低,女性承担了大量的家务劳动,而且是无报酬的劳动。女性除了家务劳动外,她们还利用闲暇时间去做临时工,她们劳动时间要高于男性,且在劳动力市场只能发挥后备军、调节阀的作用。

由于现实客观条件的影响,日本男性虽有参与育儿、照顾老人以及参与家务劳动的愿望,但实际情况并不令人乐观,从国际比较来看,其投入家务劳动时间比妻子少得多,远远落后于其他国家。日本内阁府2006年版《国民生活白书》显示,2006年日本夫妇平均花在育儿上的时间,最小一个孩子0岁时的育儿时间,妻子为4.2小时,丈夫为0.7小时,最小一个孩子1—2岁时,妻子为2.2小时,丈夫为0.5小时。[2]另据总务省2006年的《社会生活基本调查》表明,在日本的双职工家庭中,丈夫从事家务、育儿、护理的总时间为30分钟,妻子则为3小时15分钟;丈夫是工薪人员、妻子是专职主妇的家庭中,丈夫从事家务、育儿的时间是39分钟,妻子是6小时21分钟[3]。

以上种种因素都说明,家庭生活的拖累是制约女性劳动就业权益实现的现实因素。

第三,有关制度、政策方面的限制。

日本现行的许多政策与制度都是以家庭为单位设计和实施的,对个体单位来说极为不利。梳理战后至今日本的社会政策,如税收制度、工资制度、社会保障制度等都是以"公司职员+专职主妇"的夫妻单位为基础而制定的。这种家庭合计的方式,倾向专职家庭主妇家庭、优待参与非正规劳动的女性,一定程度上抑制了女性的劳动参与。

日本现行税收制度中的"配偶免除"制度,是战后日本按照"丈夫在外工作赚钱,妻子在家看护家庭"的标准家庭模式而建立的税收优待

---

[1] 胡澎:《性别视角下的日本妇女问题》,中国社会科学出版社2010年版,第35页。

[2] [日] 内阁府:《平成18年国民生活白书》,http://www5.cao.go.jp/seikatsu/whitepaper/index.html。

[3] [日] 总务省:《平成18年社会生活基本调查》,http://www.stat.go.jp/data/shakai/2006/gaiyou.htm。

政策。税收政策中的"103万日元壁垒"严重影响着女性个体参与劳动就业。该税收政策规定，妻子的工资年收入在扣除社会保险费后不到103万日元的情况下，其本人不用缴纳个人所得税，在年收入不超过141万日元的情况下，可以作为被抚养人，丈夫的个人所得税也可以得到减免。在这个政策的导向下，许多女性会采取打零工的方式就业并根据年收入情况及时调整劳动时间，以达到合理避税的目的。下面的一组数据可以说明专职主妇所处的个人就业期待与社会就业现实之间的矛盾，厚生劳动省2001年的《计时工劳动者综合状况调查》显示，2000年全年收入在100万日元以下的计时工占37.6%，年收入在100万—130万之间的计时工占18.9%，年收入在130万日元以上的占28.7%。根据年收入来调整劳动时间长短的妇女计时工比例达到26.7%，71.7%的被调查者认为根据收入来调整劳动时间的最大原因是"个人所得税超过103万日元就得纳税"[①]。

1985年，随着国民养老金的改革，日本出台了减免由工薪阶层丈夫抚养妻子的养老保险金措施。妻子本人若没有收入或没有能维持生活的工资，她就可以不需要支付保险金，只需依靠丈夫的保险金就可以确保享受国民养老保险，这被称作"第3号保险者制度"。试想，专职家庭主妇与外出就业女性相比，没有外出工作的劳累，在家中环境优越，可支配的时间又多，留守家中还可以享受减免保险金；外出工作的女性工作越多，纳税越多，丈夫的工资也会削减，实际家庭收入在减少，这无疑会挫伤外出就业女性的工作积极性，从而影响和降低整体女性的劳动参与。

另外，战后至今，日本制定了一系列支持女性劳动就业的劳动政策，本意是为了促进女性广泛就业，也取得了一定的实际效果，但存在的局限性也不容忽视。例如，《男女雇佣机会均等法》将"正式员工、正规劳动者"作为法律保护的对象，却把"非正式员工，非正规劳动者"排斥在外；《短时间劳动法》中缺少贯彻短时间劳动与全日制劳动的机会和待遇平等原则的条款；在日本的法律制度中，还完全没有男女同一价值劳动同一报酬的法律制度规定；日本早在1947年制定的《劳动基准法》中就规

---

① ［日］厚生劳动省：《平成13年工资结构基本调查》，http://www.mhlw.go.jp/toukei/itiran/roudou/chingin/kouzou/z01/index.html。

定了"同工同酬"的原则，但时至今日，还只是一个摇旗呐喊的口号，女性在就业中的性别歧视现象还比较严重。这些都将是日本更加促进女性劳动参与进程中所要亟待解决的重要课题。

第 四 章

现代日本女子的教育权益

文化教育权益是重要的人权。所谓文化教育权益，是指公民享有受教育的权利和从事科学、技术、文学、艺术等文化活动的自由。由于女性是否享有文化教育权利以及享有的程度如何直接关系到国民经济和社会发展，关系到民族的文明程度，关系到妇女自身的解放，因此，国家保障女性享有与男子平等的文化教育权利是国家现代化程度的标志。本章主要通过战后以来女子学校教育的发展说明现代日本女性教育权益的现状及存在的问题。

第一节　战前日本女子教育的发展

一　女性有了接受学校教育的机会

女子不能与男性享有平等的文化教育权益这一现象由来已久，并普遍存在于世界各个国家，日本也不例外。在近世之前，日本女性普遍不能进入教育机构接受学校教育。但是，与中国古代社会提倡的"女子无才便是德"这种教育理念所不同的是，古代日本还是比较重视女子教育的。奈良、平安时代，贵族们为了争权夺利，不惜以女儿作为攀附权势的工具，女子有了才学，便多了一份筹码，动机虽不纯正，但是造就了贵族社会内让女孩子从小接受教育的传统。贵族女子虽然不能像男子一样进入大学寮、国学、弘文院[①]等教育机构接受学校教育，但是可以在家庭内部接受教育。这一时期女子教育偏重女才，主要内容包括学习书法、诗歌、音乐等，还涵盖了绘画、舞蹈、宗教等很多方面。至武家社会，武士阶层也

[①] 弘文院：平安时代的贵族和气广世与9世纪初设立的私立教育机构，专门招收族中子弟。

效仿贵族社会,加强对女子的家庭文化教育,让其接受习字、书法等教育,同时,也注重顺从、贞节、谨慎、温和、静雅等妇德伦理的涵养。

至江户时代,随着商品经济的发展与町人文化繁荣,社会对读书识字的需求增加,女子受教育的范围也由公家、武家小姐扩展到一般家庭的庶民女子。在教育形式上,一些寺子屋[①]开始招收女学生,一部分藩校也开始开设女子教室、招收女生,还出现了一些由妇女开办的寺子屋。女子教育的内容以女德为主,采用《女大学》等封建道德伦理较强的教材,灌输男尊女卑的思想。此外,也有一些适应庶民生活的读书、写字、算术等知识教育以及料理、裁缝等女红教育,以培养女子能够更好地遵守妇德、服务家庭。总之,近世日本的女子教育逐步突破家庭教育的樊篱,女子学校教育开始萌芽。

明治维新后,明治政府将"文明开化"作为三大基本国策之一,十分重视教育事业,把建立近代教育体制作为自己的重要任务。1871年7月,明治政府设立了日本最高教育行政机构——文部省,专门负责全国的学校和一切教育事务。文部省成立之后不久,就开始关注女子教育问题,先后开设女学校、制定教育制度、派遣女留学生等,拉开了现代女子教育制度的序幕。1871年12月,文部省颁布设立女子学校的公告,1872年2月建成东京官立女子学校,此后又陆续推动建成京都新英学校(旧历1872年4月)、开拓使临时学校(旧历1872年9月)等,至1885年日本全国已经建立了八所女子学校。[②] 这些学校雇用外籍教师任教,教授英语以及手工、裁缝等科目,担负着明治初年民间女子教育的重任。1871年11月,以考察欧美政治文化为目标的岩仓使节团出港,同船派出了五位日本国家公派赴美女留学生,分别是吉益亮子、上田悌子、山川舍松、永井繁子、津田梅子。她们中最大的15岁,最小的仅6岁。她们在学成回国后积极开办女校,如津田梅子创办了女子英学塾,推动了日本女子教育的发展。[③]

文部省成立后,非常重视教育制度的建设。1871年12月,成立了包

[①] 出现于中世的一种庶民教育机构,起初由寺院僧侣开办,后来创办者逐渐扩展到医生、神官、武士等。最初的寺子屋只招收男子入学,17世纪末期以后,江户、京都、大阪等大城市的寺子屋开始招收女子入学。

[②] [日]文部省:《学制百年史·资料篇》,帝国地方行政学会,1972年,第484、485页。

[③] [日]石月静慧:《近代日本女性史讲义》,世界思想社2007年版,第35页。

括 9 名洋学家在内的 12 人组成的学制调查委员会，希望能够起草以欧美教育制度为蓝本的日本近代教育制度。该委员会 1872 年 6 月公布了《学制施行计划书》，其中第 3 条指出："令一般女子与男子平等接受教育"。1872 年 8 月，明治政府颁布第 214 号太政官布告——《学业奖励之告谕》，发出倡议："一般人（华士族农工商及妇女子）必邑无不学之户，家无不学之人。"1872 年 8 月 3 日，《学制》正式颁布实施，其内容涵盖了教育行政、学校教学、教师资格、考试、留学、学费等各个方面，计 109 章（后修改后增至 213 章）。《学制》中明确提出"一切人民必须入学"，主张女子与男子一样受教育。随着《学制》的颁布和一系列女子学校的成立，基本建立了一套相对完整的女子初等教育体系，迈出了近代女子教育发展的第一步。

政府方面通过制定《学制》等积极推进小学教育，甚至规定对不进学校的行为处以罚金或量刑。但是当时的民间家庭仍普遍认为女子是家里的帮手、劳动力，而且入学还需要家里负担不菲的学费和教材费，因此民间女子实际的入学率并不高。1873 年男子的入学率为 39.9%，女子为 15.1%；到 1875 年男子入学率达到 50.8%，女子仅为 18.7%。[1] 针对这种女子教育发展不振的状况，1879 年以后，明治政府废除《学制》，相继颁布了《教育令》《改正教育令》《学校令》（包括《小学校令》《中学校令》《师范学校令》）等一系列法规法令，开始着手调整女子教育体制。在教育理念方面，1879 年颁布的《教育令》强调地方教育的自由与民主，提倡"男女别学"，"凡学校之内，男女不得同室而学，但小学校中男女同室无妨"（《教育令》第 42 条）；建议开设针对妇女的实学课程，称"应该开设针对女子的裁缝课"等。《教育令》颁布当年，在男子中学的女学生有 2747 名，此后 1880 年减少到 389 名、1881 年为 210 名、1882 年为 79 名、1883 年为 7 名，到 1884 年男女共学中学完全消失。[2] 至二战结束，日本近代女子教育史上再也没有出现过男女共学制的中学。1880 年的《改正教育令》开始强化修身等女德教育，其中第 3 条提到，"在不得已之时，在修身、读书、习字、算术、地理、历史等科中，可酌情删减地理、历史"。这里明确将"地理、历史"等人文科目置于可有可无的位

---

[1] ［日］石月静慧：《近代日本女性史讲义》，世界思想社 2007 年版，第 26 页。
[2] ［日］金森年惠（音译）、藤井治枝：《女子教育 100 年》，三省堂 1977 年版，第 135 页。

置,不再以智育、实学为教育的重心,而将"修身"这一加强女德教育的内容放在了首位,近代女子教育政策开始走向保守。在教育制度等方面,1886 年颁布的《小学校令》,将小学分为寻常小学和高等小学两个阶段,学制各四年。1900 年的《小学校令改正》规定寻常小学教育为义务教育,官办寻常小学不得征收学费。1907 年将义务教育的年限延长至六年。

面对《改正教育令》颁布后保守教育抬头的趋势,反对复古的开明教育派与保守教育派之间展开了激烈的论证,德育教育的方针变得模糊,学校教育陷入混乱。1890 年 10 月,明治天皇亲自签发了《教育敕语》,以最高国家权威确立了近代日本德育教育的总方针。《教育敕语》以儒家传统道德为中心,提倡家国一体,提出治家的根本是"夫妇相和",要求巩固儒家妇德伦理在女子德育教育中的重要地位。《教育敕语》颁布以后,各女学校将女子的修身道德教育列为学校教育的重中之重,涵养贞节、孝悌淑静的妇德伦理教育取代了初期的智育教育成为女子教育的核心。直至二战结束,"遵照教育敕语精神,涵养贞淑之德",一直是日本近代女子教育的基本准则和主要内容。这样,通过一系列法令、法规的颁布,明治政府建立了完善的近代女子初等教育体系。

关于近代日本女子的中等教育,明治初期以东京女子学校为代表的为数不多的女校实际承担着女子中等教育的任务。这些女子学校以英语等洋学为主要课程,注重智育教育。《教育令》颁布实施男女别校后,1884 年男女共学的中等学校消失。1882 年,文部省颁布女子教育训令,提倡开设"女子高等普通学科",传授"修身之道"①,并于同年 7 月开设东京女子师范学校附属高等女子学校,这是近代日本第一所具有师范意义的官办高等女子学校。1891 年《中学校令》改正版公布,指出"高等女子学校应对女子进行必要的高等普通教育",首次正式将高等女子学校列为国家中等教育体系,为女子中等教育制度的建立奠定了基础。1895 年《高等女子学校规定》公布,规定了高等女子学校的入学资格、课程设置等。1899 年,文部省正式颁布《高等女子学校令》,涉及高等女子学校的教育目的、入学资格、学习年限、课程设置、教师资格、编制、设备等各个方面。《高等女子学校规定》出台后,高等女子学校发展起来,1899 年日本

---

① [日] 涩川久子:《近代日本妇女史 1·教育》,鹿岛研究所出版会 1970 年版,第 25 页。

全国有官办高等女子学校 30 所，在学女子 7023 人，1907 年学校增长为 108 所，学生也增加到 33776 人。① 此后，文部省又多次修改《高等女子学校令》，1910 年增设实科高等女子学校，1920 年将学制由四年制改为五年制，并设置二到三年的高等科。至此，近代日本的中等女子教育制度基本定型。

近代日本女子高等教育的发展十分缓慢。最初的女子大学是由受西方思想影响的教育家开办的私立女子大学，如 1900 年建立的津田塾大学和东京女子医学院、1901 年开办的日本女子大学等。此后，逐渐有少数女子进入国立大学学习，1913 年正值大正民主运动时期，东北帝国大学曾招收了三名女生，其他大学也有此举，但不久即停止了。另外，日本政府支持女子高等师范学校教育，成立了一些以培养中学女教师为目的的师范学院。到 1935 年，日本全国共有 48 所女子大学，其中国立的 2 所、地方政府开办的 6 所、私立的 40 所。

20 世纪 30 年代以后，日本走上向海外侵略扩张之路，近代女子教育也随之发生了变化。1937 年，日本政府实施"国民精神总动员"运动，要求"举国一致、尽忠报国、坚忍持久"，同年设置教育审议会，以通过学校教育向包括妇女在内的国民灌输皇国观念，大力推行军国主义法西斯教育。培养服务战争的"军国之母"和"军国之妻"就成为了战时军国主义女子教育的主要目标。文部省 1941 年 3 月公布了《国民学校令》，将小学校改称为国民学校；同年 7 月颁布《臣民之道》，全方位向学生灌输忠君爱国思想，女学生们也开始被强制参加慰问士兵和照顾伤员等战争服务活动；1943 年 3 月颁布《高等女子学校章程》，明确规定高等女子学校的宗旨是使学生"明确皇国在东亚及世界的使命，养成身为皇国女子的自觉性，恪尽职责，坚定辅翼皇运之信念及实践力"；同时又颁布了《战时家庭教育指导纲目》，提出了"训练母亲教养"和"强化子女熏陶"② 等标准，将家庭变成培育忠君爱国之"臣民"的训练场所，以更好地服务战争的需要。

---

① ［日］高等女子学校研究会：《高等女子学校的研究——制度的沿革以及设立的过程》，大空社 1989 年版，"资料二"第 25 页。
② ［日］三井为友：《日本妇女问题资料集成·第 4 卷·教育》，家庭出版社 1976 年版，第 732—758 页。

此外，内阁府也出台了一系列政策促使女子学校改变办学方针。1943年9月制定了《女子劳动员促进令》，对国民学校高等科和高等女子学校的女学生进行劳动总动员。同年10月，确立了"女子挺身队"制度，安排女学生到指定的劳动场所代替男子从事一到两年的生产劳动。1944年1月，公布《紧急学生劳动动员纲要》，提出"劳动即教育"的口号，规定学生的劳动时间每年必须达到四个月。紧接着，又出台了《决战非常措施纲要》和《学生动员实施纲要》，将高等女子学校改编成军需工厂。此后相继公布了《战时教育令》《学生动员令》和《女子挺身劳动令》等，学生被卷入从事粮食增产、军需生产和防空防卫的战备活动之中，国民学校彻底转变为军需工厂。至二战结束，约有三百多万学生被动员到工厂和农村等地参加劳动，其中女学生劳动力达一百三十多万[①]。

二 被曲解的女子教育权益

近代教育事业，尤其是女子教育是近代化过程中值得称道的事业，对开启民智，提高国民素质发挥了重要作用，日本资本主义工业化的成功也与教育的发展有着直接的关系。但是，若从女子权益的角度来考察，则会发现战前日本女子教育存在很多问题，对于女子教育权益有许多曲解之处。

首先，从女子教育出发点来看，战前日本发展女子教育并不是为了保障女性权益。1898年实施的《明治民法》维护男尊女卑的原则，将妇女置于无权地位，不承认妇女有独立的人格。在家庭中的男女不平等，直接导致全社会的男女不平等，保障女性权益也就无从谈起。在这种大环境下，妇女存在的价值仅仅在于家庭，女子教育也不是以提高女性作为"社会人"自身的文化素质为目的，而是为了培养"良妻贤母"，让她们具备培养有文化的下一代国民的能力。如开明派启蒙教育家（1847—1889年）森有礼在担任文部大臣时就明确指出："女子教育的重点在于培养女子成为人之良妻，人之贤母，及管理家庭、熏陶子女所必需的气质才能。"尽管他也是站在"国家富强的根本在教育，教育的根本在女子教

---

① ［日］文部省：《学制八十年史》，载小柴昌子《高等女学校史序说》，银河书房1988年版，第211页。

育，女子教育的发达与否直接关系着国家的安危"①这样的高度认识女子教育的重要性，但显然他还没有从女子自身发展的需要、从保障女子权益的需要来看待女子教育。另一位文部大臣西园寺公望（1849—1940年）也指出，"为了养成善良的国民必须借助妇女的内助之功，西方诸国之所以倾其最大力量来发展女子教育的理由正在于此"，②也是从培养下一代国民的角度来认识女子教育的必要性的。因此，19世纪末期日本开始发展女子中等教育的时候，其宗旨就是"使学生能够具备他日嫁到中流以上家庭后成为贤母良妻所必需的素养。故而在涵养优美高尚的气质和温良贞淑的资性的同时，要令其通晓中流以上生活所必需的学术技艺"。③"良妻贤母是女子的天职……高等女学校是为了实现这种天职而进行必要的中流以上的女子教育机关。"④虽然当时也有人提出比较先进的教育理念，如日本女子大学创始人成濑仁藏提出要把"作为人的教育""作为女人的教育""作为国民的教育"作为女子教育的目标，也就是说，女性要成为一个社会的人、一个尽职的女人、一个近代国家的国民，但近代女子教育发展过程中表现出来的更多的是"作为女人的教育"。这种教育不是满足女子追求自身权益的教育，而是国家主义的教育。

在这种教育理念指导下，近代日本女子教育经历了从重视智育到加强修身，直至女德教育极端化的过程。明治初期，在文明开化的欧式教育影响下，一批启蒙思想家提倡推行开明的女子教育。首任文部大臣森有礼认为，女子作为母亲肩负着子女教育的重任，母亲的性情、品质及思想见识会直接影响子女的成长，提倡女子应该接受"学术物理"等近代知识教育。文部省也在《学制施行计划书》中阐明要重视女子教育，"兴小学之教，洗从来女子不学之弊"，提出"令与男子并行也"，女子应与男子一样学习文化知识。明治中期以后，强调维护日本固有传统的国家主义思潮和家族国家观开始滋长，并日益在意识形态领域中居主流地位，政府开始逐步对女子教育体系进行调整，确立了以儒学理论为中心的教育方针。《改正教育令》将"修身"课设为首要课程，并且推出了一系列专门针对

---

① ［日］大久保利谦：《森有礼全集》第1卷，宣文堂书店1972年版，第611页。
② ［日］《西园寺文部相关于教育的意见》，《教育时论》1895年6月5日。
③ ［日］桦山资纪文部相在地方视学官会议上的演讲，《教育时论》1899年7月25日。
④ ［日］文部大臣菊池大麓在高等女学校校长会议上的演说，《教育时论》1902年5月5日。

女子的修身教材，如冈本贤藏编的《修身女训》（1882 年）、内田尚长编的《女子孝节谈》（1879 年）等，这些教材或侧重于妇女道德目的直接说教，或侧重于对历史上节妇烈女的宣传，均为儒教妇德伦理的范畴。此后，虽然持续有开明派与复古派的教育理念的论争，但是保守思想逐渐复活、不断强化，占据主流甚至达到极致。甲午战争之后，良妻贤母主义教育理念确立，要求女子既要具备一定的知识修养，以胜任相夫教子的"内助"职责，又强调要恪守妇德，涵养优美高尚的风气和温良贞淑的资性，以维护传统家族制度的"淳风美俗"。这种进步性与保守性的统一是以维护国家利益为最终目的的。第一次世界大战以后，国家观念下的良妻贤母主义教育更加强化，直至二战期间女子的贤良标准被染上浓重的军国主义色彩，妇女不仅要具备顺从、忍耐、奉公的妇德，还被接受具备强烈的"皇国"观念和忠君爱国意识，随时准备把丈夫和子女送上战场。

其次，战前女子教育的内容，主要是为了满足家庭生活的需要，有着相当大的局限性，因此难以产生适应社会发展需要的知识性人才。在教育内容方面，无论是初期的重视智育教育还是后来的加强女德、修身教育，近代日本女子教育过程中都比较注重家庭实用技术的培养。在《学制》时期，女子用的教材多为从翻译西方而来的家政教科书，如《家政要旨》《家事俭约训》《养生浅说》《子女育草》《母亲心得》《育婴新书》《民间经济》等，这与男子以学习理科、经济为主形成鲜明的对比。儒教保守教育思想复活时期，加强女德教育的同时，专门为女子特设了裁缝等科目。女子中等教育非常重视家政学习。以《中学校教授要目》（1902 年）和《高等女学校教授要目》（1903 年）的规定为例，两类学校的教学内容有如下差异：（1）中学校开设的汉文、法制、经济等科目高等女学校不开设；中学校开设的博物、物理、化学，高等女学校仅选一科开设。（2）高等女学校开设家务、裁缝、手艺教育，而中学校不开设。（3）双方都开设，但教学时数不同的科目有：修身（高等女学校为 8 课时，中学校为 5 课时）、国语（高等女学校为 22 课时，中学校为 33 课时）、外语（高等女学校为 12 课时，中学校为 33 课时）、数学（高等女学校为 8 课时，中学校为 20 课时）。在进行知识和技术教育的同时，女子中等教育还专门开设科目进行"崇尚勤勉、节俭、秩序、周密、清洁之念"等精神方面的修养性教育。这种教育固然有益于提高家庭生活质量，也在一定程度上对子女教育有利，但作用毕竟只限于家庭层面，培养出来的女学生大多知识和视野有限，社会适应性较差，最终都在家务劳动中终其一生。战前女子参政不发达、劳动就业率低与这种教育有着直接的关系。

最后，近代日本女子教育权益与男子教育存在很大的差异。如上文所述，在教育理念上，女子教育注重培养妇德伦理的涵养和家政机能，而男子教育注重智育的培养。在教育的普及方面，女子教育要晚于男子教育。从女子小学入学率来看，1897年，女子小学入学率为50.86%，而男子已经超过80%；从中等教育的入学率来看，1875年男子的入学率是女子的将近30倍，1905年缩小到3.3∶1，但女子入学率仍与男子存在一定的差距。[①] 在男女学校方面，近代日本男女实际分属不同的学校教育体系。在小学教育阶段，《学制》确立了男女共学制，此后的《教育令》中虽然也指出"小学校中男女同室无妨"，但实际的情况是：女子多在特设的女子小学就学，或者在共学的下等小学毕业后转入女子学校。在"小学教则"的适用上，有的学校形式上采用男女同一教则，但给女童开设家政科；有的则直接采用男女不同的教则。1909年采用男女同一教则的学校仅占40%。在中等教育阶段，实行"男女别学"，先设立了男子中学，后来才建立的高等女子学校。而且，女子中等教育的程度比男子低。根据《高等女学校规程》或《高等女学校令》的规定，到高等女子学校毕业，女子的学习年限共为10年，而到普通中学校毕业，男子的学习年限共为11年。在高等教育方面，男子教育制度已经基本完善，中学毕业的男子可以进入帝国大学等国立大学学习，而一般的国立大学不允许女子入学，政府开办的女子大学只有女子高等师范学校。女子高等教育的主要力量为民间办学，而且处于初创阶段，力量非常薄弱。

总之，前近代女子教育的发展使得女子接受教育的机会大大增加，战前日本女子的入学率较高，这些为战后日本女子教育权益的真正获得奠定了良好的基础。另一方面我们也清楚地看到，正是因为战前女子教育的普及带来了"良妻贤母主义"教育理念的深入人心，女子学校教育起步之初既与男子教育有很大的差异，直至战后教育中仍存在男女不平等的现象。

---

① ［日］文部省：《学制百年史·资料篇》，帝国地方行政学会，1972年，第484、485页。

第二节 战后女子教育权益的真正获得

一 与男性平等接受学校教育的权益

二战后，日本在政治、经济、教育等各个领域进行了民主化改革，确立了"法律面前人人平等"的基本准则，女子的教育权益状况也发生了根本性的变化。日本政府出台了一系列法律法规，以推进教育民主化改革的进行，客观上对保障女性的教育权益、促进女子教育的发展起到了积极的作用。1945年12月4日，内阁会议讨论并通过《女子教育刷新纲要》，明确女子教育的方针为"以男女相互尊重为目标，促进男女间教育机会均等、实现教育内容同一化，推进女子教育改革"。1946年颁布的《日本国宪法》中也明确规定，全体国民依其能力同等享有接受教育的权利。1947年《教育基本法》颁布，明确了教育的目的，确立了现代日本教育的基础。其中第3条明确提出教育机会均等，规定全体国民均应享有按其能力接受教育的平等机会，不允许因种族、信仰、性别、社会身份、经济地位、门第的不同而在教育上有所差别。针对1945年以前男女分校的状况，《教育基本法》第5条特别规定"必须确立男女生同校受教育的原则"，要求男女同校。同年颁布的《学校教育法》与《教育基本法》的精神完全一致，以教育机会均等为准则，内容包括实行"六、三、三、四"学制（小学六年和初中三年共九年为义务教育，加上高中三年、大学四年）、九年义务教育制、男女同校等内容。此后，日本又陆续颁布了一系列相关法规，战后日本新的教育体制基本建立起来，新宪法和新教育法的实施将日本女子学校教育纳入正规教育的轨道，为女子平等接受教育创造了十分有利的条件。

二战后日本女子学校教育的理念也随着日本社会的发展在逐步发生着变化。二战后初期至20世纪50年代中期，在民主思想的指导下，女子教育理念是为了培养"民主社会的新妇女"，将女性看做一个独立的"社会人"进行培养，否定了战前的"良妻贤母主义"，实行男女"同等同质"的教育。文部省指出："为了妇女的解放，在教育方面，无论如何必须实行同一化、采取男女共学制，女子能够通过与男子接受同样的教育来考虑妇女问题，并采取解决的办法，是实现男女平等的必要条件"。①

20世纪50年代中后期至80年代初期,女子教育观由战后初期的"男女同等同质",转向了基于社会性别分工的"新良妻贤母主义"。在经济高速增长时期,日本政府对教育提出了新的更高的要求:把教育计划纳入经济计划,通过预测经济增长时期内所需人才的数量和规格,为教育提出发展方向和明确任务,继而进行教育改革。随之,社会上出现了"性别分工论",即"男主外、女主内",要求男子献身工作,女子作为工作男性背后的家庭主妇应该"生产未来的劳动力","为男子休息提供服务"。这种以"为产业社会带来更多的利益"为前提的"新良妻贤母主义"主张很快在社会上风行起来。中央教育审议会在《所期望的人》(1966年)的咨询报告中提出,"职业选择要适合人的素质和能力","把家庭作为休息的场所",明确表明希望妇女在家庭中发挥产业社会所要求的作用。70年代中期以后日本经济进入低速增长时期,政府对教育方针作出了一些调整,但是对女子的教育仍然是以"新良妻贤母主义"为基础,注重家政、修养等方面的教育。②

20世纪80年代中期以后,日本女子的教育理念又开始向男女平等教育回归。一方面,在国际化浪潮的席卷下,日本教育界提出要深化教育改革、克服故步自封的观念、扩大教育的开放程度,尽快实现日本教育的国际化。另一方面,80年代末期日本出台了《男女就业机会均等法》,女子在社会上就业的机会扩大。这为女子选择与男子平等的相同教育提供了条件。随着这种教育理念的变化,女性可以根据自己的兴趣、喜好与男子平等地选择学校。

二 与男性接受相同课程教育的权益

二战后相对完善的教育制度保障了女子与男子一样平等享有接受学校教育的权利,但是随着教育理念的不断变化,在学校教育的内容上,男女差异较为明显。在现代日本学校教育课程设置的发展历程中,性别差异最明显、变化最多、占有十分重要地位的是家庭课。家庭课的演变过程,是女子获得与男子接受相同课程权益的过程。

---

① [日]金森年惠(音)、藤井治枝:《女子教育100年》,三省堂1977年版,第135页。
② [日]藤井治枝:《今后的女性与女子教育》,世界书院1969年版,第32页。

1. 二战后初期至 1960 年前后

二战前，日本的家庭课以家务、裁缝等为主要内容，渗透了国家公认的女子教育思想"良妻贤母主义"，是专门针对女生开设的。在战后相当长的时期内，受"男主外、女主内"性别分工的影响，日本社会仍将开设家庭课定位为加强"女子特性教育"的必须途径。

二战后初期，以实现建设民主家庭的目标，日本学校设立了家庭课。为了迎合《日本国宪法》和《教育基本法》等所提倡的"男女平等教育"的精神，二战后开设之初的家庭课提出"三原则"，即"不是为女子特设的课程""不是战前的家庭课和裁缝课的变身""不是技能教育课"，将家庭课定位为建立男女协力建设新家庭的基础课程。实际上，虽然规定在小学阶段男女都必修家庭课，中学阶段也必须开设家庭课，但男女使用的教材是不同的。

20 世纪 50 年代后半期，美国对日本国内的民主化建设指导方针发生了变化，但对旧家族制度念念不忘的传统日本人仍然很多，旧家族制度出现抬头之势，经济的发展造就了大量的核心小家庭，适合经济高速发展需要的"男工作、女家庭"的家庭分工形式逐渐流行起来。这种以性别为基础建立的家庭分工直接影响了学校教育的课程设置，家庭课首当其冲成为关注的焦点。以小学家庭课为例，1950 年前后一些男学生的家长表示男生没必要上家庭课，要求停上这门课，在家庭课教师的努力坚持下，男女共同的小学家庭课教育才得以继续。但是，课程教育审议会最终还是对男女共学的家庭课提出质疑。1958 年颁布《学习指导要领》新设了道德课，由此，道德课取代以战后民主化家庭建设为目标而设立的家庭课，小学家庭课的重心转移为技术教育。中学的家庭课，也随之分化为职业家庭课与技术家庭课。1958 年的《学习指导要领》强调"男女不同，男子在外工作需要技术，女子应该守家需要接受衣食住为中心的教育"。[①] 高中的家庭课是实学科目（农、工、商、水产、家庭）中的一个，形式上是政府通过《学习指导要领》"期望"女学生选家庭课，实际上是引导女学生选学家庭课。

20 世纪 60 年代，经济高速成长，形成了家庭男女性别分工明确的"战后家族体制"，即"男主外、女主内"的家庭模式。这一时

---

① ［日］横山文野：《战后日本的女性政策》，劲草书房 2002 年版，第 30 页。

期，教育界经常提出的口号是教育要"照顾学生的发展方向和特性"。这个特性，并不是指每个人不同的个性，而是对男女性别不同的一种强调。1951年的《学习指导要领》首次启用"特性"的说法，此后的教育文件中频繁使用"女子应该依据特性学习家庭课"等。当时的文部省中等教育课课长曾经指出："家庭课对于女子而言，实在是一门必要的科目"，因为"女子的发展方向应依据女子特性而定。女子毕业后也许会参加工作、也许会上大学，但几乎没有例外的最终将成为家庭主妇"。①

　　《学习指导要纲》中高中课程体系对家庭课选修规定的变化，十分具体地体现了教育界对女子教育的态度。1949年的《学习指导要纲》提出，"虽然男女平等，但是基于女子将来工作的特性，有必要培养其具备进一步的理解力和掌握必要的能力"；1950年进一步指出，"为了将来能够营造幸福的家庭生活，希望女子选修4个单位的家庭课"；1960年改"希望女子选修4个单位的家庭课"为"原则上女子选修4个单位的家庭课"。1962年，中央产业教育审议会提出《关于高中家庭课振兴的方案》的建议，明确了经济高速成长期教育业应该培养的"女性像"。建议指出，"原本男女身体、精神不同，在平等的基础上，应进行与特性相适应的教育"，而女子的特性即为"经营家庭"。文部省1968年颁发名为《关于家庭生活的学习》的册子，专门指导女子教育，该册子分为五个部分：第一是作为家庭管理者的"主妇的角色"；第二是为在社会上工作的丈夫提供休息、体能恢复场所的"妻子的角色"；第三是培养孩子成长的"母亲的角色"；第四是"劳动者的角色"；第五是参加社会活动、共创良好社会的"市民的角色"，可见，女性的主要角色定位是家庭内部的角色。这样，女性的家庭课教育被局限于"特性"之内，即作为主妇、作为母亲的教育，家庭课即预备主妇教育成为女子教育的代名词，这与家庭课设置之初的民主家庭教育理念已经相去甚远。

---

　　① ［日］横山文野：《战后日本的女性政策》，劲草书房2002年版，第32页。

表 4-1　　　　　　　20 世纪 60 年代为止的家庭课①

	时间（年）	科目名	选修规定
小学	1947—1970	家庭	男女共学必修
初中	1947—1961	职业·家庭	男女均可选修
	1962—1971	技术·家庭	男技术、女家庭
高中	1947—1955	实业·家庭	选择科目，男女均可选修
	1956—1962	家庭	男女均可选修，希望女子选修 4 个单位
	1963—1972	家庭	原则上女子必修 4 个单位

2. 20 世纪 70 年代

1970 年改定后的《学习指导要纲》规定，改过去高中女子"原则上必修家庭课"为"所有的女子必须学习家庭课"，家庭课成为高中女子的必修课。对于文部省以"女子特性论"为依据，强制女子高中生必修家庭课，限制女子自由教育权益的做法，社会上出现了一些强烈反对的声音。妇女运动家市川房枝、曾任《家庭课教育》杂志主编的半田立子（音）等反对只有女子接受家庭课，成立了"促进家庭课男女共修会"，一时间呼吁家庭课男女共修的呼声高涨。同时，"国际妇女年日本联络会"等团体也数次推动政府实施家庭课男女共学。但是，政府对此实际上持消极态度。永井道雄文相在 1976 年 4 月 30 日被市川房枝质问时说道："女子有女子的特性，从小学到高中与男子修选同样的课程这种做法太过机械，应该尊重教育审议会对女子教育实行弹性设置的规定"。② 海部俊树文相也在 1977 年 3 月 16 日回答提问中时指出："宪法规定教育领域中男女机会均等，应该遵守"，但是"在听取各种意见时，也应该考虑社会一般的动向和愿望"。③ 可以看出，文部省等政府部门对于推动实现家庭课的男女共修是没有具体行动的。

---

① 横山文野：《战后日本的女性政策》，劲草书房 2002 年版，第 33 页。
② 同上书，第 99 页。
③ 同上书，第 100 页。

表 4-2　　　　　　　　　20 世纪 70 年代为止的家庭课①

	时间（年）	科目名	选修规定
小学	1971—1980 年	家庭	男女共学必修
初中	1972—1980 年	技术·家庭	男技术、女家庭
高中	1973—1981 年	家庭	女子必修 4 个单位

3. 20 世纪 80 年代

1977 年《初中学习指导要纲》规定，在技术和家庭课采用"相互选修"的办法。具体而言，初中新的技术家庭课内容分为技术系列与家庭系列两部分，技术系列为 9 个领域，家庭系列为 8 个领域，男子可以在技术系列选 5 个领域，在家庭系列选 1 个领域；女子可以在家庭系列选 5 个领域，在技术系列选 1 个领域，每个学生选修不得低于 7 个领域。这是在以"促进家庭课男女共修会"为首的社会团体的反复呼吁下，女子教育权益发展取得的一个小小进步。对于男女共修的提议，政府部门反应比较迟缓，妇女团体、法律专家团体不停地提出抗议。日本律师联合会指出，只要求女子必修家庭课有违反宪法的嫌疑，并阐明了具体理由。尽管如此，文部省仍依据"女性特性""男女未来生活不同"等借口坚持只有女子必修家庭课。

表 4-3　　　　　　　　　20 世纪 80 年代的家庭课②

	时间（年）	科目名	选修规定
小学	1980—1991	家庭	男女共学必修
初中	1981—1992	技术·家庭	男技术、女家庭，允许相互选修 1 领域
高中	1982—1993	家庭	女子必修 4 个单位

4. 20 世纪 90 年代以来

文部省 1989 年颁布了《新高中学习指导要纲》，规定初中从 1993 年起、高中从 1994 年起男女都必须同时学习技术和家政两方面的内容。由此，家庭课由女子必修、男子选修改为男女生必修，持续了 30 年之久的

---

① 横山文野：《战后日本的女性政策》，劲草书房 2002 年版，第 98 页。
② 同上书，第 160 页。

只要求女子必修家庭课的状况得到改变。该规定推行之初还是遇到了一些阻力，如1994年90%以上的公立高中实行了男女同修家庭课，但是在一些私立男校执行难度较大，这些问题将在进一步的实践中得到逐步解决。

表4-4　　　　　　　　20世纪90年代以来的家庭课[①]

	时间	科目名	选修规定
小学	1992年以来	家庭	男女共学必修
初中	1993年以来	技术·家庭	删除按性别分学习领域
高中	1994年以来	家庭	男女共学必修

总之，战后初期日本文部省在学校教育继续开设家庭课的初衷是为了增强学生的"生活能力"、培养"家庭建设者"，其内容从小学阶段的被服、食物、住居、家族开始，初中、高中阶段学习逐渐深入。随着日本经济高速增长期社会性别分工的强化，家庭课的女性色彩也逐渐加深。1970年，文部省主管初等、中等教育的教育局长曾指出："高中家庭课的目标是使女子能够适应其特性，成为未来的好妻子、好母亲。"[②] 20世纪90年代以来，这种以"贤良妻母"为目标的家庭课理念逐步改变，家庭课的性别意识逐渐弱化。从战后家庭课设立至今，日本教育界围绕家庭课等教育关于女子特性、男女平等问题的讨论一直持续着，保障教育内容上的男女平等、维护女性的文化教育权益始终是日本教育面临的一个难题。

三　更多女性享有接受高等教育权益

近代教育的发展奠定了战后女子教育的基础，战后的教育改革进一步推动了女子教育的发展。根据教育机会均等原则，女子也被赋予了与男子同样的接受高等教育的权利，高等教育对女性开放成为战后女性教育权益保障和教育改革的亮点。

明治维新后到二战结束，日本的学校教育一直沿用的是从小学直到帝国大学和小学到师范学校分明的双轨制。当时，女子进入大学特别是帝国大学犹如天方夜谭，她们能够进入的国立高等教育机关只有数量极少的国

[①]　[日]横山文野：《战后日本的女性政策》，劲草书房2002年版，第253页。
[②]　[日]金森淑惠、藤井治枝：《女子教育100年》，三省堂1977年版，第190页。

立女子高等师范学校，如御茶水女子大学、奈良女子大学等。战后，高等教育对女子全面开放，1945年12月4日的《女子教育改革要纲》指出，女子教育改革的方针是"实现男女教育机会均等、教育内容均衡化及男女互相尊重之风气"，要领是"向女性开放高等教育机构，实现女子中学与男子中学教程的均衡化，在大学教育上采取男女同校制"，因此采取的具体措施为：

第一，改革和废除现行阻止女子入学的规定，创立女子大学，并实行大学男女同校制度。

（1）关于大学各系的入学资格，文部大臣指定的女子专门学校的毕业生等具有入学资格；

（2）关于大学里各系入学排名顺序，按文部大臣指定的女子专门学校的毕业生与高中高等科毕业生相同排名顺序进行；

（3）关于大学预科的入学资格，规定高等女校毕业生等具有入学资格；

（4）将现存女子专门学校中的部分学校建成女子大学。

第二，为与以后创建女子高中接轨，将现有女子专门学校、高等女校高等科及专业科中的部分教程与高等学校高等科统一。

第三，高等女子学校的教程水平与中学相同。

（1）基础教程的构成与中学相同；

（2）基础教程科目的上课天数、每周的课时数与中学相同；

（3）教材原则上与中学相同。

第四，女子青年学校的教育内容及完成学业年限与男子青年学校相同。

第五，向女性开放大学高等专门学校的课程。

（1）关于各系的课程，对女性采用旁听生制度；

（2）在大学、专门学校等开设提高文化、政治教育、科学教育的讲座，向普通女性开放。[1]

在政策的引导和保障下，一些大学开始接受女学生，东京大学也于1947年首次接纳了20名女大学生。女学生的大学入学率也由1954年的4.6%逐渐增长至2009年的55.3%。其中，1990年的女子大学入学率超过

---

[1] ［日］宫原诚一等：《资料日本现代教育史1》，三省堂1974年版，第23、24页。

了男子，据联合国教科文组织的统计显示，当年仅有七个国家的女子大学入学率高于男子。仅从四年制大学的入学率来看，1975年男女各为41.0%、12.7%，2009年则分别为55.9%、44.2%，女子的大学入学率在不断提高的同时，与男子之间的差距也在逐步缩小。[1] 其次，从就读的科目来看，女大学生较多集中于人文、社会学科。近年来，女大学生攻读法律、政治、经济、工学和农业的人数在逐渐增多，就读人文、教育、家政等专业的人数在减少，女子高等教育的专业逐步突破性别限制、与男子接近。另外，攻读研究生课程、进入研究领域的女子也呈现出逐年增多的趋势。[2]

二战后，女性在高等教育权益方面的提升突出表现在以女子为主体的短期大学的繁盛。短期大学在设立之初并不是专门面向女子的，而是在战后教育改革的"高等教育一元化"[3]思想指导下，针对一些由于条件所限无法破格升级为四年制大学的旧制高等教育机构而实施的权宜之计。从建立初期开始，女子进入短期大学的人数就很多，1950年有40905人，1960年增加到54873人，是同年在短期大学男子的两倍多（男子为26655人）[4]。1960年以后，进入短期大学的女生比例越来越高，短期大学显示出明显的女性化倾向，成为国民心目中的"新娘大学"。1975年至1995年间，女子的短期大学入学率均在20%以上[5]，也就是说，当时每四五个女生中就有一个是短期大学毕业。短期大学鼎盛时期，很多四年制女子大学也专门开设了短期大学。短期大学成为普及日本女子高等教育的重要途径。

20世纪90年代中期以后，日本女子的短期大学入学率逐年降低，一些女子大学开始转型，而一部分女子大学则坚持"女性特色"。这些坚持下来的女子大学调整办学方向，完善教学内容、方法、课程及科研体制，

---

[1] [日] 男女共同参画局：公表资料·白书·《2009年男女共同参画的现状与对策·第8章教育、研究领域的男女共同参画》，http：//www.gender.go.jp/whitepaper/h22/gaiyou/html/honpen/b1_s08.html。

[2] [日] 男女共同参画局：公表资料·白书·《2009年男女共同参画的现状与对策·第8章教育、研究领域的男女共同参画》，http：//www.gender.go.jp/whitepaper/h22/gaiyou/html/honpen/b1_s08.html。

[3] 指的是将战前的大学、高等学校、大学预科、专门学校统一为四年制大学。

[4] [日] 香川雪子（音译）、河村贞枝：《女性与高等教育》，昭和堂2008年版，第316页。

[5] [日] 男女共同参画局：公表资料·白书·《2009年男女共同参画的现状与对策·第8章教育、研究领域的男女共同参画》，http：//www.gender.go.jp/whitepaper/h22/gaiyou/html/honpen/b1_s08.html。

如重点开设女性学、社会性别研究等特色课程，将家政学科等传统学科改称为"生活科学学科"，以使更多的人愿意接受这门课。他们还根据当代女性的多样化兴趣与就业上的需求，增设以往被视为男性本位的社会科学、理工科等学科，试图扩充专业，提高总体科研水平。当前很多女子大学已将使命从过去的培养良妻贤母完全转移到培养社会参与型的、积极发挥作用的女性，以及实现性别平等、提高女性社会地位的妇女运动的目标上来，以培养出优秀妇女人才，发挥男女共学大学所不具备的优势。如成立于1950年的青山学院女子短期大学，以"献身爱与奉献"为校训，将培养在社会某个领域可以积极贡献的女性定为目标，不仅要培养学生具备与现实相关的专门技术，还要传授全球视野的高度教养。该校在开校之初设有家政、英文、国文等传统女性专业，后在社会需求的变化下于2006年增设儿童专业，2010年5月为止，有家政、教养、艺术、儿童等专业2497名在校生。①

四　现代女子教育的成就

在日本政府和女子自身的努力下，战后日本女性获得了男女共学、男女平等的教育文化权益，女子教育水平有了很大提高。具体来说，在以下几个方面表现突出：

（1）入学率高。从初等教育的入学率来看，战前《学制》颁布开始不久的1873年，女子的小学入学率仅为15.1%，1897年增长至50.9%，1904年达到91.5%②，战前女子小学义务教育的成果突出，为战后教育的开展奠定了良好的基础。1947年实行九年义务教育后，女子的入学率一直在99%以上③，为女子继续进入中高等教育机构打下了坚实基础。从中等教育④的入学率来看，战后初期，由于一部分人是在战前接受的六年制小学义务教育，需要通过通信学校等补习初中教育，才能够升入高中，这

---

① ［日］青山学院主页，http://www.aoyamagakuin.jp/introduction/index.html。
② ［日］文部科学省：白书·《学制百年史·近代教育制度的开始》，http://www.mext.go.jp/b_menu/hakusho/html/hpbz198101/hpbz198101_2_027.html#。
③ ［日］文部科学省：《教育白书·平成12年度·参考资料8·入学率、升学率图表》，http://www.mext.go.jp/b_menu/hakusho/html/hpad200001/hpad200001_3_407.html。
④ 这里所指的日本现有的中等教育主要包括初中毕业或肄业以后的高中、高中别科（正规高中以外另设的一种高中教育形式）、专门学校等。

样 1950 年日本女子的高中入学率仅为 36.7%；此后逐渐提高，1970 年达到 82.7%，并超过男子。近年来男女的高中入学率均保持在 96% 以上。在高等教育方面，日本女子的大学学校教育几乎是在战后才开始起步、发展的，但是大学本科、短期大学、大学研究生院的情况各不相同。大学本科的女子入学率 1954 年仅仅为 2.2%，1995 年增长到 22.9%，当年男子的入学率为 40.7%，2008 年女子入学率为 42.6%、男子 55.2%，与男子之间的差距逐渐缩小。从短期大学中仅招收女子的大学来看，1954 年女子的入学率为 2.4%，此后逐年上升，1975 年增长至 20.2%，至 1995 年发展平稳，比例都在 20% 多一点，1996 年开始直线下降，2008 年减少为 11.5%。战后女研究生的出现比较晚，1970 年女研究生的入学率为 1.5%，1985 年增长到 2.5%，至 2008 年达到 7.5%，不及同年男性 15.5% 的一半。[①]

（2）高学历化。尽管直到战后日本大学教育才向女子敞开大门，女子向高学历的发展却是迅速的，成果也是显著的。女子大学教育首先发展起来的是女子短期大学，1975 年至 1995 年的 20 年左右，日本女子短期大学的入学率均在 20% 以上，高于同期女子四年制综合大学的入学率，短期大学入学率的提高为战后日本女子学历的迅速提高作出了贡献。1975 年，女子短期大学入学率为 20.2%，四年制大学女子的入学率为 12.7%、女子研究生入学率是 1.7%，合计大学升学率为 34.6%；1995 年大学升学率增长到 53.0%；至 2009 年，女子短期大学入学率 11.1%，四年制大学入学率为 44.2%、研究生入学率是 6.8%，合计 62.1%，即有将近三分之二的女子接受大学教育（见图 4-1）。[②] 女性在短期大学的入学率逐年降低，在四年制综合大学和研究生院的入学率逐渐与男性接近。现代日本女子高学历的人数和比例在不断增加，与男子一样接受四年制综合教育以及进入研究生院学习，从事研究工作的女性比例也逐年上升，高学历阶段女子与男子在接受教育方面质的差距逐渐缩小。

（3）专业多样化。在专业设置上，与战前强调女德教育不同，战后

---

① ［日］男女共同参画局：公表资料·白书．《2008 年男女共同参画的现状与对策·第 7 章教育、研究领域的男女共同参画》，http：//www.gender.go.jp/whitepaper/h21/gaiyou/html/honpen/b1_s07.html。

② ［日］男女共同参画局：公表资料·白书．《2009 年男女共同参画的现状与对策·第 8 章教育、研究领域的男女共同参画》，http：//www.gender.go.jp/whitepaper/h22/gaiyou/html/honpen/b1_s08.html。

女子教育更加注重内容的多样性。一方面，沿袭战前的实业教育，战后的女子教育仍然非常重视对学生实际生活能力的培养；另一方面，开设一些开启民智、培养现代公民意识的自然、社会科目。在小学和初中义务教育阶段，分阶段开设国语、社会、算术、理科、生活、音乐、图画、家庭、体育、外语等基础科目和培养道德情操、实践意愿的道德课；高中阶段，在普通高中开设国语、公民、数学、外语、家庭、艺术等课程，既考虑应对高考也照顾学生的实际能力培养。职业高中则开设职业针对性较强的农业、工业、商业、水产、看护、福祉等科目，也同时开设涵养学生修养的音乐、绘画、艺术、外语等科目。而大学阶段，根据各个学校方针和培养目标的不同，学科设置也各有特色。男女共学大学的女子选修科目包括人文、社会、教育、家政、医学、农学、工学、理学等，短期大学在专业设置上不如男女共学大学丰富，但侧重教育、人文、家政、保健、修养等面向传统女性职业的实用课程。①

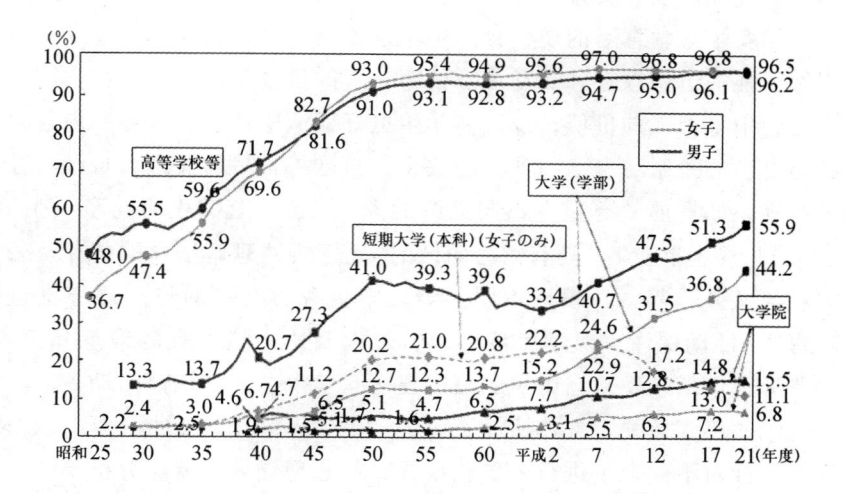

图 4-1 学校升学率的变化

资料来源：[日] 男女共同参画局：公表资料·白书·《2009 年男女共同参画的现状与对策·第 8 章教育、研究领域的男女共同参画》，http://www.gender.go.jp/whitepaper/h22/gaiyou/html/honpen/b1_s08.html。

---

① [日] 文部科学省：统计情报·从数据看日本教育，http://www.mext.go.jp/component/b_menu/other/__icsFiles/afieldfile/2009/08/26/1283357_1.pdf。

第三节　现代日本女子教育的特征与影响

二战后，日本女子获得了与男性平等接受学校教育的权利，而且在学校教育的课程内容上实现了与男性一样的平等选择权利，高等教育的门户也向女性开放，女子教育权益保障获得了长足的进展。女子教育在教育内容、教育形式等方面表现出一些全新的特征，这些对现代日本女子自身的发展、日本社会的进步等产生较大的影响。

一　现代日本女子教育的特征

1. 教育内容实用化

日本学校教育在基础阶段比较注重内容的实用化，课程也是根据不同年龄段、不同培养方向专门设置。从战后教育改革之初，日本学校教育就从本国的实际出发，安排设置课程。与西方国家学校不同的是，实行男女共学、男女平等教育后的现代日本中小学不仅开设普通科目，还专门设有实用性很强的道德教育和活动课。德育教育的目标是培养学生在学校、家庭和社会中重视人的价值，以便使学生更好地适应社会。其主要内容包括自己与自己的关系、自己与他人的关系、自己与自然的关系、自己与社会的关系等，如提倡"尊重有不同见解的人""区分公共生活与私人生活""关心公共福利事业""具有社会团结的责任感""理解法律的精神及公民的权利与义务"等，并根据不同年龄段学生身心发展的特点逐步推进德育教育。[①] 活动课注重对学生能力、特长以及协作能力等的锻炼和培养。其主要形式包括学生自己组织的班级集会、学生会、俱乐部活动等，学校统一组织的正式典礼、文体活动、旅游、卫生保健、就业指导等，以及班主任老师针对不同学生进行的单独指导，如心理辅导、就业分析等。这种实用性很强的活动课对增强学生的适应性、促进学生的身心健康成长发挥了重要的作用。

现代日本中小学普通科目的课程设置也是立足于社会发展的需要，突出科学性和实用性的紧密结合。小学的普通科目设有国语、书写、社会、地图、算数、理科、生活、音乐、图画、家庭及保健等课程。可以看出，

---

① ［日］文部科学省：《德育教育》，http://www.mext.go.jp/a_menu/shotou/doutoku/。

这些科目中既有开启智慧的书写、算数等,又有培养教养的音乐、图画等,更是专门设置了家庭、保健、生活等实用性非常强的科目。初中的普通科目在继续加强、加深小学科目内容的基础上,增加了实用性很强的技术、英语等科目,而且将课程分为必修课和选修课,让学生根据自己的兴趣选择适合自己的科目。在高中阶段,根据学生的不同特点,分为继续升学的普通科(包括文科专业和理科专业)、不继续升学的职业科和专门针对女子的女子科、文学科等。在这一阶段不再开设道德科目,而是在基础必修科目的基础上增设了大量的选修课程,普通科的选修课有三十多门,职业科的选修课则多达三百多门。职业科课程包括商业、工业技术、农业、渔业等;女子科课程则又分为家庭课程和职业课程,家庭课程设置调理、裁缝、手工等,职业课程设置事务、秘书等科目。①

此外,女子就读较多的女子短期大学的课程设置也比较实用。女子短期大学是战后女子大学教育的典型代表,女子短期大学以教授专门职业知识和培养实际能力为指导思想,课程设置灵活多样,并能根据社会需求适时调整专业设置、培养实用性人才。其课程包括:一般教育课程(包括人文领域、社会领域、自然领域等)、外语课程、体育保健课程(包括理论和实践)、专业教育课程(包括理论、职业技术、实践)等,注重培养学生在掌握一定基础知识的前提下,锻炼动手操作和理论联系实际的能力。如家政专业开设家政、生活、食品、营养、被服、服装、服饰、设计等课程,很受女学生及家长的欢迎。

女子短期大学注重实用性教育,同时也会根据社会的需要及时调整教学内容。20世纪五六十年代,日本社会的职业妇女较少,故在设立之初,女子短期大学主要以培养家庭主妇和短期工作妇女为办学方针,开设的学科偏重教养与人文学科,包括教育、家政、人文、社会等方面,女子短期大学一度被誉为"新娘学校"。以相模女子大学短期大学的家庭课为例,其内容有营养学、营养化学、营养生理学、营养病理学、食物学实践、母性营养学、儿童营养学、老弱病者营养、劳动营养、特殊营养学实习、营养指导理论、给食管理、住宅设计、食品学、食品化学、食品卫生学、微生物学、食品加工储藏、粮食经济、调理化学、调理实习、被服学、被服整理、被服工作、家政学原理、家政经济学、家庭科学、生活史、公众卫

---

① [日]藤井治枝:《今后的女性与女子教育》,世界书院1969年版,第53页。

生学、看护学、社会福祉、学校保健、住居学、儿童心理学、家庭管理、家庭机械及家庭工作、衣料学、染色学、被服美学、设计等，从上述科目名称可以看出内容非常实用。[①] 针对将来从事短期劳动的女子所开设的课程要求学生掌握打字、珠算、促销等基本的实用技能，在此基础上如果将来计划从事秘书职业，就需要就仪容仪表、举止打扮、保密纪律、电话接待、执行命令等方面进行更加细致的学习。80年代中后期以来，随着职业妇女的增多，选择四年制大学的女子越来越多。女子短期大学及时调整专业构成，增设社会上急需的专业，如近年来加大力度开设的护理学、保健学、保育学等就是为了应对高龄少子化社会的到来，甚至有的学校专门开设了宠物学专业迎合学生的就业、社会的需求等。目前，仍有一部分女性会选择女子短期大学，因为女子短期大学相对其他学校妇女职业性强，能使其更好地适应社会发展。

2. 教育形式多样化

首先，在学校教育方面，日本政府采取多途径多样化办学，促进了现代女子高等教育的快速发展。其学校教育门类齐全，在初、中级教育阶段已设置了各种各样的课程、各式不同特色的学校，而高等教育阶段更是结构丰富，为女子高等教育的发展拓宽了空间。从高等教育机构的举办者来看，有日本政府设置的国立大学，有各地方政府或社会团体兴办的公立大学，有私人财团创建的私立大学；从专业设置情况来看，有学科齐全的综合性大学和职业性较强的短期大学，有单科大学和开设独门专业的专门学校和专修学校（相当于我国的中专和大专）；从学习年限来看，有两年制学校和四年制学校；从女学生九年义务教育结束后的升学选择来看，可以选择四年制男女共学大学、女子大学，还有短期大学、专修学校、各类专门学校等。这些不同形式、不同层次、不同类型的高等教育机构为女子高等教育的发展提供了很大空间与选择余地。

特别是战后兴起的女子短期大学，学制只有两年，短时间内就可以获得大学文凭，学费较低，一般普通家庭也能承担。短期大学遍布日本各地，包括中小城市，从而使女子不必远离家乡就可以进入高等教育机构学习，既可以减少交通等费用，又可以使家长比较放心。这些女子短期大学多为私人开办的学校，规模相对较小，可以集中精力开设针对性强的专

---

① ［日］藤井治枝：《今后的女性与女子教育》，世界书院1969年版，第67页。

业，其专业主要集中在一些低耗费而且实用的领域，如家政、人文学科等。因此，20世纪七八十年代这些私人开办的女子短期大学因为专业实用、费用低、学制短的突出优点，受到很多女性的青睐。20世纪80年代中期以后，选择四年制大学女子的增加，女子短期大学也在不断调整办学方式，有的升级为四年制女子大学，有的转变为四年制男女共学大学；继续保持女子短期大学办学的学校也是多方努力增强办学实力，或者与四年制大学、职业学校学分互换，联合培养学生，或者不断适应社会需要，开设新的专业，拓宽就业途径，或者扩大生源、招收社会人入学，等等。

其次，在形式多样的学校教育之外，现代日本女子还通过各式各样的社会教育加强自身素养。文化中心、学习俱乐部、文化沙龙等各种社会教育设施应运而生，学习的内容既有家庭教养型很强的茶道、花道、文学、烹饪，还有社会性突出的政治、经济、法律、教育、妇女、福利等各个领域；主动参加社会通信大学学习或者自发地参加大学讲座、演讲会、研讨会的妇女也越来越多；日本国立妇女教育会馆、各地妇女会馆等妇女教育设施专门为妇女的社会学习服务，经常组织妇女举办研修、交流等教育活动，并提供信息；以一般国民为服务对象的公民馆、图书馆、博物馆等社会教育设施也为妇女提供学习机会。现代日本妇女学习的途径多样化，学习的内容也更加丰富多彩。

1990年，日本关于推进终身学习体制的相关法律正式付诸实施，强调在家庭、学校、社会教育相结合的基础上，推广终身教育。日本政府提倡学习的途径不仅包括学校和社会教育，还包括运动、活动、爱好、娱乐及志愿者活动等。据日本政府的一项终身学习意识调查显示，妇女对终身学习显示出了非常高的兴趣，越来越多的妇女在终身教育理念的影响下，通过继续教育，获得相应的资格证书，提高知识水平和就业能力，创造更加充实的人生。通过形式多样的教育活动，日本妇女增强了自我意识和社会意识，而其希望积极参与社会生活的愿望则更加强烈。

3. 注重针对女性的特色教育

在学校教育中，日本十分注重女子的女性性别特性教育，战后在各级学校中均有为女子特设的课程。在小学设置家庭课，学习烹饪、缝纫等。初中开设家政、技术等科目，高中在家政的基础上增设护理、育儿等面向女子的课程。战后很长一段时间，日本的女子教育仍是以培养良妻贤母为宗旨。但是，战后对"良妻贤母"的要求与战前则有很大不同，战前的良妻贤母教育以顺从、忍耐等妇德教育为中心，而战后的新良妻贤母虽然在"男主外、女主内"社会分工的影响下被局限于家庭内部，但是她们拥有家庭的管理权，对家庭消费、住宅、子女教育、交际等问题都有很大的发言权，因此新良妻贤母主义教育要求培养女子要有知性修养、理解丈夫的工作、具有敏锐的判断力等，学校教育除了训练女子的家务、育儿等技能外，还十分重视女子个性的培养、知识能力的提高。

20世纪80年代中后期以来，随着职业妇女开始增多，培养工作、家庭兼顾的新妇女成为女子教育的新重点。因此，学校在家政、教养课程的基础上，有针对性地开设了一些职业性很强的课程。这些课程分布在妇女就职较多的领域，如文秘、看护、药学等。近年来，随着全球化时代的到来，一些加强女性国际化理解能力的课程应运而生，如英语、计算机、跨文化交际等。伴随着日本社会的发展，男女在社会、家庭领域的性别差异也逐渐开始缩小，男女共同学习、共同就业、一起做家务成为新的潮流，专门面向男子进行社会职业教育、面向女子进行家政教育的学校数量有所减少，男女教育内容的性别特色开始淡化。

现代日本女子教育除了重视家政、教养等培训外，也十分注重对女子的职业培训。这些职业学校中既有初中毕业后可以直接升学的专门学校（相当于我国的中专），也有高中毕业后可以选择的专修学校（相当于我国的大专），还有接收初中、高中、大学各阶段毕业生的职业学校。创立于战前的御茶水女子大学，最初办学的目的就是为了培养中小学教员，是以职业教育为出发点的。二战后，日本妇女婚后做专一家庭主妇的较多，但是婚前和生育之后在商业及服务性行业等从事短期社会工作的妇女也很多。因此，很多短期大学和女子大学专门开设了诸如教育学、语言学、经营学（经营管理和秘书等）等专业。当代日本社会职业妇女逐渐增多，很多学校及时调整了办学方针和课程设置，一些学校打出高就业率和可以申请较多资格证书等招牌来吸引女学生入学。

例如创办于1940年的大和女子学院·大和女子专门学校，1966年正式更名为爱媛女子短期大学，开设了食品营养学、保育学等专业。随着社会需要的变化，该校不断调整专业方向，近年来提出"爱媛女子短期大学以培养希望就业学生的个性与能力为己任"，以国际教育、个性教育、实用社会教育为目标，所开设的专业经多次调整发展为儿童学科和健康体育学科。爱媛女子短期大学还设有附属幼儿园，在做好幼儿教育的同时，为短期大学的学生提供了实习基地。学校还通过其他方式指导学生就业。据该校公布的数据显示，2009 年，在资格证获得方面，100% 的报考学生获得了营养士证、保育士证、中学保健体育课教员证，96.7% 的学生获得了幼儿园教师证。在当前日本就业严峻的时代，2009 年该校的就业升学率高达 88.6%。[1]

4. 注重女性公民意识的培养

现代日本女性通过战后民主改革首次获得了公民权，相对男性而言，女性公民权的获得较晚，公民意识也较弱。因此，很多开明的教育界人士提倡要将提高女子的市民意识作为女子教育的一个重点来培养。教育学者藤井治枝很早就在文章中指出，日本的生活环境逐渐都市化，住宅、公害、交通等公共空间越来越多，作为主妇，什么事情都仅考虑自己小家庭的问题是不够的。政府应该通过教育培养女子的公民意识，使主妇积极参加社区等集体活动，通过集体的力量改善生活环境、提高生活质量。[2] 为了培养符合社会需要的合格公民，日本的大中小学在实用、符合学生实际的基础上，有针对性地开设道德课、公民课，增强学生的理解力，培养学生适应并积极参与社会的资质和能力，促进学生自我意识形成的同时使其确立价值观、人生观。日本政府 1996 年通过《关于面向 21 世纪日本教育发展方向》的报告，提出新的教育口号：让孩子"宽裕轻松"，拥有"自立能力"、国际意识、民族意识、社会责任感等公民意识，并且这些公民意识被日本政府列为生存能力的重要内容。

东京女子大学是创立较早的女子高等教育机构，现在该大学以招收四年制大学生为主，还设有研究生院，培养高层次的研究人员。该女子大学以建立自由的学府、培养高素养的社会化人才为办学方针，注重现代女子掌握基础知识、拥有专门技术、培养实际"生存能力"。以东京女子大学人间科学科开设的交流课程来看，既要培养学生从心理、社会、媒介、情报、国际等几个方面纵向考察交流的内涵，也注重引导学生进行文化、异文化等交流的横向对比，将学生置身于国际大空间环境中培养其应有的公众视野。[3]

---

[1] ［日］爱媛女子短期大学主页，http://www.aitan.ac.jp/index.html。
[2] ［日］藤井治枝：《今后的女性与女子教育》，世界书院 1969 年版，第 204 页。
[3] ［日］东京女子大学主页，http://office.twcu.ac.jp/info/index.html。

二 保障女子教育权益与社会进步

经过战后 50 多年的努力，现代日本教育权益保障方面取得了显著的进步，推动了经济发展与社会进步。

第一，提高了日本女性的素质。战后女子教育的高度普及和高等教育的发展，推动了日本女子文化教育水平的提高。战后初期，日本就已经普及了九年义务教育，到 1990 年，基本上所有的初中生可以升入高中，至 2009 年女子大学的升学率也由 1954 年的 2.4% 增长至 62.1%（包括女研究生）。其次，女子受教育水平的提高不仅表现在数量上，质量上也有很大的突破。战后的男女平等、男女共学的教育方针保证了女子在初中级教育阶段可以平等地接受教育。从战后女子的大学升学情况来看，1995 年以前，女子大学升学率的增长主要为短期大学入学率的提高，而短期大学主要以两年制的职业及专业主妇教育为主，是一种以职业培训为主的高等教育。1995 年以后，升入四年制综合性大学接受全面教育，成为精英人才的女子越来越多，男女四年制大学升学率的差距逐渐缩小。此外，升入大学研究生院在更高领域进行深入研究的妇女也逐年增多。从日本政府男女共同参画局每年公布的《妇女现状与对策》白书中对女子教育部分的命名，也可以从侧面反映出现代女子教育的发展，1996 年命名为"女性与教育"，1997—2003 年为"推进男女共同参画的教育与学习"，2004—2006 年为"教育领域的男女共同参画"，2007—2010 年改为"教育与研究领域的男女共同参画"。

文化教育水平的提高，带来了现代日本女子对文化教育观念的转变。从学习领域的选择来看，战后初期，很多人认为女性的职业就是家庭主妇，即使工作也是婚前和孩子长大后短暂的临时工作，关于女子教育，社会上流行的看法是让女子受教育，以提高文化修养、掌握持家技能。因此，女子选择的专业多集中在家政、育儿、教育、服务等一些传统妇女职业倾向较强的领域。20 世纪 80 年代中期以来，随着女子知识和教养水平的提高以及社会的发展进步，很多女性开始冲破传统观念束缚，走出家庭，积极参加社会劳动，选择从事社会、医学等学习研究的女性逐渐增多。从学习期限来看，越来越多的女性认识到知识的重要性、树立了终身学习的理念。在大学的社会讲堂、社区的文化教室、夜间学习部、成人教育中心，女性的身影逐渐增多，甚至超过男性。她们希望通过学习，不断接受新信息、新知识，开阔视野、培养创造性思维，提高创新能力和解决实际问题的能力。而且，很多女性积极参加志愿者活动，锻炼知识技能服务社会，从而更好地实现自身价值获得更多的人生乐趣。

　　战后至今，女子教育文化水平的提高，也促进了女性综合素质的提高。伴随现代日本教育的普及尤其是女子高等教育的发展，日本女性受到了良好的教育和专业训练，她们眼界更加开阔，对自身发展及职业定位有了很大的变化。现代日本妇女开始冲破"男主外、女主内"传统观念的束缚，走向社会，实现就业。高入学率与高学历，提高了女性的知识教养水平和职业能力，她们不甘心仅做家庭主妇，积极参加社会劳动实现自身价值的愿望越来越强烈。可以说，良好的教育是女性增强社会竞争力，大量进入社会的重要前提条件和保证。战后初期，女性的社会工作以一般事务性的辅助性的、临时性的居多。女性教育水平提高以后，她们的职业能力增强，与男性一样从事管理性强、技术要求高、长期正规就业的人增多，很多妇女进入原先主要由男性所从事的职业领域。掌握文化知识为妇女积极参与政治踏入政坛创造了条件。战后以来，认真参与投票选举、甚至参与竞选的妇女逐渐增多，女议员、女知事、女检察官、女律师、女公务员等十分活跃。现代日本的女政治家中有很多是具有高学历的学者出身，良好的教育素养增加了妇女在政界与男性竞争的实力。

　　在现代日本女子教育的影响下，日本女子的公民意识大大增强。一方面，女性的社会参与意识增强。1945年以前，在传统的"家"制度下，日本女性活动的空间局限于家庭内部，社会活动少，社会工作更是几乎不可能的。现代男女平等教育增强了女性的"自尊、自立、自信、自强"精神，女性的公民意识被唤醒，眼光不再仅仅局限于家庭内部，她们要求积极平等参与社会活动的欲望十分强烈。现代教育在改变女性传统观念的同时，还培养了女性作为"社会人"所应该具备的现代社会发展所需要的科学文化知识和劳动技能，为女性公民实现社会权利和自由创造条件。如今，日本女性也像男性一样，进出政治、经济等社会的各个领域，有的还有十分出色的表现。另一方面，女性积极承担社会责任的意识和能力也在逐渐增强。现代教育注重"国家公民"意识的培养，引导学生主动承担社会责任和义务，并且通过教育培养、增强学生实践"公民道德"的能力。近年来，参加志愿者活动、服务社会的女性越来越多。参加志愿者活动的女性既有服务社会的热情，又通过学习掌握了一定的技能，她们活跃在老年中心、残疾人服务处、医疗健康部门、儿童之家、文体领域、社区建设、环保领域、灾难现场等各个方面。还有一些志愿者走出岛国，在国际社会发挥着自己的潜能。日本女性通过参加志愿者服务等社会实践活动，进一步加深了对在学校教育中接受的"社会责任""公民教育"等内容的理解。现代日本的女子教育与女子的公民意识成长、社会实践活动相辅相成，丰富了妇女的生活。

第二，塑造了大量令世人惊叹的"教育妈妈"。母亲对孩子的教育有重要的作用。教育学认为，以母亲、父亲为主的家庭是个体受教育的第一环境，父母的品格、教养等对一个人品质性格形成与思想行为发展具有最基础和综合性的影响。心理学研究也同时证明，学龄前教育对人一生影响最大，而母亲在学龄前教育中起着最为重要的作用，母亲文化教育水平的高低，对子女受教育程度有很多影响。因此，女子教育直接影响到下一代的培养，关系一代人乃至几代人素质的提高。

在日本，母亲对子女教育的影响更加明显。日本的女性很多是专职家庭主妇，有工作的女性多数也会在育儿期间停止工作，专门抚养孩子，日本女性实际掌管着对孩子的教育权。而母亲自身的文化教育素质对子女的成长有非常大的影响。1985年的第四次日本《社会阶层与社会移动的全国调查》[①] 数据表明，1975年至1985年的10年间，女子受教育程度按照高中、专科、短期大学、大学由低学历向高学历排列，与此对应，其母亲的学历水平有很大差异，仅初中毕业的母亲比例呈下降曲线、而高中和大学毕业的母亲比例呈上升表现。高中毕业的女子中母亲为初中毕业的占到94.6%，大学毕业的仅占1.3%；而大学毕业的女子中母亲为初中毕业的为69.5%，大学毕业的占到11.5%。[②] 可见，在日本母亲受教育状况与子女特别是女儿所接受教育的程度成正比。

近代以来，一些有识之士就曾经提出"没有贤良的女子就没有贤明的慈母""人的贤愚取决于慈母如何教育"，十分重视对女子作为母亲的教育。现代教育也十分重视对未来母亲的教育，一方面通过教育提高女子

---

① 从1955年开始，日本每隔10年做一次"社会阶层与社会移动的全国调查"。第四次调查主要是1975年至1985年10年间的日本社会阶层构成的变化状况。

② [日]菊池城司：《现代日本的阶层构造3·教育与社会移动》，东京大学出版社1990年版，第92页。

的知识、教养水平，另一方面开设专门的家庭、育儿等科目，培养女子作为母亲的实际能力。曾任日本私立短期大学协会会长的松本生太曾经讲到，女子的品质、角色中，母职是最重要的，基本能力以外，母亲应该取得营养士资格、教师资格等，以更好地了解儿童心理、获得孩子的信赖。[①] 学校所开设的育儿科目从基础的育儿常识到儿童音乐、美术、心理、教育、营养等，非常全面和实用。

现代日本较高水平的教育特别是女子教育的发展，培养了女性较高的文化素质和修养，她们通过孜孜不倦的学习与研究，掌握了丰富的子女教育知识与经验，加之女性特有的细致与耐心以及对子女深切的爱，愉快胜任着对子女的家庭教育工作。在对子女教育问题上，日本女性被誉为"教育妈妈"，堪称世界各国妇女的楷模。在日本，很多女性会在生育后至孩子上学期间，放弃工作、全神贯注投入子女教育。因此，多数日本女性将教育子女看作自己作为母亲的第一职责，把子女的学业及成功当作自己的追求与成就。

日本的"教育妈妈"们以全部精力投入对子女的教育之中。从孩子学龄前阶段开始，她们就开始对孩子传授音乐、美术、习字、体育等基础知识、进行智育开发。日本的亲子教育特别是母亲与孩子的互动活动内容丰富、效果显著，受到其他国家的好评。有些妈妈甚至偏激地相信好的小学决定孩子的一生，因此付出巨大财力和无尽精力，带领孩子奔波于各个有名的补习学校之间。在子女进入学校教育体系后，"教育妈妈"们的职责更重了，要辅导和检查孩子在学校的学习、带领孩子参加补习班，同时又要配合学校的教学、家访、参加家长会等，既忙碌又费心。为了孩子能够在一个放心、满意的大学就学，很多即将高考的学生家长在大学的开放日到有意愿的大学参观，而前来了解、参观的家长以妈妈居多。近年来，随着就业形势的日益严峻，一部分"教育妈妈"们又增加了新的教育职责，到用人单位说明会听取介绍，或陪子女参加应聘面试等。此外，日本妇女也很重视对子女的生活习惯训练和社会规范教育。总之，为了使子女能够考入好的学校，将来找到有发展前途的理想工作，日本的"教育妈妈"们付出了大量的辛勤劳动，全心全意开展对子女的全面教育。[②]

[①] ［日］香川雪子（音译）、河村贞枝：《女性与高等教育》，昭和堂2008年版，第329页。
[②] 刘荣：《日本妇女与战后日本经济高速增长》，《外国问题研究》1988年第4期。

进入21世纪以来，随着终身教育理念深入人心，日本社会不再过分追捧高学历，加之职业女性的增多，"教育妈妈"专注培养子女智育、以孩子升入重点大学为目标的热情有所减轻。尽管如此，在高学历化的当代日本，妈妈仍然是子女教育的主力，仍旧十分注重对子女的教育。现代女子教育的发展进一步为女性成家后胜任"母职"奠定了良好的基础，是现代日本"教育妈妈"诞生的重要前提。

第三，女子教育发展对整个日本社会进步的影响。这个影响是深刻而广泛的。最突出的是促进了男女平等进行社会的建设。在战前的日本，传统的社会观念是"男主外、女主内"，女性发挥作用的领域在家庭内部，还要服从男性家长的命令，社会地位是很低的。女性所接受教育的范围也多为培养"贤妻"的女德、女才教育以及培养"良母"的家政、育儿等一些与家庭相关的内容，女性想出去工作也只能做一些简单的、服务性的、从属性的工作。在这种教育制度下培养出来的女性的观念也是具有局限性的，很多人认为育儿养老、照顾家庭是女人的本分，而外出工作、养家糊口是男人的工作。因此，传统社会的日本女性由于受到男女有别教育制度的影响，既不具备外出工作的能力，从事社会工作的意愿也不强，女性通过工作实现自立是非常困难的。

现代日本女子教育事业的发展，特别是女子高等教育事业的发展，为促进日本女性解放、实现女性自身价值提供了重要保障。通过教育，特别是注重个性的现代教育，一部分日本女子改变了传统思维方式，强化了自主意识，开始自觉摆脱传统观念束缚，冲破性别障碍的误区，走出家庭，自由选择自己喜欢的工作，更加充实、健康、科学地生活；通过教育，女性掌握了与社会发展相适应的文化知识和科学技术，有能力参加社会劳动实践，充分发挥妇女自身的创造性和聪明才智，获得经济上与生活上的自立；通过教育，她们可以以积极勇敢、开拓进取的姿态在政治、经济、文化、社会等各个领域施展才华，从而增强妇女的自信，争取妇女应有的社会地位和社会角色。妇女的自尊、自立、自信、自强意识的树立必将促进日本男女平等社会的建设。实践证明，伴随着现代日本女性自身素质的提高，妇女社会地位逐渐提高，男女平等的社会意识也越来越强，现代日本女子教育的发展促进了男女共同参画社会的构建。

维护女子教育权益，发展女子教育事业，也促进了日本社会经济的发展。现代女子教育的发展为日本社会培养了大批女性人才。从基础教育的科学文化、知识技能到专门的职业教育，现代学校教育为女子走向社会参加工作创造了重要条件。接受过教育的现代妇女，不再以单一的家庭主妇形象出现，她们拥有自己的理想和追求，在各自的领域和岗位上发挥着聪明才智，直接为现代日本经济的发展贡献着自己的力量。另外，妇女自身素质的提高对于现代科技成果的推广、普及有着不可忽视的作用。正是因为占人口总数一半的妇女科学文化水平的提高，她们能够和敢于参与适应科技成果带来的生产环境、生产对象和生产工具的变化，使得现代信息化时代的先进技术、高端成果能够在较短的时间内在日本全国推广开来。妇女在创造、传播和分享高科技成果的同时，客观上也促进了日本自动化、信息化、高科技化产业的发展，推动着整个日本社会经济的进步。

同时，女性通过与丈夫的相互扶持、教育抚养子女等活动，也间接地对日本社会经济发展贡献了力量。受过教育的妇女自身素养高，更能理解、接受、感化丈夫，更容易成为在外拼命工作的丈夫的"贤内助"。丈夫工作所创造的社会经济价值中有妻子的理解与支持。另外，日本的"教育妈妈"们十分重视子女的教育，客观上促进了战后日本教育事业的发展。而教育事业的发展，为战后日本经济的发展、腾飞培养了大批优秀的技术人才、高质量的劳动大军，创造了日本经济高速发展的奇迹。从这个意义上说，高学历的妇女做家庭主妇并不是人才的浪费，日本的"教育妈妈"们也是创造战后日本经济奇迹的功臣。

第四节　日本女子教育权益仍不完善

现代日本女子教育权益得到了较好的维护和保障，在实际发展中取得了一些成就和进步，对日本女子自身的进步以及社会的发展也起到了良好的促进作用。另一方面，在现代日本女子教育权益的发展中，仍存在着一些不足之处，在教育理念上，近代以来"良妻贤母主义"思想的影响依然存在，教育中男女不平等的现象仍然较为普遍。

一　良妻贤母主义教育影响犹存

二战后初期，日本建立了一套男女平等的学校教育制度。在当时民主化方针的指引下，制定了《日本国宪法》《教育基本法》《学校教育法》等，推行男女共学制度，要求男女接受相同内容的教育，希望彻底摆脱近代以来"良妻贤母主义"的影响,培养民主社会的新妇女。但是,近代以来长期形成的"良妻贤母"的思想观念和性别定位并没有随着民主化教育改革的推行而立即消失,还会不时地影响着日本社会和教育事业。20世纪50年代初期,随着美国对日民主化改革方针的转变,日本社会开始出现要求恢复旧家族制度、修身教育等声音,以应对考试为名,一些学校内部开始实行男女分班教学。进入六七十年代日本经济高速增长时期,产业界"为了创造更多的利润",提出"男主外、女主内"的性别分工,希望妇女"献身"家庭、生育未来的劳动力、伺候工作的丈夫。与此呼应,学校的女子教育以强调"女子的特性"为名,提出"妇女将来多从事家庭劳动,需要培养她们独特的能力",开设专门针对女学生的家庭科、保育科、看护科等,培养新式"良妻贤母"。这一时期日本的女子教育取得了很大的发展,而"新良妻贤母主义"思想影响的结果是,教育越发展,社会性别分工意识就会越强,妇女所受的思想束缚就会越重,现代女子个性的培养、发展必定会受到影响。20世纪80年代中后期以来,随着妇女参加社会工作人数的增加,教育界对女子教育的理念也作出相应的调整,"新良妻贤母主义"思想的影响开始逐步削弱,但是要从根本上摆脱其影响还需要一个漫长的过程。

在"新良妻贤母主义"思想盛行的六七十年代,由于当时社会性别分工的影响,很多女性毕业后不参加工作,接受教育的目的只是为了提高教养。因此,一些学者、教育人士认为只需要培养女子具备"持家"的能力就足够了,甚至希望限制女子接受高等教育。在短期大学教育方面,很多短期女子大学的主办者以"新娘培养"作为学校教育的准则。迹见学园短期大学的伊藤嘉夫主张,短期大学应该是"以培养中流以上家庭主妇为目标的教育","现在的高中到处都喊着男女同权的口号,不注重培养女子必须的品质和技术,以至社会上出现了在料理学校加开茶道、花道课程的热潮"。[①] 1960年前后,在男女共学大学,升入大学文学部的女学生数量增加,比例超过了男学生。早稻田大学教授晖峻康隆发表文章表示不安,"文学部被女学生占领,大学变成新娘学校了"。庆应义塾大学的池田弥三郎教授也公然发表"大学女祸论"。一时间,《中央公论》《妇人公论》等杂志、媒体展开了激烈的讨论,"女子学生亡国论"成为社会

[①] [日]香川雪子(音译)、河村贞枝:《女性与高等教育》,昭和堂2008年版,第326页。

的热门话题。此外,"限制女子入学"也成为一些学校的"潜规则"。1987年,在山形县和秋田县有人向教育部门提出抗议说,有的高中老师公然说"我们高中不招收女学生",还有的初中老师在作毕业生升学指导时建议女学生不用升入高中等。1988年,静冈县立韭山高中直接将前来参加升学考试的六名女学生赶走了。[①]

二战后学校课程中开设了家庭课,设立最初的目的是为了培养男女学生将来共同营造民主化家庭。此后,随着日本经济发展形势的变化和女子教育理念的不断变化,家庭课的选修情况经历了男女共学、到女子必修男子选修、再到男女必修这样的漫长的争论、改革历程。以适应女性性别发展特征培养将来的"良妻贤母"为目标,家庭课被改造为培养"良妻贤母"的课程,长期被指定为女子的必修科目,而从教育主管部门到男学生家长,很多人都认为男学生没有必要修选家庭课。如今,这种以"良妻贤母"为目标的家庭课理念逐步改变,家庭课的性别意识逐渐弱化。从战后家庭课正式列入学校课程科目至今,日本教育界和社会上围绕家庭课等教育中关于女子特性、男女平等问题的讨论一直持续着,这实际上是现代"良妻贤母主义"与民主化理念在教育领域的交锋。

二 男女不平等依然存在

二战后日本普及了九年义务教育,高中的升学率也在90%以上。根据男女均等接受教育的理念,女子也获得了接受高等教育的权利,接受大学教育的比例逐年增多。从表4-5的数据可以看出,女子的高等教育入学率在逐年增加,但是,无论是大学入学率还是研究生入学率,女子均落后于男子。以2005年为例,女子的大学入学率为36.8%,比男子低14.5个百分点;同年女子研究生入学率为7.2%,不足男子研究生入学率14.8%的二分之一。1995年以前,升入大学的女子一半以上就读于女子短期大学,而短期大学的学制仅有两年,女子接受高等教育的年限要比男子短。而且,综合大学和研究生院的培养方向为精英和研究性人才,而短期大学则以职业教育为主,可见在接受高等教育的程度上,女子又逊于男子。

[①] [日] 江原由美子等:《性别社会学》,新曜社1994年版,第59页。

表 4 – 5　　　　　二战后男女大学及研究生入学情况①　　　　（单位:%）

年份	女子 短期大学	女子 大学	女子 合计	女子 研究生	男子 大学	男子 研究生
1954	2.4	2.2	4.6	—	13.3	—
1965	4.6	6.7	11.3	1.9	20.7	4.7
1975	20.2	12.7	32.9	1.7	41.0	5.1
1985	20.8	13.7	34.5	2.5	38.6	6.5
1995	24.6	22.9	47.5	5.5	40.7	10.7
2005	13.0	36.8	49.8	7.2	51.3	14.8
2009	11.1	44.2	55.3	6.8	55.9	15.5

在现代日本的学校教育中，依据性别不同，学科专业分化现象严重。女性主义者认为，所谓"男性学科专业"和"女性学科专业"的出现和划分，并不是男女两性的本性使然，也不是学科理性沉思的结果，而是社会意识形态、权力利益基础在学科领域表现的结果，它是由社会文化建构的。对于男性和女性适合学习什么学科和专业，完全是一个人为的过程。②日本学生从初中毕业开始，男女在专业选择上的差异表现得非常明显。在职业学校，除了普通科以外，男子选择最多的是工学和商贸、女子最多的是商贸和综合，极少有男生选择看护学，而选择工学的女生不足2%，学科的性别化特征非常明显。③在女子短期大学，1970 年占据前四位的专业依次是家政、人文、教育、社会，达到 81.2%，而工业专业的学生仅占 8.4%；到 2008 年，专业比例有所变化，位于前四位的专业分别是教育、家政、人文、社会，合计占 75%，而工业专业的学生仅有3.5%。④以文科为主的短期大学的专业布局，将女子局限于传统的女性专业领域，教育的发展更是强化了这种传统性别角色偏见，对女性整体素质的提高产生了不利的影响。在四年制大学，男生选择理工科，女子选择人文、家政的倾向较为突出，同样表现出明显的性别特色。

以日本有名的学府东京大学为例。2010 年 5 月，东京大学在籍本科

---

① 根据日本文部科学省《学校基本调查》制成。
② 王珺:《论高等教育中学科专业的性别隔离》，《妇女研究论丛》2005 年第 4 期。
③ [日]井上辉子:《女性数据书》（第 4 版），有斐阁 2005 年版，第 104—105 页。
④ 短期大学专业别学生比例的变化:文部科学省《从数据看日本教育（2008 年）》，http://www.mext.go.jp/b_menu/toukei/data/d_kyouiku/1283213.htm。

生为 14172 人，其中女大学生仅占 18.79%，不足五分之一（见表 4-6）；在籍研究生共计 13820 人，其中女生比例为 27.71%，不到三分之一（见表 4-7）。可见，女学生在东京大学所占的比例总体较低。而且，从专业分布来看，本科阶段女学生较多集中于教育、教养、文科等传统女性学科，研究生阶段则较多选择教育、医学、人文、文化等研究领域。本科阶段女生选择工科、理科专业的在 10% 左右，研究生阶段，选择数理科学专业的仅占 2.52%、选择情报理工专业的仅有 6.40%（见表 4-7）。总的看来，升入东京大学这样的一流学校接受精英教育的女性人数和比例要低于男性，而且这些女性的专业选择也相对比较集中，即使在女性较为集中的专业，女生人数和比例也低于同专业的男生。①

表 4-6　　　　2010 年东京大学本科生男女比例情况　　　（单位：人；%）

课程②	专业	男性	女性	合计	女性比例
前期	教养	5347	1223	6570	18.61
后期	法	840	222	1062	20.90
	医	372	88	460	19.13
	工	1970	195	2165	9.00
	文	643	283	926	30.56
	理	600	67	667	10.04
	农	496	166	662	25.08
	经济	681	126	807	15.61
	教养	282	146	428	34.11
	教育	142	97	239	40.59
	药	136	50	186	26.88
	合计	11509	2663	14172	18.79

注：该表统计的是 2010 年 5 月东京大学在校正式在籍本科生数量。
资料来源：根据东京大学主页公布 资料制成。

---

① ［日］东京大学主页：《东京大学概要》，http://www.u-tokyo.ac.jp/gen03/book_j.html。
② 东京大学的正规课程，分为所有院系共通的公共课的前期课程以及各个院系特有的专业课的后期课程。前期课程教育在驹场校园进行，为时两年，后期课程教育在位于本乡校园的各个院系进行，为时两年，在校学习时间共计四年，修满规定学分后则被授予学士学位。不过，医学系医学研究科、农学系兽医研究科以及药学系的后期课程为四年，在修满规定学分后将被分别授予"学士（医学）"、"学士（兽医学）"以及"学士（药学）"的学位称号。

表4-7　　　　　　东京大学研究生男女比例情况　　　　（单位：人；%）

专业	硕士 男性	硕士 女性	硕士 合计	硕士 女性比例	博士 男性	博士 女性	博士 合计	博士 女性比例	所有研究生 男性	所有研究生 女性	所有研究生 合计	所有研究生 女性比例
人文社会系	180	134	314	42.68	293	216	509	42.44	473	350	823	42.53
教育学	108	94	202	46.53	126	138	264	52.27	234	232	466	49.79
法学政治学	423	239	662	36.10	51	50	101	49.50	474	289	763	37.88
经济学	132	28	160	17.50	93	25	118	21.19	225	53	278	19.06
综合文化	322	241	563	42.81	460	334	794	42.06	782	575	1357	42.37
理学系	617	120	737	16.28	492	115	607	18.95	1109	235	1344	17.49
工学系	1800	252	2052	12.28	889	199	1088	18.29	2689	451	3140	14.36
农学生命科学	424	203	627	32.38	342	203	545	37.25	766	406	1172	34.64
医学系	78	141	219	64.38	579	372	951	39.12	657	513	1170	43.85
药学系	135	55	190	28.95	141	43	184	23.37	276	98	374	26.20
数理科学	87	2	89	2.24	68	2	70	2.86	155	4	159	2.52
新领域创成科学	751	238	989	24.06	362	133	495	26.87	1113	371	1484	25.00
情报理工学系	409	24	433	5.54	234	20	254	7.87	643	44	687	6.40
学际情报	136	65	201	32.34	93	68	161	42.24	229	133	362	36.74
公共政策	166	75	241	31.12	0	0	0	0	166	75	241	31.12
合计	5768	1911	7679	24.89	4223	1918	6141	31.23	9991	3829	13820	27.71

注：该表统计的是2010年5月东京大学在校正式在籍研究生数量。

不仅专业布局、课程设置表现出较强的性别取向，现代日本学校教育中的一些其他因素也显现出明显的性别意识。例如，在日本中小学使用的教材中，常将女性描述为照顾家庭的人、将男性描述为工作赚钱的人，代表性的家庭形象插图多为母亲和女儿在做家务、父亲和儿子在锻炼身体，这会强化社会性别规范，影响学生对社会职责角色的定型。在教材中出现的人物中也是以男性居多，他们拥有多种多样的社会角色，而女性角色不仅少，而且都是强调其容貌和母性特征，很少突出职业女性或男女一起劳动工作的场面。再如，在学校点名簿的排列问题上，日本教育界一直存在着争议。在实行男女共学后，一些学校采用男女分列点名簿，2000年冈山市有35.0%的小学、54.4%的初中、37.3%的高中为男女分列点名簿。

男女分列点名簿的排列次序是先男生、后女生。一些日本教育学者指出，这种排列容易给学生造成男子优于女子的不好印象。[①] 如今，采用男女混合点名簿的学校开始增多。

三　原因分析

传统社会分工对女子教育权益的影响很大，日本传统女性教育的本质并不在于促进女性自身的发展及保障女性权益。2006 年日本文部科学省颁布修订后的新《教育基本法》，其中第一条明确规定了日本教育的目的为："教育，必须培养人格完善的国民、和平民主的国家和社会的创建者。这样的国民是具备一定素质的身心健康的人，我们期待着他们的育成。"而战后日本奉行"男主外、女主内"的社会性别分工，女性即使在婚前和育子结束后参加工作，也一半以上属于临时雇佣或者零工性质。在这种传统社会分工的影响下，学校教育明显具有较大的性别差异。高中毕业以后，从升学选择来看，男子的主要去向是以工科等为主的职业学校或进入四年制大学，毕业后从事普通的社会工作或者成为社会精英；女子则是进入以家政、服务行业为主的职业学校或者进入短期大学，毕业后从事短暂的服务性、一般性社会工作，或者成为家庭主妇。不可否认，在这种性别差异下的教育，注重女子特长的培养和教育内容的实用性，在当时的社会发挥了一定的积极作用。

但同时也应看到，这种教育有其不可取的一面。这种以性别分工为出发点的教育，对女性过分注重囿于"持家育子"的狭隘的"特性"教育，不注重培养有能力活跃于社会的精英妇女，不鼓励妇女研究高深学问，只塑造"良妻贤母"，对男性则强调培养其参加社会工作的能力，不注重培养"良夫贤父"。其结果是，女性只能去掌握家庭生活所需的日常家务劳动技能，而接受各种职业教育的男性却丧失了日常生活所需的能力。近年来，女性的工作价值开始被社会所承认，女性的社会性别意识有所变化，在高等教育的专业选择中男女区别化趋势有所下降，但是这种社会化性别分工规范仍然会在很长一段时间左右女性的生活模式、教育选择、就业领域等。

在这种社会性别分工影响下的社会性别观念直接阻碍了女子获得与

[①] ［日］井上辉子：《女性数据书》（第 4 版），有斐阁 2005 年版，第 94 页。

男子平等的接受教育的权益,"男主外、女主内"社会性别分工意识的长期存在也是制约现代日本女子教育发展的重要因素。据日本男女共同参画局每隔几年进行的"舆论调查"显示,1979 年赞成"男性工作、女性持家"的高达 72.6%,而反对的只有 20.4%。2009 年赞成的为 41.3%,反对的为 55.1%。而且,从性别看,男性有 45.9% 赞成,女性有 37.3% 赞成,即男性比女性更赞成这种性别分工;从年龄层看,60—69 岁的人有 42.2% 赞成,20—9 岁的有 30.7% 赞成,年龄越高越是认同性别分工。① 可见,直到如今,这种性别分工意识仍在日本社会占据重要的地位,很多人仍然认为女性的终身职业是家庭主妇,伺候丈夫、养育孩子、操持家务是女性的本分。

家长、老师等在学生的升学指导中占有重要的位置,他们的社会性别意识也会直接影响到学生所能接受的教育及社会性别意识。日本在 2000 年对一部分小学高年级学生的父母进行了抽样调查,其中一项"希望孩子能读到大学"的调查结果是,女学生的父亲比例是 40.6%,女学生母亲的比例是 46.5%;男学生父亲的比例是 64.5%,男学生母亲的比例是 65.3%。同时,女学生家长中 14.7% 的父亲、18.5% 的母亲认为女儿读到短期大学就可以了,男学生家长中只有 4.1% 的父亲、1.5% 的母亲认为儿子读短期大学就可以了。② 可以看出,无论是父亲还是母亲,对女儿接受大学教育的期望值都低于对儿子的期望值,对女儿读短期大学的认可度远远高于对儿子。学校的老师在德育课等教学中,也是经常强调传统社会规范的"男性形象"和"女性形象",要求女孩"礼貌、和蔼、同情、勤劳、爱家庭、有爱心",提倡男孩"信赖、正义、勇敢、进取心、开拓精神、创新能力";在指导学生升学的时候,倾向于男生学工科、理科、作研究,女生学家政、文学、提高修养。

在各种因素的影响下,学生自身的性别分工意识也比较明显。2000 年在对高中生的升学志向调查中,13.6% 的女生认为自己读到短期大学就可以了,而有此想法的男生只有 2.5%。③ 在很大程度上,现代日本社会

---

① [日] 世论调查:男女共同参画局主页,公表资料,http://www8.cao.go.jp/survey/h21/h21-danjo/images/z15.gif。
② [日] 井上辉子:《女性数据书》(第 4 版),有斐阁 2005 年版,第 101 页。
③ 同上。

对短期大学的定位就是培养新娘的主妇教育学校和简单的职业培训学校，短期大学开设的课程也多为面向传统女性职业的，如家政、幼儿教育、护理等。2009 年男女生活意识调查结果显示，9.8% 的女生、3.6% 的男生认为自己在升学选择时，因为社会性别分工意识作出与自己意愿不同的选择。[①] 当代日本大学生在升学时，来自性别分工意识的束缚有所减轻，但是从男女大学和短期大学的升学情况来看，还是有一定差异的。总之，社会性别分工意识和学校教育是相互作用的，只要社会工作仍然以性别分工为前提，那么学校教育从形式到内容都必将受其影响；反过来，学校教育中隐形的性别意识也会影响到女性对社会工作的选择。

[①] 2009 年日本男女生活意识调查：男女共同参画局主页，公表资料，http://www.gender.go.jp/research/lifestyle/index.html。

第五章

现代日本女性在婚姻家庭中的权益

家庭是社会的细胞,女性在婚姻、家庭中的地位和权利最能代表女性的真实生存状态。二战后以来,日本政府制定了一系列法律法规保障女性的权益,日本女性挣脱了传统家族制度的束缚,在婚姻家庭中拥有了自由权和独立权,拥有了与男性平等的恋爱权、婚姻权、继承权等。在法律的保障下,日本女性在现实婚姻、家庭生活中的权益状况较之战前有了较大改善,女性的择偶观、家庭观等随着日本社会的发展也在不断发生着变化。然而,在传统观念的影响和战后企业发展模式的号召下,多数日本人的性别分工意识仍然较强,"男主外、女主内"的分工结果促使很多女性不得不徘徊于家庭和职场之间。当今日本,不少女性以晚婚、不婚来逃避婚后生活可能发生的改变,已婚女性以晚育、不育、离婚等来抗议社会性别角色分工的不公。

第一节 战后日本婚姻家庭制度的变化

一 战前日本的婚姻与家庭

现代日本家庭是在二战前传统家族制度的基础上改造和发展起来的。这种传统的家族制度是在日本历史漫长的发展过程中逐渐形成的。日本古代历史上,家族制度和家政道德等方面曾经受中国内地文化影响较大,如大化改新时建立起来的复合大家庭——"乡户"。平安时代末期以后,日本逐渐脱离汉文化圈的影响,家族制度也随之发生变化。日本传统的家族制度指的是,家庭在结构、形态、功能、伦理等方面都具有日本特点的家族制度,它诞生于幕府时代的"总领制家族",此后不断巩固,在德川幕府时代形成"家"制度,从而达到家族制度的顶峰。在明治时代通过

《明治民法》的颁布，"家"制度得以在日本全国推行实施，至二战结束一直是日本家族制度和家庭生活中必须遵守的准则。

《明治民法》是对传统家族制度的继承和发展，是近代家族制度精神的最好诠释和体现，其内容包括：

（1）父权家长专制。传统家族制度中的"家"是一种概念上的"家"，它不仅指组成"家"的家族成员，还包括居住的房子和家产（土地、山林等）、维持家业的生产工具以及埋葬祖先的墓地等。父权家长专制赋予家长管理"家"的权力，是传统家族制度的核心，《明治民法》称之为"户主权""亲权"。"户主权"包括：指定家庭成员的居住地点，对于违反者户主可免除对其的抚养义务，直至使之离籍（第749条）；决定家庭成员的婚姻和收养等事宜，户主可使违背者离籍并拒绝其复籍（第750条）；有关继承和分家等事宜也需经过户主同意（第743条）；等等。"亲权"包括：行使亲权的父或母有监护、教育未成年子女的权利和义务（第879条）；决定子女可否服兵役（第881条）、经营职业（第883条）；一定范围内亲自惩戒子女（第882条）；管理子女财产（第884条）等。《明治民法》虽然也规定户主对家庭成员负有抚养义务，但这种义务与"户主权""亲权"相比是微不足道的，它更多规定的是单方面的权利。《明治民法》对"户主权""亲权"的规定是对旧的封建家长制的继承和发展。

（2）家督继承制。所谓家督就是继承人继承前户主拥有的所有权利义务，包括家产、家业在内的家庭内继承，它是幕府时代武士家庭的主要继承形式。《明治民法》将家督继承制法制化，并进一步明确了家督继承的继承顺序原则为男子本位、嫡子本位、长子本位，即亲等不同者以最近者为先、亲等相同者以男子为先、亲等相同之男或女以婚生子为先、亲等相同之婚生子及庶子虽为女子亦先于私生子，以上四项皆相同者以年长者为先（第970条）。另外，承认"养子制"，即无子、有子无能、有女无子的家庭可以收养"养子"或"婿养子"。家督继承制提倡的是家的利益高于一切，只考虑家的延续与兴旺，无视个人的意愿，是家庭内部不平等的根源。

（3）男尊女卑思想。在近代家族制度下，女性处于无权的地位。《明治民法》将"家族"定义为，"户主的亲属且在其家者及其配偶"，明确将配偶列在家属成员的最后。在男子本位的家督继承制下，作为配偶的女性地位是相当低的。首先，在夫妇关系上，女性结婚后要改为夫家的姓，实行"夫妇同姓"，从结婚之日起女性就丧失了独立的人格；虽然《明治民法》废除了蓄妾制，却承认认领私生子。而丈夫认领的私生子称为庶子，妻子认领的只能称私生子。庶子在家督继承人的顺序中位于婚生女儿之前，而私生子则居于最后。《明治民法》虽然给予女性以离婚权，但是在具体规定上还是男女有别的。如规定妻子与人通奸，丈夫就可以提出离婚，而妻子只有在丈夫犯奸淫罪并被判刑的情况下，才可以提出离婚（第813条）。其次，在亲子关系上，父亲是主要的亲权人，而母亲作为繁衍家业继承人的工具和奴仆，只有在"父不明时、死亡时、离家时或不能行使亲权时"才能行使亲权（第877条），所以母亲对子女的管辖、约束力很小，不得不对子女特别是继承家督的长子俯首帖耳。另外，在财产问题上，妻子无权管理家庭财物，即使自己的嫁妆也要交由丈夫管理，不经丈夫同意不能有任何经济行为。对于丈夫的遗产，妻子被规定为次于直系卑属的第二继承人，也就是说，只有在没有子孙的情况下，妻子才有可能继承丈夫的遗产，实际上妻子继承遗产的可能性是很小的。

可以看出，在以《明治民法》为代表的近代家族制度下，女性地位是极其低下的。这种家族制度强调家业的传承，强调男性本位的纵向父子关系，而夫妇关系、母子关系皆从属于父子关系，它是典型的男权社会的封建伦理。在这种家族制度下，女性未嫁时听从作为家长的父亲的命令，结婚后顺从丈夫，年迈时服从继承家业的长子，一生处于"三界无家"的境地。

二 战后日本婚姻家庭制度的变化

二战后，以美国为主导对日本进行了非军事化和民主化改革，其中对传统家族制度的改革是其改革的重要内容之一。战后传统家族制度改革是日本有史以来社会观念的巨大变革，同时也是一场深刻的社会变革。

传统家族制度保留了大量的封建残余，阻碍了日本民主化的进程。它以家长权、家督继承制、男尊女卑为支柱，讲究纵向的家业延续、重视男性家长的绝对权威、强调妻对夫、子对父的服从，家庭内部是非常不平等的。不仅如此，在政治领域，借助传统家族制度，通过宣传以天皇为中心的家族国家观，形成天皇与臣民的模拟家族关系，神话天皇的绝对权威，鼓吹忠孝一致、忠君爱国，中央集权国家的威力得以不断加强。从传统家族制度延伸而来的家族国家观，实质就是维护天皇制统治和推行对外侵略政策的思想武器。在经济领域，近代日本建立了很多资本主义企业，这些企业以传统家族制度为基础，推行模拟家族的企业管理制度，在资本主义工业化的初期确实带来了企业的发展。但是进入垄断资本主义阶段后，家族企业经营模式的封建性和保守性逐渐暴露出来，形成了繁荣的巨大资本与零星的小企业、贫困的农村的对峙，成为近代日本资本主义畸形发展的重要原因之一，为了进一步扩大市场、实现资本增值，日本帝国主义发动了对外侵略战争。

即使到了二战后，日本政府依然希望以传统家族制度来统治国民的思想、生活。二战后初期，一片支离破碎，大批军人复员、遣散回国，失业人数剧增，社会经济濒临崩溃。日本政府希望通过"醇风美俗"的家族传统和家族国家观统治国家、渡过难关。1946 年 5 月 24 日，昭和天皇在广播中发表说："切望全体国民发扬爱国爱家的优良传统，不计区区利害，从目前的困难局面中迈出国家再建之道"。政府也提出"男科学、女家务"，希望在战时响应号召走出家庭从事后方生产的女性回归家庭，以缓解战后严峻的就业形势，这是一项"以女子失业代替男子失业"、以牺牲女性利益为前提的政策。国家的态度和政策表明传统家族制度以及旧的家的观念仍然根深蒂固。因此，要彻底实现战后日本的非军事化和民主化，改革传统家族制度势在必行。

家族制度是一个涉及法律、政治、道德等多方面因素的制度，因此战后家族制度的改革也是一个涉及面很广的综合性问题。对于战后日本的民主化改革，盟军总司令下达了"五大指令"，[①] 看似没有对改革家族制度进行直接要求，实际上这些改革的措施直接动摇了人们的传统家族观念，促进了旧的封建式家族制度的解体。在政治上，实行象征天皇制。根据《日本国宪法》，将天皇从战前的"神圣不可侵犯"变为"日本国的象征"，天皇的地位要"以主权所在的全体国民的意志为依据"。这样，在法律上，国民的意志成为主宰天皇地位的关键，从根本上否定了战前的君臣父子关系；在政治上长期束缚日本人的封建家长制解体，近代以来的家族国家体制彻底崩溃。《皇室典范》的颁布、废除国家神道指令的实施等

---

① 具体指的是：1. 赋予妇女参政权，实现妇女的解放；2. 鼓励成立工会组织，加强工人的发言权；3. 实行教育自由化；4. 废除专制机构；5. 促进经济制度民主化。

都从思想上、精神上瓦解了"祖先崇拜"这一日本传统家族制度的基础。在经济领域，解散财阀，消除日本垄断资本的封建家族式统治；实行农地改革，消灭寄生地主，削弱门第意识，使封建家长丧失统治权，从根本上瓦解了"封建家族制度的温床"①。在社会领域，给予女性参政权，改变女性在近代家族制度下是丈夫的奴仆、家业延续生儿育女的工具这一在家庭和社会的无权状况，提高女性的社会地位。

二战后的一系列新的法律保障了"民主化"的新的家庭制度的确立。1946年11月公布的《日本国宪法》以"主权在民""尊重基本人权"作为基本原则，针对家族制度和女性，作出了专门的规定，如第14条规定："全体国民在法律面前一律平等。在政治、经济以及社会的关系中，都不得以人种、信仰、性别、社会身份以及门第的不同而有所差别。"新宪法颁布不久，1948年1月1日开始实施新民法，从而确立了新的家族制度。与《明治民法》相比，新民法关于家族制度的原则有如下变化：第一，废除思想上受封建伦理观念支配、政治上受军国主义控制的"家"制度，改变了父系家长制统治的家族关系；第二，取消了家督继承制，子女不分性别，均有财产的继承权；第三，废除旧民法中关于妻子无权地位的规定，妻子也平等享有离婚权、亲子权、财产继承权等；第四，保护成年男女婚姻自由，只要当事人双方愿意，就可以结成婚姻，而不必征得家长的同意；第五，修改户籍法，取消旧的"家籍"，一对夫妇和子女就可以成为一个户籍单位。此外，新民法还规定了一些男女在家庭和婚姻方面的平等关系，如夫妻互相承担同居的义务、婚后自由选择姓氏、夫妇双方共同负担婚姻生活的费用等。新民法废除了旧民法中家族内部不平等的规定，尽管男尊女卑的社会风气和男女不平等的思想意识还未能一下子彻底消除，但是较之战前，日本女性的权益得到了有效的法律保障，女性的地位有了实实在在的提高。

三 女性在婚姻家庭中地位的提高

经过战后民主改革，一向处于家庭最底层、无任何权利的女性从家长制及男尊女卑的旧传统制度中解放出来，新宪法和新民法保障日本女性与男性一样拥有平等的法律地位；伴随战后民主化改革的深入和社会的进

---

① ［日］西村信雄：《战后日本家族法的民主化》上卷，法律文化社1978年版，第5页。

步，女性获得了参政、议政的权利。在近代教育的基础上，现代日本的女子教育也得到了长足发展，越来越多的女性接受高等教育，女子教育水平有了较大提高。随着社会就业环境和人们观念的转变，女性就业环境大大改善，走出家庭、参加社会工作的女性越来越多。伴随女性在社会上的成长与发展，她们在家庭中的地位也得到了很大提高。

1. 女性形象发生变化

千百年来，在男尊女卑社会中，日本女性的家庭地位是十分低下的。她们没有社会地位，在家庭内的身份是未嫁为女、既嫁为妻、生子为母，没有女性作为自己应有的身份。在这种以男人为中心的社会里，女性所必需的就是服从与服务。为了增强女性胜任妻子、母亲角色的能力，近代日本开展了各种培养、教育女性的活动，来塑造"良妻贤母"，因此日本女性的形象多是顺从、温和、忍耐、贞淑、勤劳。在日本居住多年、20世纪60年代曾担任美国驻日大使的赖肖尔曾这样描述20年代日本的夫妇关系：日本夫妇上街时，妻子总是恭恭敬敬、亦步亦趋地跟在丈夫后面，吃力地背着孩子或其他东西，而丈夫却像个老爷似的、神气活现地迈着大步在前面走。

二战后民主改革将日本女性从家庭的"女仆"变为家庭的"女主人"。首先，她们有了独立的人格。新宪法明确规定男女平等，"全体国民都作为个人而受到尊重""全体国民在法律面前一律平等"，女性不再从属于男性，拥有了自己作为国民的权利。其次，作为妻子，在婚姻中与丈夫享有平等的权利与义务。新宪法第24条规定："婚姻基于男女双方之合意即得成立，且须以夫妻享有同等权利为基础，以相互协力而维持之"，保障了女性在家庭、婚姻中的基本权利。再次，作为母亲，女性成为亲权人。在近代家族制度下，父亲是孩子的亲权人，母亲生子、养子、为子女操劳，却没有任何亲权。女性如果迫不得已离婚，作为母亲是无权要求与子女一起生活的。新民法打破了这种不平等，赋予父母共同行使的亲权，规定"未成年的子女，服从父母的亲权"。由此，女性获得了独立、平等的人格，成为家庭的女主人。

2. 男性对女性的认识发生转变

战后初期，男性对于女性地位的变化显示出极大的不适应和不满。他们看着过去在家庭中忍气吞声、小心翼翼、逆来顺受的女性，现在却可以平等地与男性享有各种权利，并且表现得非常活跃，感到非常不满，有人发牢骚道:"战后变结实起来的是女性和尼龙袜"。此后,随着社会的发展变化,及日本政府和女性团体的共同努力,男女平等的观念逐渐被人们所接受。大街上很少再出现赖肖尔所描述的情景,相反男女并肩走路、平等相处已是司空见惯的现象。当今的日本,尽管受"男主外、女主内"社会分工思想的影响,主要的家务仍由女性来承担,但是"大男子主义"的男性越来越少。近年来,在日本社会,对热衷育儿的父亲有个专有新词:"イクメン"(育儿爸爸)。2009 年、2010 年,该词连续两年成为日本年度流行词,男性主动育儿、与妻子共同分担家务成为时下非常流行的事情。可见,男女平等的观念已经为大多数男性所认可。

3. 女性具有对家务的决定权

现代日本家庭,很多主妇掌管着家庭经济的管理权,是"拉着钱袋子绳子"的当家人。大多数男性习惯将收入全部交给妻子,再从妻子那里领取数量有限的零用钱。他们并不感到让妻子管理钱财是一件束缚手脚、丢人的事情,反而愿意让主妇掌管家计,做"一家之主"。家里其他的生活费、子女教育费、保险支出、银行存款等也由妻子来支配,主妇在家庭中掌握经济大权是普遍现象。日本有一些保险公司每年对家庭经济状况进行调查,有趣的是,他们锁定的调查对象是主妇们,调查的内容包括年终奖有多少、每月给丈夫多少零花钱、自己有多少私房钱等。掌握了家庭经济大权的日本主妇中,一些人加入了炒股炒汇的理财行列。日本央行理事西村清彦一次在华盛顿演讲时说:"过去,银行家是主导外汇交易市场的主力,现在,他们所扮演的角色正逐渐被日本家庭主妇所代替。"甚至有人说,2008 年 2 月 27 日起的全球股灾是由日本的家庭主妇引发的。[①]这些说法固然有些夸大,但却真实地反映了日本家庭主妇对家庭经济有着绝对强势的控制力。此外,在家庭生活用品的购置、为孩子老公准备的便当、外出旅游、赡养老人等家务事的处理、家庭生活方式的选择上,主妇们都有很大的发言权。

4. 女性掌握着对子女的教育权

在"男主外、女主内"这种普遍的分工模式下,男性奔波在外,主

[①] 外汇通:《日本家庭主妇是如何做到掌控全球外汇市场的》,2010 年 1 月 5 日,http://money.forex.com.cn/html/c214/YanBao/JingWai/2010 - 01/1147186.htm。

要以工作为主,有的甚至"单身赴任"① 常年不与孩子一起生活,因此多数女性完全承担着家务和子女的教育任务。她们往往具有较高的学历和文化修养,非常重视子女的教育,希望将孩子培养成为优秀的人。她们承担孩子的学龄前教育,孩子入学后又频频参加学校的家长会、公开课、运动会,带孩子参加课外补习等活动,被誉为"教育妈妈"。由于爸爸们疏于对子女的管理、对孩子的学习状况并不太了解,因此,孩子的考试、入学、专业等方面的选择,实际上往往由妈妈们来决定。

四 家务劳动的社会贡献

现代日本家庭形成于二战结束后的20世纪50年代②,它建立在"男工作、女持家"的性别分工基础上,因此造就了大量的专职家庭主妇。为了促进经济的发展,培养高效率的企业职工,日本政府鼓励和引导这种基于性别的社会分工。先是在学校课程中实施男生技术、女生家政的分领域学习方案,后又出台一系列政策照顾有专职主妇的家庭和专职主妇,如为专职主妇的丈夫减税、增加专职主妇的补助等。因此,在这一系列有利政策的诱惑下,很多女性心甘情愿作为丈夫的"被抚养人"。1953年,日本15岁以上女性为2954万人,其中有944万为家庭主妇(包括农、林、渔等传统家庭的主妇与工薪阶层家庭的主妇),即每三个15岁以上的女性中就有一个是专职家庭主妇。③ 很多女孩都以"将来能够成为家庭主妇"作为自己的梦想。1987年,日本国立社会保障人口研究所对全国18—34岁未婚女性的理想生活模式作了抽样调查,结果显示,希望结婚后做专职主妇的占36.7%,比例高于选择结婚后继续就业等的女性,居未婚女子理想生活模式之首。④

20世纪90年代以来,女性的家庭观念发生了变化,结婚、育子结束

---

① 单身赴任:日语中的固定说法,指的是独自离家在外工作和生活。
② [日]竹中惠美子:《迈向21世纪的家庭——家庭战后体制的看法、超越方法》,有斐阁选书1994年版。
③ [日]总务省统计局:《从就业状态看15岁以上的人口》,http://www.stat.go.jp/data/roudou/longtime/03roudou.htm#hyo_2。
④ [日]内阁府:《国民生活白书》(平成18年版),http://www5.cao.go.jp/seikatsu/whitepaper/index.html。

后继续工作的女性逐渐增多。上文所提国立社会保障人口研究所的同一调查表明，从1992年开始，希望做专职主妇的女性比例开始下降，与此相反，希望结婚后继续工作的女性呈增长趋势。2002年希望继续工作的女性比例为68.7%，而同年希望做专业主妇仅占20.1%。[①] 2009年内阁府男女共同参画局的舆论调查显示，对于"男性就应该外出工作，女性就应该守家"的观点，55.1%的人反对，从性别看，58.6%的女性、51.1%的男性反对这一观点。[②] 当代日本女性在做好主妇的同时，希望走出家庭、参加工作的意愿越来越强烈。

日本家庭主妇的家务劳动是非常烦琐的。她们既要照顾丈夫、孩子、老人等全家人的生活起居，又要打扫房间、整理内务、上街买菜等，是非常辛苦的。从1976年起，日本总理府每隔五年进行一次社会生活基本调查，调查的内容是根据日本国民对时间需要的不同层次，将生活时间划分为三个等级：一级活动时间指生理必要活动时间，包括睡眠、吃饭等；二级活动时间指为家庭和社会尽义务的时间，包括工作、家务等；三级活动时间指的是一、二级之外可以自由支配的活动时间。2006年的国民社会生活基本调查中显示，男女的活动时间不同主要在二级活动时间，男性每天比女性要少约0.5小时，尤其是在家务劳动上，男性平均为38分钟，女性则为3小时35分，男女之间的差距依然异常悬殊。[③] 大量专职主妇的存在是这种明显、独特的差异产生的原因，这种男女间非常极端的性别差在国际上也是少见的。

日本的家庭主妇，特别是大量的专职主妇们从事着长时间、辛苦的家务劳动。家务劳动对于维持生命、进行劳动力再生产、保障家庭成员的日常生活来说，是必不可少的重要劳动。传统意义上的家务劳动，不管日常生活料理、育儿还是照顾老人，一般都在家庭内部进行，因此日语中也称家务劳动为"家内劳动"。这些发生在家庭内部的家务劳动不像市场中的

---

① [日] 内阁府：《国民生活白书》（平成18年版），http://www5.cao.go.jp/seikatsu/whitepaper/index.html。
② [日] 男女共同参画局：《平成21年关于男女共同参画的舆论调查》，http://www.gender.go.jp/yoron/yoron.html。
③ [日] 总务省统计局：《平成18年社会生活基本调查》，http://www.stat.go.jp/data/shakai/2006/gaiyou.htm。

有偿劳动，是没有任何工资报酬的补充生产力的劳动，被称作"影子劳动"[①]。战后以来日本主妇的家务劳动，为维持健康劳动力、实现劳动力的再生产作出了巨大的贡献。正是因为这些主妇们充满爱的、献身性的家务劳动，战后日本才有可能出现大批在企业"冲锋陷阵"的"企业战士"，由此直接推动了战后日本经济的高速发展。女性的家务劳动虽然没有报酬，但并不是没有价值的劳动，因此很多日本女性将家庭主妇看成自己的职业。另一方面，也应该看到，日本家庭主妇阶层的形成，并不是因为女性个人对家务劳动的兴趣爱好主动选择的结果，而是日本社会文化的人为调节、长期以来传统观念积淀的结果。1964年，日本经济联合会就曾经提出："女性只有做良妻贤母在家庭发挥作用，养育子女，使丈夫能够积极工作，才能说履行了社会的责任。"日本经济联合会是日本经济界的"劳务部"，在财经界占有非常重要的地位，它直接提出将女性的家庭责任等同于社会义务，倡议女性为培养企业的"拼命三郎"献身家庭。当代日本社会的职业女性逐渐增多，但是一般的看法仍然是，男性工作是为了养家，而女性工作则被认为是为了实现自身价值，因此很多职业女性在单位不能得到与男性同等的待遇。

第二节 女性婚姻家庭权益制度保障及现状

现代日本女性在婚姻中的地位明显提高。战后的新法律改变了千百年来女性被压迫、婚姻中无自主权的状况，保障了女性与男性享有平等的权益。新宪法第24条明确规定："婚姻基于男女双方之合意即得成立，且须以夫妻享有同等权利为基础，以相互协力而维持之"；"关于配偶的选择、财产权、继承权、居所之确定、离婚以及其他有关婚姻及家庭之事项，法律应基于个人之尊严及两性平等原则而判定之"。从结婚对象的选择、结婚年龄的早晚到婚姻存续期间的权益、离婚后的生活保障，与传统家族制度相比，女性的实际权益发生了很大的变化。

---

① 一些学者认为，将劳动分为光和影的话，家务劳动就是影子的部分，http://ja.wikipedia.org/wiki/%E3%82%B7%E3%83%A3%E3%83%89%E3%82%A6%E3%83%BB%E3%83%AF%E3%83%BC%E3%82%AF。

一 自主决定婚姻权益

二战后，法律赋予女性自主决定婚姻的权利。首先，有了自主选择结婚对象的权利。旧的婚姻制度无视个人尊严和男女平等。在武家社会的"家"制度下，婚姻是"借新的联姻来扩大自己势力的机会"，[1] 往往被作为武力的补充。武士大名纷纷以儿女婚姻作为扩张势力或遏制对手的手段，把婚姻关系作为同盟合议的副产物，实行"政治婚姻"（日语读作"政略结婚"）。这种"政治婚姻"完全是武家之间的一种政治交易，不惜牺牲子女、姐妹的感情，乃至青春、生命，其中受害最深的就是女性。在这种婚姻中，女性的作用仅仅是一种工具，是讲和、结盟的筹码，可以被人任意使用。到了明治时代，婚姻仍然不是自己可以决定的。旧民法规定，婚姻不仅要得到户主的许可，而且凡未满30岁的男子或年未满25岁的女子结婚，还需征得父母的同意。战后新民法对旧制度进行了改革，废除了这些无视个人意愿的条例，规定男性满18岁、女性满16岁即具备结婚的资格；赋予满20岁的成年（日本法律规定20岁为成年人）男女婚姻自由的权利，只要当事人双方愿意，不需征得家长的同意就可以结成婚姻；而20岁以下子女的婚姻，则应取得父母的同意。父母一方不同意时，有他方同意即可。据此，成年男女有了自己决定婚姻的自由。

其次，女性可以在法律允许的范围内自由决定是否结婚、何时结婚。而传统家族制度下，家长、父母是子女婚姻的决定者。现代法律赋予女性婚姻自由决定权以后，越来越多的女性不仅提倡要寻找"合适自己的理想伴侣"，而且要在"想结婚的时候结婚"，不再受传统"结婚适龄期""大龄小姐"等字眼的约束。日本厚生劳动省历年的《人口动态调查》结果显示，1950年日本女性的平均初婚年龄是23岁，至1980年提高至25.2岁，到了2009年则增长至28.6岁。姑且不谈晚婚的利弊，但从初婚年龄的推移可以反映出女性对结婚年龄的自由决定权，并且不受社会舆论的影响。有些女性认为不管年龄大小，"在找到真正的理想伴侣之前不想结婚"。从80年代开始，日本社会进入了"不愿结婚的女子时代"，女子不嫁、男子结婚难现象也是女性自由选择婚姻所带来的后果之一。

伴随着现代日本女性拥有婚姻自由选择权利，她们选择配偶的方式和

---

[1] 《马克思恩格斯选集》第4卷，人民出版社1972年版，第74页。

具体的择偶观也随之发生了变化。在传统家族制度下，婚姻不是个人之间的事情，而是家与家之间的联姻，讲究"门当户对"，因此，由中间人介绍的"相亲结婚"（日语读"见合结婚"）大行其道，家长主宰着子女的婚姻，多数女性是听从父命、相亲结婚、嫁入夫家。战后以来，在人人平等和婚姻自由原则的指导下，伴随着女性上学、就业率的上升，社交范围的扩大，女性自己寻找志同道合者的恋爱婚姻也逐渐增多。对初婚夫妇配偶选择方式的调查结果显示，二战即将结束的1940年至1944年间，相亲结婚占到69.1%，是结婚对象选择的主流，而恋爱结婚仅占14.6%；战后初期的1945年至1949年，相亲结婚比例为59.8%，仍为主要方式，恋爱结婚为21.4%，稍有增加；1965年至1969年，相亲结婚下降为44.9%，低于同时期恋爱结婚的48.7%；以2000年至2005年为例，恋爱结婚的比例高达87.2%，成为配偶选择的绝对主流，而相亲结婚继续下降，仅为6.2%。[1] 从战前和战后初期的相亲结婚到当今接近90%的恋爱结婚，人们在婚姻选择中的自主性可见一斑。女性从战前的婚姻受支配于人，完全没有选择权，到如今可以和男性一样自由恋爱、选择配偶，她们在恋爱、婚姻中的地位有了很大的提升。

现代日本女性开始走出家庭、进入社会，这为她们自由恋爱提供了可能。而她们进出社会的各个场所、场景，都可能成就自由恋爱：在共同工作的环境中、在亲友的朋友圈里、在学校、社团、旅途等。在2000年至2005年自由恋爱数据统计中，占比例最大的是在亲友的朋友圈子里，占将近三分之一。[2]

二战后，日本女性的择偶观也不断发生变化。20世纪80年代末90年代初，日本女性中流行选择"三高男"，即高学历、高收入、高身材。1988年日本的人均国民收入已经超过美国，经济大国的地位更加突出。80年代的日本青年，都出生于60年代以后经济高速发展时期，在和平安宁的社会环境中长大，他们追求个性，希望实现"自我实现的需求愿望"。因此，这一时期的女性多憧憬寻找一位经济丰裕、消费阔绰、能够依靠、可以炫耀的伴侣。20世纪90年代日本泡沫经济崩溃，人们普遍对

---

[1] ［日］社会实情数据图录：《结婚男女认识方式的变化》，http：//www2.ttcn.ne.jp/honkawa/2455.html。

[2] 同上。

生活感到不安，女性的择偶观也随之改变，她们认为与其跟那种高收入却生活在大风险中的人结婚，倒不如与拥有实实在在、稳定职业的人生活。于是，低风险、低姿态、低依存，即所谓"三低"男性成为女性的理想选择。近年来，由于经济不景气，人们越发追求稳定，女性的择偶标准进一步转向"三同"和"三手"。"三同"即相同或相似的工作观、金钱观、成长环境，强调拥有稳定的工作和相似的价值观。"三手"指帮忙做家务和育儿（日语读做"手伝う"）、相互理解和支持（日语读做"手を取り合う"）、相爱（日语读做"手をつなぐ"），更加强调对男性的内在要求。最近一次对女性的择偶观调查显示，女性最在意的是具有相同的价值观、金钱观等男性的内在资质，而对高收入、高学历、高身材等外在条件的要求则排到了比较靠后的位置。

从选择"高收入"到希望具有相同的价值观，从最初热衷寻找可以依靠的对象到当今的志同道合、相爱，随着日本社会的发展变化以及日本女性自身的成长，日本女性的择偶观不断变化，渐渐趋于理智、现实与成熟。笔者在日本留学期间，特意注意了一下日本演艺界女艺人的配偶选择情况报道，她们选择的多为媒体界同事或演艺圈内的人士，认为大家在一起有共同的语言，像我们国内演艺圈那些倾向于傍大款、嫁入豪门、痴迷"富二代"之类的女艺人不多。

二 保障夫妇平等权益

战后新宪法明确要求将"全体国民都作为个人而受到尊重"和"全体国民在法律面前一律平等"的基本思想应用到婚姻和家庭方面。根据新宪法的精神，新民法的很多规定体现了男女平等，保障了女性在婚姻生活中享有与男性平等的权益。

首先，新民法规定姓氏由双方协议确定。在旧的民法中规定，"户主及家族称户主家之氏"（第746条）、"妻因婚姻而入夫家"（第788条），即结婚以后女方改姓男方的姓氏，表示脱离父亲的家，加入丈夫的家。在这种嫁娶婚姻中，女性因婚嫁而进入男方的家庭，改变自己的姓氏和以往的生活习惯来适应男方及男方的家庭，而男方无须作出改变，只要接纳女方即可。这种强制要求改称夫家姓氏的规定无视女性的人格，夫妇之间是十分不平等的。新《民法》则明确规定结婚后姓男方的姓氏还是女方的姓氏由夫妇协议商定（《民法》第750条），确定姓氏的目的完全是为了称呼方便，不存在隶属关系。

其次，新民法变更了同居义务的规定。旧民法只是规定"妻负有与夫同居之义务，夫应使妻与之同居"。旧家族制度下，延续家业、生儿育女是婚姻的最高目的。因此，女性被视为繁衍后代的工具，被称为"借腹之物"，被单方面要求有义务与丈夫同居；而丈夫为生子而纳妾，一夫多妻是天经地义的事情。夫妇在同居义务上是不对等的。新民法破除这种男女不平等的条例，规定："夫妇应同居，相互协力，相互扶助"（第752条），要求夫妇互相负有同居的义务。

最后，在家庭财物方面实现了夫妇平等。旧家族制度下，女性对财物没有所有权和管理权，包括结婚带来的嫁妆都要交由家长管理、支配。新民法则规定夫妇共同承担婚姻期间的费用（第760条）、共同承担家庭债务（第761条）、婚姻存续期间的财产归夫妇共有（第762条），保障妻子与丈夫一样拥有对家庭财物的支配权。例如，夫妇共同承担婚姻期间的费用，即使妻子为没有工资的专职家庭主妇，丈夫的收入也有义务用于家庭的共同花销。

战后日本政府制定了一系列法律法规保障女性的夫妇平等权益。但是，在实际生活中，要真正实现夫妇平等还是有一些问题的。例如前文提到的"夫妇同姓"问题，新民法只是规定"夫妇必须同姓"，夫妇可以根据约定，或随夫姓或随妻姓。但实际上根据日本官方2008年的统计数据显示，超过95%的夫妇是妻子改随丈夫的姓氏。显然，尽管法律没有强制规定"谁随谁姓"，但是，在法律强制改姓的规定下，多数女性"被改姓"。出现这种情况，一方面是受到根深蒂固的传统家族观念的影响，另一方面如果女性结婚后不改姓的话，容易在亲子关系、财产继承等很多方面遇到麻烦。在当今日本，随着职业女性的逐渐增多，女性结婚后改姓氏所带来的不便越来越凸显出来，改姓需要逐一通知工作伙伴、客户，额外增加了不少麻烦，影响到她们的职业发展。许多崇尚独立自由的日本女性开始向政府、社会抗议："既然法律规定人人平等，为什么还要强制夫妇同姓"，"无论如何对被迫改姓的一方而言，这是不公平的"。甚至还有一些人上告政府、提出赔偿要求。近十几年来，日本政府也先后二十多次收到关于修改"夫妇必须同姓"条款的提案，但均未能撼动根基深厚的现行姓氏制度。由此可见，尽管战后日本在男女平等方面取得了不小的进步，但是要实现真正的男女平等，其道路是漫长而曲折的。

随着一系列法律法规的出台，现代日本女性的婚姻家庭权益得以保障，加之欧美民主思想的传播，日本女性的生活发生了"静悄悄的革命"，她们的婚姻观也随之发生了变化。

首先，横向的夫妻关系取代纵向的父子关系成为婚姻的重心，女性更加重视自己作为妻子在婚姻家庭中的地位与作用。在根深蒂固的传统家族制度下，从祖先到子孙的纵向延续是家族的根本，婚姻的最大意义就在于家业的延续。因此，女性只是生养后代和家业继承人的工具，是家庭的"女仆"。明治时代更是强化了这种不合理的状况，如《明治民法》规定家族定义为："户主的亲属且在其家者及其配偶"，将女性配偶列在家族成员的最后；规定对于丈夫遗产的继承，妻子不过是次于直系卑属的第二继承人，也就是说，只有在没有子孙的情况下，妻子才有可能继承丈夫的遗产。二战结束后，首先是法律规定婚姻建立在自愿、平等的基础上，夫妇协力、共同维持，保障女性在婚姻中拥有与男性同等的权利，不会因为是男性或者女性而在婚姻家庭权利、义务方面有所不同。其次战后以来，随着社会的发展，企业需要大量的劳动力，大批的青壮年离开家乡汇入都市。几代同居的传统大家庭越来越少，以夫妇为核心的新型小家庭逐渐增多，三代同居的家庭由1960年的31%下降至2005年的12%。[①] 法律已经否定了传统家族制度中不平等的夫妇关系，并且在这种小型家庭中，来自长辈及周围的舆论压力也少，传统家族观念的束缚力逐渐变弱，妻子在婚姻中的地位越来越受到重视，夫妻关系成为婚姻生活的中心和重心。

其次，越来越多的女性要求在婚姻中尊重自我、追求独立。战后，日本女性获得了参政、议政的权利，与男子一样成为民主国家的公民。1975年第一次世界妇女大会召开以来，日本女性也开始频繁步入社会、参与政治等，加之现代教育的发展，将近半数的女性接受了高等教育，女性的自我意识开始觉醒并蓬勃发展起来。她们把婚姻看成是夫妇两人之间的事，更加尊重自己的内心情感和属于自己的生活。在选择配偶时，许多女性重视的是对方的品行、性格等，而不是像以往的婚姻一样只考虑门当户对，因此自由恋爱是她们选择理想配偶的主要方式。而结婚后当发现双方性格不和、价值观不同时，她们会毫不犹豫地选择离婚，战前根本不可能出现

[①] ［日］伊藤阳一等编：《男女共同参画统计数据书——日本的女性与男性》，（东京）行政出版社2009年版，第18页。

的"性格不合""婚外恋""与丈夫的家人不合"等成为女性提出离婚的主要理由。

另外，女性在其他一些关于婚姻问题的看法上也发生了变化。例如，在初婚年龄和生育年龄等问题上，女性希望顺其自然，寻求心仪的对象，想结婚的时候再结婚，想生育的时候再生育，不再特别在意"女大当嫁"的社会舆论。战后，女性的平均初婚年龄从1950的23岁，上升至2009年的28.6岁，提高了将近6岁。女性平均生育第一个孩子的年龄在1955年为24.8岁，至2008年提高至29.5岁，推后了将近五年。再如，在结婚、生育后是否工作的问题上，女性的自立意识增强，希望生育后继续工作的人不断增加。日本内阁府男女共同参画局的舆论调查结果显示，不希望因为生育而终止工作的妇女在1992年为23.4%，至2007年上升到45%。[1]

三 维护平等离婚权益

现代以前，女性的离婚权益是受到限制的。在江户时代的旧家族伦理观念之下，妇女不论在法律上还是在道义上都没有提出离婚的权利，男性则独断专行，拥有对妻子的"七去"权[2]，实际就是可以以任何借口休弃妻子。男子休妻程序极为简单，只要写上一纸休书，就算结束了夫妻关系。如果做丈夫的不会写字，便只需在纸上画三行半的直道道，妻子——这个对于女性来说生命攸关的地位就轻而易举地被抹掉了，因此"三行半"便成了江户时代休书的代名词。对于女性而言，不论在婆家境遇如何，都必须履行与丈夫同居的义务，对于离婚是连想也不能想的。当妻子因种种原因离家不归时，丈夫有权对女方娘家提起诉讼，娘家必须将女儿送回夫家，还要被科以罚款。唯一能使女性得到解脱的办法是逃到寺庙寻求保护，经确认实属不堪丈夫虐待而要求离婚的，便由寺庙暂时收留下来，再由寺方出面召集丈夫及妻子的父母、媒人进行谈判。如果丈夫同意离婚并写休书，女子即可随父母回家。如果丈夫执意

---

[1] [日]厚生劳动省：《平成21年工作女性的实况》，http://www.mhlw.go.jp/bunya/koyoukintou/josei-jitsujo/09.html。

[2] 《大戴礼记·本命》："妇有七去：不顺父母，去；无子，去；淫，去；妒，去；有恶疾，去；多言，去；窃盗，去。"近代日本对中国古代的"七去"原封不动地加以继承。

不写休书，妻子则必须在寺内当三年尼姑，才算自然结束夫妻关系。可见，女性为达到离婚的目的，需要付出相当大的代价。明治维新后，日本女性仍未能像其他资本主义国家的女性那样享受到与男子同样的权益，《明治民法》虽然承认了妇女拥有离婚的权利，但同时又在离婚理由上作出极不利于妇女的规定：如果妻子与人通奸，丈夫便可以提出离婚；而只有在丈夫犯奸淫罪并被判刑的情况下，妻子才能提出离婚。处于无权地位的妇女受传统观念、社会舆论及经济地位等限制，真正想实现离婚还是有很多困难的。

二战后，日本女性在法律上获得了与男性平等的离婚自由。《日本国宪法》明确规定，婚姻基于双方合意而建立。战后新《民法》的第763条至771条对协议离婚的条件、适用、亲权、姓氏、财产以及裁判离婚的适用、标准、子女认定等作出了详细的规定，如规定成年人离婚由自己做主，不需要必须征得父母的同意（第764条）；离婚时对未成年孩子的亲权由双方协商确定（第765条）；离婚一方可以向另一方提出财产分割请求（第768条）；夫妻中一方有外遇、恶意遗弃、三年以上生死不明、精神病、其他阻碍婚姻维持的重大原因时，法院可以依法裁判离婚（第770条）等。此外，《户籍法》《家事审判法》《人事诉讼法》等也都有与离婚相关的规定。可见，战后新法律在对离婚作出规定时，针对的是婚姻中的任何一方，不存在因男女性别不同而差别对待。

日本女性自二战后获得可以自主决定的离婚权利以来，日本社会的离婚率逐年升高。20世纪90年代以前，在资本主义发达国家中，日本的离婚率长期处于较低水平。[1] 但是，自20世纪90年代中期以来，日本社会出现了前所未有的离婚热，2002年的离婚件数达到289836件，是1899年以来离婚最高峰。自1999年离婚件数达到250529件以来，连续十年年离婚总数超过25万件，即十年来大约平均每两分钟就有一对夫妇成为路人。居高不下的离婚现象，对日本社会产生了较大震动与影响。

---

[1] ［日］根据厚生劳动省统计，1995年各主要国家离婚率为：俄国4.51‰，美国4.45‰，英国2.89‰，加拿大2.62‰，澳大利亚2.75‰，瑞典2.54‰，德国2.07‰，日本1.60‰。厚生劳动省：《关于离婚的统计——离婚的国际比较》，http：//www1.mhlw.go.jp/toukei/rikon_8/repo8.html。

表 5 – 1　　　　　　　　日本离婚数字历年统计

年份	1960	1970	1980	1990	1995	2000	2002	2007	2009
总数（件）	69410	95937	141689	157608	199016	264246	289836	254832	253408
离婚率（‰）	0.74	0.93	1.22	1.28	1.60	2.10	2.30	2.02	1.99

资料来源：根据厚生劳动省《各年次人口动态统计月报年计概况》制成，DN http://www.mhlw.go.jp/stf/houdou/index.html。

许多与离婚相关的产业发展、壮大起来，离婚市场生意异常火爆。很多办理离婚的事务所在媒体、电车、街头等刊登出协助离婚的广告，并制作精美的网页，进行离婚状况介绍、个人的离婚度测试、离婚时的法律程序解析、离婚后生活指导等，从离婚维权到离婚取证、离婚调查、离婚索赔、离婚谈判、离婚调解到离婚诉讼、离婚协议、离婚官司，提供"一条龙"服务。有些银行还抓住时机，拓展业务，推出"离婚贷款"，帮助人们在离婚后重新开始生活。在东京都甚至还诞生了新的离婚业务："离婚仪式"，并且日渐风靡。据报道，2009 年 4 月，日本商人寺井广树大胆地创办了"离婚屋"，专门举行"离婚仪式"。截止到 2010 年，这家公司已经为 25 对夫妇举办了离婚仪式，有近 900 人专门就离婚仪式进行过咨询。[①]

离婚用语也伴随着离婚数量的增多发生了微妙的变化。过去，在户籍档案需要手动填写的时代，因为离婚等原因而需要迁出户口的时候，在迁出人一栏画上一个"×"，日语读作"batsuichi"。20 世纪 90 年代中期以来，随着离婚的增多，"batsuichi"已经在很多公众场合成为离婚的代名词，1993 年还正式写入了日语语言界比较权威的《现代用语基础知识》，很多人在媒体、娱乐等大众场所公然宣称"batsuichi"是自己"离婚的勋章"，离婚已不再是羞于启齿的"家丑"。

离婚事件越来越多，为了保障离婚后双方的生活，日本政府出台了一系列法律法规。首先，二战后新民法第 768 条规定，家庭财产系夫妇协力而得，因此无论是协议离婚还是裁判离婚，当事人一方有权向另一方要求分割财产，这是一项保障男女平等的实质性规定，从根

---

① [日]《东京的离婚仪式：共同砸婚戒》，《产经新闻》2010 年 6 月 23 日，http://sankei.jp.msn.com/life/trend/100623/trd1006231822003 – n1.htm。

本上保障了离婚双方的权益，特别是保障妇女不会因为离婚而立刻陷入贫困。

其次，现代日本离婚实例中有离婚抚慰金制度。日本现行《民法》第710条规定："因侵害他人的身体、自由、名誉及他人财产权，依《民法》第709条应承担损害赔偿责任的，除对于所产生的财产损害进行赔偿外，加害人还应承担财产损害以外的赔偿责任。"据此，在日本离婚裁判中，因配偶一方过错而导致离婚的，无过错一方可以向过错一方提出损害赔偿，即我们通常所说的因为离婚而请求的精神损害赔偿。在日本，这种精神损害赔偿被称为离婚抚慰金。当前日本的立法、学说及司法实践中均认可离婚抚慰金制度。

此外，为了更好地保障专职家庭主妇的权益，日本政府在2004年通过了退休金制度改革法。该法中的《退休金离婚分割制度》规定，从2007年4月1日起，离婚时，只要丈夫同意，专职家庭主妇可以分割丈夫一半退休金（不包括丈夫企业补贴和国民养老金）。2008年4月1日起，不论丈夫是否同意，法庭均可判决妻子获得丈夫退休金的一半。与此配套，社会保障厅从2006年10月开始，对50岁以上工薪族实行提供退休金信息制度，以便在离婚诉讼中，法院判决分割丈夫的退休金时有所依据。离婚时退休金的分割，以结婚年限来计算，结婚时间越长，离婚时所能分割的退休金就越多。

由于法律赋予女性与男性平等地享有离婚权利，加上一系列制度保障，女性在离婚问题上的主动权越来越大。据统计，当今日本的离婚申请七成由女性首先提出。[①] 年轻人男女平等意识较强，离婚多由女性提出倒也容易让人接受。让人吃惊的是，在婚姻持续时间超过20年的中老年离婚案例中，95%以上由女方首先提出[②]，这表明不同年龄层女性在家庭、婚姻中的地位均有所提高。

[①] ［日］伊藤阳一等编：《男女共同参画统计数据书——日本的女性与男性》，行政出版社2009年版，第27页。

[②] 《日本"新式离婚"95%由女性提出》，《深圳特区报》2007年12月9日，http://paper.sznews.com/tqb/20071209/ca2849672.htm。

四 保障女性人身权益

所谓婚姻暴力①，指的是发生在已婚夫妇、同居男女、已离婚或分居的男女以及有亲密关系的男女朋友间的暴力行为。在日本，婚姻暴力指"来自配偶的暴力"，称为 DV（Domestic Violence 的缩写）暴力，指的是遭受配偶、过去的配偶、事实配偶的暴力，包括直接殴打等身体暴力；禁止外出、检查信件等的精神暴力；不给生活费等的经济暴力；强行发生性行为、强迫看黄色书刊等的性暴力；等等。

二战前，日本女性是婚姻暴力的最大受害者。传统家族制度下的日本女性，特别是妻子在婚姻家庭中没有任何自主权和地位，必须服从丈夫的命令，被认为是无能者，是丈夫的私有财产。在这种情况下，丈夫对妻子施以暴力，被认为是惩罚妇女的手段。包括妇女自身在内整个日本社会都认为，婚姻暴力是家庭内部的事情，属于各家的私事，即使遭受暴力，妇女也大多会认为这是自己和家庭的耻辱，家丑不可外扬，羞于向外界求助。而且不同于其他暴力事件，婚姻暴力具有反复性，许多妇女在遭受暴力后往往忍气吞声，更加纵容和加剧了婚姻暴力的发生。

婚姻暴力是对女性人权和基本自由的严重侵犯，它不仅是家庭问题，也是女性权益受到侵犯的社会问题，应该引起社会的广泛关注。20世纪70年代以来，保护妇女免受婚姻暴力的侵害这一问题日益受到国际社会的关注。联合国大会于1979年通过了《消除对妇女一切形式歧视的公约》，明确提出要保障妇女人权这一基本自由，反对并积极干预基于性别的种种歧视。1985年的内罗毕第三次世界妇女大会中突出强调了针对妇女的暴力问题，呼吁世界各国将防止对妇女的家庭暴力问题放在优先位置。1993年的维也纳世界人权大会上，将对妇女的暴力问题定位为人权问题，要求废除对妇女的暴力。同年，第48届联合国大会通过了《消除对妇女暴力的宣言》，敦促与会各国制定有效制度、措施、政策来消除对妇女的暴力，并鼓励研究和收集与性别暴力相关的数据、资料来帮助、解救受暴力侵害的女性。1995年的北京第四届世界

---

① 本书所指的对妇女暴力主要指遭受来自配偶、原配偶、事实婚姻中另一方的暴力，其范围不完全等同于"家庭暴力"，因此本书引用日本的说法"婚姻暴力"来形容这一现象。

妇女大会通过的《北京宣言》和《行动纲领》把对妇女的暴力问题确定为国际社会的优先关注领域，并具体提出了消除对妇女暴力的三个战略目标。2000 年联合国在纽约召开的特别会议"女性 2000 年"上，再次重申，无论是公众场合还是私人领域，对妇女及儿童的暴力，都属于人权问题，并呼吁与会各国采取立法等一切可能的措施来杜绝暴力行为。

日本国内关注对女性暴力问题始于 1995 年北京第四次世界妇女大会之后。以男女共同参画局为中心，逐步制定颁布了一系列法规保障女性不受暴力危害。1995 年 7 月，日本政府的男女共同参画审议会首次提出"废除对女性的暴力"，以响应国际社会的号召；1996 年 12 月，在《男女共同参画 2000 年计划》中，明确将"杜绝对女性一切形式的暴力"作为此后国内行动的一个重要目标，开始关注对女性暴力问题；1997 年 6 月，男女共同参画审议会下设"对女性暴力会"，设置专门机构解决对女性暴力问题；1999 年 5 月，男女共同参画审议会通过"旨在建立一个对女性没有暴力的社会"的方案，希望各相关部门、团体、专家积极支援，将对女性暴力问题作为重要课题来研究，在对女性暴力现状调查研究的基础上，以为政府建言、推进政府施策；2000 年 4 月，进一步提出要特别注意"来自丈夫、伴侣的暴力"，将消除婚姻暴力摆在了非常重要的位置，并提出为遭受暴力女性提供咨询和支援服务；2000 年 7 月，审议会形成《关于针对对女性暴力的基本方针》，指出"将丈夫或伴侣对女性的暴力作为社会问题来认识，当务之急是积极采取政府层面的对策"，"应当尽快制定新的法律法规"；2001 年 4 月，日本政府颁布了《防止来自配偶的暴力及保护受害者的法律》，并于 2004 年和 2007 年进行了修改，一直沿用至今；2008 年 1 月，在《防止来自配偶的暴力及保护受害者的法律》的基础上，日本政府又出台了《关于防止来自配偶的暴力及保护受害者措施的基本方针》，积极在全日本推进对婚姻暴力的干预、保护受害人并实施有效支援。

现行的《防止来自配偶的暴力及保护受害者的法律》分 6 章 30 条，是一部以防止婚姻暴力、保护受害者为目的，为受害者提供咨询、保护、自立等支援，对施暴者进行惩罚的法律。该法律明确规定婚姻暴力是犯罪行为，国家及地方公共团体有责任通过制定基本方针和计划、进行教育启发、推进调查研究、支援民间团体等来防止受害者遭受婚姻暴力，还明确女性遭受婚姻暴力时可以向警察报警、向"受害者咨询保护中心"求助或者向法院起诉等寻求保护；并要求各地配备女性咨询员、完善女性保护设施、进行通报、执行裁判所的命令等，还对各项进行了详细规定，如执行裁判所的命令包括禁止接近受害者、禁止与受害者见面等。《防止来自配偶的暴力及保护受害者的法律》为女性提供了面对婚姻暴力保护自己的法律武器和解决问题的途径。

立法之外，日本政府还十分重视对女性暴力的调查研究。2001年4月20日，日本政府在内阁府男女共同参画会议下专门设置"对女性的暴力专门调查会"，由学者、律师、相关负责人等组成，调查对女性婚姻暴力现状、收集整理数据、汇编资料，研究和探讨对女性婚姻暴力行为的原因、性质等，向社会公布，并提出相应对策。

此外，一些地方政府组织、民间团体、妇女组织等也积极投入到杜绝对女性婚姻暴力的行列中。很多地方政府组织设立了妇女咨询处或婚姻暴力避难所，保护女性权益；组织调查研究，推进全日本对这一问题的认识等。一些妇女组织张贴海报、办报宣传普及尊重人权的理论；组织示威游行、公开讲座等带领公众抵制婚姻暴力等等。

第三节　日本女性婚姻家庭权益中的现实问题

现代日本女性在婚姻家庭中的地位明显改善和提高，她们在恋爱、婚姻中都有了较强的自主性，取得了与男性平等的权益。但是，随着女性进入社会、参加工作，在婚姻家庭领域又出现了一些新的问题。现代日本女性以晚婚、晚育躲避婚姻，以不婚、不育跻身社会，以老年离婚换取最后的自由。她们肩负家庭的重担，努力寻找个人在家庭与社会中的最佳坐标点，希望在社会中实现自身的人生价值。

一　晚婚与不婚

现代日本男女普遍晚婚，初婚年龄不断提高。日本在每年的1月份为年满20岁的男女举办成人仪式，宣布他们已经成人，开始拥有成人的权利并承担相应的义务。按照日本现行法律规定，男18岁、女16岁起即可以结婚。实际上，大多数的现代日本人结婚偏晚。2009年女性的平均初婚年龄为 28.6 岁。2005 年日本总务省的人口普查①结果显示，25—39 岁未结婚的男女比例继续上升，男性在 25—29 岁未婚的比例为 71.4%、30—34 岁的比例为 47.1%、35—39 岁的比例为 30%；女性 25—29 岁未婚的比例为 59.0%、30—34 岁的比例为 32%、35—39 岁的比例为 18.4%。2005 年，日本 23—28 岁处于结婚适龄期的女性，有一半以上未婚。

而且，单身女性不断增多。现代日本单身家庭呈现出增加趋势，1960 年日本社会的单身家庭占 16.1%，至 2005 年增至 29.47%，这些单身家庭中相当一部分是单身女性家庭。这些单身女性中，一些是到了适龄期而暂时不想结婚的，一些是在当今日本离婚大潮中出现的离异者，一些是老伴去世的高龄妇女。战后以来的日本，终身不结婚的独身者的比例不断增加，根据上文所提 2005 年日本总务省的人口普查，较之 30 年前终身不婚者的比例大大增加了，男性不婚者比例从 1975 年的 2.12% 增至 2005 年的 15.96%，女性不婚者由 1975 年的 4.32% 增加到 2005 年的 7.25%。

女性晚婚、不婚现象的出现是现代日本社会发展和女性自身独立意识增强的必然结果。二战后家族制度被废除，婚姻不再与"家"的利益连在一起，不再受家长意志的束缚，女性为追求个人幸福及生活自由，进而为了延长工作时间而尽量晚婚。与多数男性因为结婚费用不够所以晚婚不同，大部分日本女性在谈到自己不愿意结婚的理由时称不想失去自由。战后新女性的政治经济、文化教育等地位大大提高，她们与男性同等接受教育，拥有较高的学历和文化素养，社会意识较强。在学历和年龄优势兼备的情况下，女大学生的初次就业率也很高、就业待遇也得到不断改善。结婚前，女性拥有稳定的经济收入、较高的职业地位、较大的个人自由。而结婚后，妇女被定位于服务家庭、相夫教子为主，很多女性被迫失去来之不易的工作、依靠丈夫生活而失去经济上的支撑和心理上的平衡。一些妇女生育后希望继续工作，但工作单位对有孩子的女性存在偏见。婚前婚后处境的巨大反差，使很多女性不愿早结婚，她们选择了先充分享受"单身贵族"的生活再考虑婚姻的做法，一些人甚至一生独身。

---

① 日本总务省每五年在全国进行一次人口普查，日本称为国势调查。

社会环境的变化也在客观上加大了女性对晚婚、不婚的选择。在舆论环境上，过去社会上几乎一致的看法是"男大当婚、女大当嫁"，适龄不结婚的话，来自周围的压力非常大。当代日本，人们的观念发生了变化，不再认为晚婚、不婚是"嫁不出去"的丢面子事情，经济上独立的女性没必要为了寻找依靠去结婚，而是要根据自己主观意志作出选择。同时，在生活方式上，现代多样化的社会为女性提供了广阔的生活前景，婚姻对于许多女性来说已经不是唯一的选择，单身女性有固定的收入没有经济上的负担，她们可以随心所欲地安排自己的生活，自由支配时间和金钱，参加俱乐部、旅游等尽情享受生活。

日本女性晚婚、不婚所带来的直接社会影响就是晚育及生育率的下降。受传统思想的影响，日本社会有一个明显的现象：婚外子女比率极少而人工流产数量极多，这说明非婚生子女不被社会所认可。因此，晚婚会直接造成女性头胎生育的推迟，而高龄产妇的头胎往往伴随着难产、精力不足等，这种经历会直接影响女性对生育数量的决定。可以说，现代日本女性的晚婚、不婚是当今日本社会出现少子化现象的重要原因之一，而少子化问题直接造成日本人口年龄结构倒置、年轻劳动力人口不足，继而引发一系列的社会问题。

二 单亲妈妈家庭

近年来，日本单亲家庭数量不断增多，单亲妈妈家庭的数量和比例也是不断增加。在日本有"核心家庭"的说法，它指的是夫妇家庭或者夫妇与未成年子女组成的家庭。2005年，日本有核心家庭28395千户，其中单亲妈妈家庭3491千户，占核心家庭的12.29%。战后以来，日本单亲妈妈家庭的数量不断增多，1960年为1424千户，2005年为3491千户，数量增长了将近2.5倍，在所有亲族家庭中所占的比例也由1970年的4.9%持续上升至2005年的7.12%[1]（见表5-2）。依目前的趋势来看，单亲妈妈家庭的数量与比例会持续增加。

单亲妈妈家庭的增多，首先是因为离婚件数的居高不下。当代日本的离婚率在发达资本主义国家中一直处于前列，而且婚龄在10年以内的夫妇是离婚的最大群体，1975年婚龄在10年以内的离婚件数是86933件，

---

[1] ［日］日本总务省统计局：《平成12年国势调查》《平成17年国势调查》。

占当年离婚总数的 73%，到了 2009 年这一婚龄段的离婚增至 138354 件。这一婚龄段的夫妇处于生育的盛年，他们的离婚最容易涉及未成年子女抚养问题。其次，现代日本法律赋予女性与男性享有平等的亲权，母亲也是未成年子女的法定监护人；离婚时，根据对未成年子女成长有利的原则确定子女的抚养权，如果是没有出生的孩子，则母亲为法定抚养人。战后日本家庭的性别分工比较明显，多数家庭为"男主外、女主内"的分工模式，母亲在未成年子女的养育方面付出较多、经验也比较丰富。因此，多数离婚后孩子的抚养权归母亲，如表 5-2 所示，母子家庭的比例要远远高于父子家庭的比例。此外，其他一些原因也会造成单身妈妈家庭的出现，如丧偶、少女妈妈等，这些不是造成单身妈妈家庭的主流，但近年来少女妈妈型单亲家庭有增多的趋势，开始引起日本社会学界的关注。

表 5-2　　　　　　　家庭类别户数构成比例①　　　　　（单位:%）

年份	总数	亲族家庭 总家庭	夫妻家庭	夫妻与孩子家庭	父子家庭	母子家庭	其他家庭②	单身家庭	非亲家庭
1960	100	83.6	7.3	38.2	1.1	6.4	30.5	16.1	0.3
1970	100	79.4	9.8	41.2	0.8	4.9	22.7	20.3	0.3
1975	100	80.3	11.6	42.5	0.8	4.6	20.8	19.5	0.2
1980	100	80.0	12.5	42.1	0.8	4.9	19.7	19.8	0.2
1985	100	79.02	13.72	39.99	0.94	5.39	18.98	20.79	0.21
1990	100	76.73	15.48	37.31	1.05	5.72	17.17	23.09	0.16
1995	100	74.11	17.36	34.24	1.10	5.98	15.43	25.60	0.29
2000	100	71.99	18.89	31.89	1.17	6.48	13.56	27.60	0.41
2005	100	69.99	19.64	29.85	1.27	7.12	12.11	29.47	0.54

单亲妈妈家庭的存在给女性自身带来一系列的问题。首先，她们会面临经济困难。据日本政府统计显示，单亲妈妈家庭的收入仅为单亲爸爸家庭收入的一半。在日本，多数女性结婚生育后会辞职专门照顾家庭，等孩

---

① [日]根据日本总务省统计局《平成 12 年国势调查》《平成 17 年国势调查》制成。
② 其他家庭指的是核心家庭以外的家庭，包括已婚成年子女与父母的家庭、已婚子女与子女及父母共同生活的家庭等。

子稍大以后再出来就业,此后多从事临时性的工作,收入较低且非常不稳定。而且,日本的教育支出数额较大,也是养育子女中一个令人头痛的问题。单亲妈妈们既要维持家计,又要负担孩子教育经费,而她们的收入又很微薄,因此经济上经常陷入困境。其次,单亲妈妈也会遭遇一些人为的困扰,如父母对她们生活的干预、工作中的性骚扰、社会上的不理解与不公待遇等。她们的地位得不到社会的认可,人们对单亲妈妈家庭不是同情就是指责,不能像对正常家庭那样平等对待她们。社会舆论往往歌颂单亲爸爸为"英雄",却很少给予单身妈妈以正常的尊重。此外,单亲妈妈不仅要面临各种现实困难,身心健康也受到了威胁。因离婚或其他打击而造成的抑郁、焦虑、急躁、酗酒、睡眠障碍、自尊心下降等折磨着一些单亲妈妈,有的甚至会选择自杀。她们忙于生计和照顾子女,无暇顾及自己的感情需要,精神生活空虚。

三 婚姻暴力问题

尽管政府设立专门机构、制定法律防止女性遭受婚姻暴力,但是当今日本社会的婚姻暴力现象仍然不容乐观。据2008年日本内阁府男女共同参画局对4500名20岁以上男女实施的调查显示,被调查的1358名女性中有33.2%的人曾经遭受丈夫的家庭暴力,其中10.8%的人曾经多次遭受家庭暴力。该调查还显示,4.4%的被调查女性遭受过丈夫"有生命危险的暴力",11.6%的人遭受"受伤或精神方面的暴力"。同时,遭受来自恋人暴力的情况也较多见。[①] 从《防止来自配偶的暴力及保护受害者的法律》施行的2002年4月到2007年12月之间,针对来自配偶的暴力而对受害者发出保护命令的有10971件。找警察咨询、举报以及希望得到保护的件数也每年增加,2007年超过了2万件。近年来,到"来自配偶的暴力咨询援助中心"的咨询件数年年增多,其中2008年4月至2009年3月的一年间,咨询件数达68196件。[②]

对女性的婚姻暴力是对女性基本人权的严重侵犯,施暴者不尊重女性的人格和尊严对其施行暴力,给女性的身心健康及生活带来极大的痛苦,

---

[①] [日]内阁府男女共同参画局:《2008年对女性暴力调查研究结果》(2009年3月公布),http://www.gender.go.jp/e-vaw/chousa/index.html。

[②] 胡澎:《性别视角下的日本妇女问题》,中国社会科学出版社2010年版,第200页。

使女性对人生不自信,严重阻碍了女性权益的健康发展。造成日本女性遭受婚姻暴力现象持续发生的原因主要有:

首先,在思想意识方面,很多日本人仍然赞成"男主外、女主内"的社会性别分工意识。在这种意识指引下,女性因结婚生育辞职成为专职家庭主妇,为主持家务、丈夫安心工作和养育子女作出了很大贡献,但是没有社会工作很难实现真正的自立,从而处于弱势,不可避免成为婚姻暴力的受害者。而丈夫在外工作紧张忙碌,回到家里与妻子的共同话题少、缺乏沟通,在工作中累积的压力不易发泄,很容易产生暴力倾向。

其次,经济因素方面,现代日本社会仍然是以"男性社会"为主的社会,女性进入社会参加工作的比例仍然低于男性,而且女性劳动者多为临时工、小时工等,工资、待遇都不如男性。男性工资仍是多数日本家庭的主要经济来源。经济上不自立使得很多女性即使遭受婚姻暴力仍然默默忍受一起生活。2008 年日本内阁府男女共同参画局对婚姻暴力的调查显示,遭受丈夫家庭暴力的女性中,只有 4% 的人选择了分手,而女性"继续一起生活"的理由中,28.4% 的人认为"如果离婚,经济方面没有保障",是所有理由中比例最高的。[①]

另外,女性自身方面,由于婚姻暴力多发生在家庭内部,私密性较强,因此女性自身对婚姻暴力问题的认识不够,直接导致了婚姻暴力的愈演愈烈。很多女性认为家庭暴力是私事,没必要向有关机构咨询、求助,自己忍一忍就过去了。上述 2008 年的同一调查表明,遭受婚姻暴力时,53% 的女性不去咨询求助,只有 2.2% 的人会向警察求助,1.1% 的人会到咨询中心去。关于不去咨询的原因,50% 的女性认为婚姻暴力不是什么大不了的事情,不值得咨询,22.4% 的人认为只要自己忍一忍就没事了;关于遭受婚姻暴力时会不会分手,84.5% 的女性选择不会分手,其中 42.1% 的人想过但是没有分手,42.4% 的人不会考虑分手。[②] 女性的反抗意识弱直接导致婚姻暴力的普遍、持续发生。对女性的婚姻暴力损害女性在婚姻家庭中的权益,危及家庭的健康生存与稳定发展,如果不及时有效予以防治,则不仅会危害女性自身利益,更会

[①] [日] 内阁府男女共同参画局:《2008 年对女性暴力调查研究结果》(2009 年 3 月公布),http://www.gender.go.jp/e-vaw/chousa/index.html。

[②] 同上。

成为社会不安定的因素。

四 "熟年离婚"问题

在日本近年来的离婚中,有一个特别引人注目的现象,即出现了婚龄在20年以上的中老年夫妇离婚热。中老年处于人生的成熟之年,随着中老年离婚的增多,针对这一现象出现了一个新的名词"熟年离婚",专门用于形容婚龄在20年以上的中老年夫妇离婚。一般认为,中老年夫妇有着漫长的共同生活经历,彼此间更加了解,婚姻、家庭理应相对稳定,但实际并非如此。过去,"熟年离婚"在日本较少见,如表5-3所示,到20世纪70年代中期,"熟年离婚"现象仍不多,只占离婚总数的5.72%。1985年,"熟年离婚"比例增加至12.26%,但在各婚龄段离婚人群中还是最低的。到了20世纪90年代,情况发生了微妙的变化,在比较平稳的总离婚率中,"熟年离婚"率显著上升。1995年,"熟年离婚"已经超过10—20年婚龄段,并在此后逐年增加。2007年,有40353对中老年夫妇离婚,比1975年增加了5.89倍,成为仅次于10年以下婚龄的最大离婚群体。"熟年离婚"成为日本社会的热门话题。2005年朝日电视台播出了以中老年离婚为题材的电视剧《熟年离婚》,该剧创下收视率新高,"熟年离婚"也成为日本流行语,不但频频见诸杂志、报纸,还在很多政府的相关统计数据中正式使用。

表5-3　　　　日本婚龄与离婚数字年次统计表①　　　　(单位:对)

年总数 婚龄	1975	1985	1995	2005	2006	2007	2008	2009
	119135	166640	199016	261917	257475	254832	251136	253408
5年	58336	56422	76710	90899	89655	86607	84206	84691
5—10年	28597	35338	41185	57564	58002	56335	55005	53663
10—15年	16206	32310	25308	35097	34740	33693	33606	34189
15—20年	8172	21528	19153	24887	23675	24166	24264	24992
20年以上	6810	20434	31877	40395	37782	40353	38922	40106

---

① 根据[日]厚生劳动省《各年次人口动态统计月报年计概况》制作,http://www.mhlw.go.jp/stf/houdou/index.html。

与低年龄段离婚不同的是，95%以上的"熟年离婚"，是由女方首先提出的。一项最新调查显示，日本50岁到60岁的准老年妇女中，有六成承认有过离婚念头，60岁以上的老年妇女在回答"你打算和谁一起去海外旅游"时，约有一半的人明确表示不愿跟自己的丈夫一起去。到法律事务所来咨询离婚事宜、想离婚的，也是中老年妇女占绝大多数。各种报刊、媒体在宣传避免离婚的对策时，更是以专门面向中老年男士的居多。女方提出离婚的理由主要是：性格不和、价值观不同、丈夫不愿做家务、冷漠无情及收入太少等。

同时，"熟年离婚"往往伴随男性的退休而发生，也被称为"定年离婚"（退休离婚）。目前日本的中老年群体，在退休前，男的多为企业正式员工，女的则专心持家。平时，丈夫忙于工作应酬，早出晚归，交流的圈子主要是工作中的同事；妻子作为专业主妇，做家务、照顾孩子，主要和孩子同学的家长、俱乐部的朋友、社区的邻居等交往。夫妻二人生活在两个没有"交集"的圈子里，丈夫的退休打破了家庭原有的生活模式。退休后的丈夫，没有了交际的圈子，没有多少业余爱好，不会做家务，不擅长与妻子、孩子交流，还经常牢骚满腹，一天到晚只是待在家里，看报、吃饭、洗澡、睡觉，不知道该如何生活，还需要妻子伺候，其情其景就像树叶离开枝头掉落地面，又不幸被雨水淋湿，故被戏称为"湿叶一族""大件垃圾"[①]，遭到妻子的反感，被妻子视为享受晚年生活的障碍。同时，日本现行的《退休金离婚分割制度》规定，离婚时退休金的分割，以结婚年限来计算，结婚时间越长，离婚时妇女所能分割的退休金就越多。因此，为了能够最大化地获取丈夫的退休金，很多想要离婚的中老年妇女选择在丈夫退休之时提出离婚。

当代日本之所以会出现"熟年离婚"热，主要是因为：首先，现代中老年女性的地位、价值观等与传统女性有很大不同。旧的家族制度讲究"男尊女卑"，女性的形象是顺从、温和、贞淑、忍耐、勤劳。在战后的社会经济进步及民主社会的熏陶下，女性面貌发生了很大的变化。战后的日本颁布了《日本国宪法》《男女雇用机会均等法》《男女共同参画社会基本法》等法律，保障女性享有与男性平等的权利。同时，女性获得了

---

① 在日本，垃圾实行分类回收。冰箱、洗衣机等垃圾在回收时，需向回收方付费，被称为"大件垃圾"。

参政权，接受良好的教育，开始逐渐走出家门、进入社会。随着经济和科学技术的发展，社会化程度越来越高，家务劳动电气化和智能化，快餐店与干洗店等服务行业越来越发达，育儿养老设施逐步完善，这些都大大缩减了女性家务劳动的时间，女性有了闲暇时间，从而有时间和精力到社会上工作。频繁进出社会的女性，独立意识强，对很多事情都很有主见。如今，日本已经进入老龄化社会，据日本厚生劳动省2009年7月公布的数据显示，2008年日本女性的平均寿命为86.05岁，已连续24年居世界第一。生命周期的变化，影响了中老年妇女对婚姻的看法。在过去，子女成人后，自己也临近晚年，即使婚姻不幸福，中老年妇女改变生活状态的意愿也不是特别强烈。而如今，丈夫60岁退休后，还有20多年漫长的人生道路，很多中老年夫妇开始重新审视自己的婚姻与家庭。长年的婚姻生活已经进入了倦怠期，日积月累的矛盾逐渐凸显出来，加上孩子已经独立，夫妇可以交流的共同话题越来越少，很多意见较大的中老年妇女开始选择离婚。

同时，中老年男性却对妻子的这些变化几乎毫无察觉。退休前，他们将几乎所有的精力倾注于工作，缺乏对婚姻的经营及与家人的沟通，而且很多人"大男子主义"观念根深蒂固。退休后，很多人仍然保持着上班时的生活习惯，衣来伸手、饭来张口，加深了妻子的不满。

其次，中老年妇女的婚姻观，特别是对离婚的态度也有了很大的变化。一方面，社会对离婚的容许度有了很大提高。1978年，日本NHK电视台曾播出以家庭生活为题材的电视剧《夫妇》，全剧以夫妇间的互相理解、和好收场。而在2005年日本热播的电视剧《熟年离婚》，同样是家庭剧，结局是夫妇离婚、分道扬镳。据日本电通总研2005年的世界价值观调查显示，日本国内对离婚的容许度由1990年的32.9%上升至2005年的60.2%。[①] 另外，日本的离婚案例也在不断增加，再婚人数也呈明显上升趋势。2005年日本的结婚案例有714265件，其中的25.31%属于再婚，而且夫妇均为再婚的占总结婚数量的8.96%。[②] 可见，过去令人觉得很抬

---

① ［日］社会实情调查图录：《自杀、同性恋、离婚的容许度调查表》，http://www.mhlw.go.jp/stf/houdou/index.html。

② ［日］伊藤阳一等编：《男女共同参画统计数据书——日本的女性与男性》，行政出版社2009年版，第25页。

不起头的离婚，现在已经成为一件非常平常和普遍的事情，这为中老年夫妇离婚提供了一个相对宽松和自由的社会舆论环境，也在客观上助长了老年夫妇的离婚。

此外，其他一些原因也催化了"熟年离婚"。《退休金离婚分割制度》中规定，离婚时，专职家庭主妇可以分割丈夫一半退休金。专门研究夫妇和家族问题的东京家族研究所首席研究员池内广美在2007年的一次谈话中说："日本妇女大约从5年前就开始期待退休金分割的实现。特别是50多岁的家庭主妇们对这个制度抱有更强烈的关心，……许多人认为即使稍微付出更多的补偿金和解决金，还是分开的好。"根据厚生劳动省的人口动态统计，《退休金离婚分割制度》开始实施的2007年，日本全国的"熟年离婚"为40353件，比之2006年的37782件有明显增加。[①]《退休金离婚分割制度》的立法变化，客观上成为"熟年离婚"较强幅度增长的催化剂。

"熟年离婚"数量居高不下，这已经不仅仅是一个家庭问题，由其引起的贫困、流浪、自杀等一系列社会问题已经开始逐渐为人们所关注。首先，"熟年离婚"对于中老年人而言，意味着贫困。离婚时要进行退休金分割，本来就数量不多的退休金，再通过分割，一些男性在经济上几乎破产，而妇女所能得到的也是杯水车薪。而且，离婚以后的中老年人，从找房子到找工作、寻找新的伴侣都相当困难。有一部分人，甚至因为离婚，沦为无家可归的"流浪者"。据厚生劳动省统计，东京地区的"流浪者"中老年人占六成以上。

其次，离婚所带来的精神空虚和孤独也是难以克服的，尤其是对于中老年男性，独自生活的寂寞和不会做家务所带来的困窘，更是艰难的考验。东京街头的中老年人"流浪者"中，男性占98%以上。另据东京都监察医务院《2007年统计图表》显示，在老年人的"孤独死"中，50—60岁的男性居多。以2006年为例，东京都"孤独死"的人数为3379人，其中50—60岁的男性有1782人，占总人数的一半以上。而且中老年男性更是居高不下的自杀的主要人群。据官方统计，2009年日本自杀人数达32753人，连续12年年自杀人数超过3万，居世界第6位。造成中老年男

---

① ［日］厚生劳动省：《平成21年度〈关于离婚的统计〉概况》，http://www.mhlw.go.jp/toukei/saikin/hw/jinkou/tokusyu/rikon10/03.html。

性自杀增加的主要原因是失业、贫困及婚姻失败。

五　日剧《冷暖人间》——日本女性与婚姻家庭的缩影

1990年，长篇家庭剧《渡る世間は鬼ばかり》（中文译名《冷暖人间》）开始在日本 TBS 电视台播放。该剧借由冈仓家族每一位成员的际遇，探讨了包括考试、就职、结婚、离婚、婆媳对立、老人看护等一系列问题，是一部真实反映现代日本生活的家庭剧。剧作者桥田寿贺子是日本著名小说家、剧作家，她有着丰富的生活和创作经验，创作了大量以女性题材为主的电影剧本、电视剧剧本、小说以及舞台剧剧本，其中有中国观众非常熟悉的电视剧《阿信》《血疑》等。

《冷暖人间》是一部典型的家庭生活电视剧，该剧围绕冈仓大吉及其五个女儿婚后的家庭展开情节，剧中人物非常普通、故事情节也是波澜不惊，然而却在平平淡淡中真实地反映了现代日本社会、家庭的状况。透过《冷暖人间》所展示的日本家庭成员之间的生活故事与家庭间的多重关联，我们可以真切地感受日本社会的生活现实，了解现代日本女性在新的时代背景下不同的婚姻、家庭状况。

首先可以透过故事主人公冈仓大吉的妻子及其五个女儿的生活状况来了解现代日本女性在婚姻家庭中的不同姿态。冈仓大吉的妻子冈仓节子是典型的专职家庭主妇，她吃苦耐劳、勤于持家，默默地支持着在外上班的丈夫，把家打理得井井有条。节子身上保留着许多传统的家庭思想观念，如节子和丈夫一直希望能有个儿子，还多次表达希望女儿中间可以有个招婿上门、继承家业、保持冈仓家的延续性。他们给五个女儿取名字，用的是孩子们出生的农历月份说法，而日本在明治维新时已经废除了农历。节子还非常顺从丈夫，大吉退休后去学厨艺、想考厨师证，传统思想较重的节子认为，"厨房是女人的天下"，不支持丈夫的做法。但是，当丈夫不顾她的反对开办料理店的时候，节子立刻忙碌起来，开始帮助丈夫经营。大吉为了报答自幼照顾自己长大的姐姐珠子的恩情，要把四女儿叶子过继给姐姐，节子表示强烈反对，但最终还是听从丈夫的话，把女儿送走了。冈仓节子的形象是相当一部分五六十岁日本中老年妇女家庭生活的缩影。

大女儿出生于农历三月，取名弥生。弥生是新一代的专职家庭主妇，她通过自己的努力获得了在日本很不容易考取的护士资格证，并在一所大医院就职，结婚后为了照顾家庭毫不犹豫地辞去了来之不易的工作。弥生演绎着传统日本社会默认的女性职责：专职家庭主妇，在家里任劳任怨，对丈夫体贴周到、对子女关心入微。但是，弥生的劳动得不到家人的尊重，丈夫因为自己在外挣钱，对她说话很霸道，孩子们看待妈妈就是家里的保姆，不了解她。经过一番认真考虑后，弥生决定追求自我的社会价值，开始复出工作。起初家人都反对她工作，但看着她忙碌的身影、疲惫的表情和坚定的信心，也开始逐渐理解她、尊重她。当婆婆生病时，弥生又义无反顾地辞职回家，担负起照顾老人的任务。当今日本照顾家庭、看护老人、病人的重担主要还是由女性来承担。从弥生身上可以折射出日本新一代专职家庭主妇们既勤劳又独立的影子。

二女儿五月是拉面店老板家的儿媳妇。五月很勤劳，她起早贪黑经营餐馆，每天忙忙碌碌，连抽空回趟娘家的时间都没有。战后日本的工薪阶层家庭多是两代人一起生活的核心家庭，而五月的婆家是自营业者。她与公公婆婆居住在一处、共同生活，公公去世后两个离了婚的小姑子也回来一起生活。五月在这样的大家庭中，忍受着婆婆的管教和小姑子们的蛮横，尽管受到很多委屈，她仍然以家庭利益为重，为家庭和谐而忍受着。

三女儿生于农历7月（文月），取名文子。文子是能力很强的职业女性，与同在一家公司就职的丈夫相爱并结婚。婚前，夫妇俩达成一致，即使文子生育，丈夫也一定支持文子继续工作。文子的独立性非常强，当丈夫不听自己劝阻执意辞职时，她选择了离婚，后为了孩子的成长又复婚，当发现丈夫有外遇后，她毅然作出了再次离婚的决定。文子的责任心也很强，因为工作忙碌疏于照顾丈夫和孩子，她多次受到婆婆的指责。尽管如此，婆婆生病后，文子坚持自己照顾婆婆、尽心护理。作为职业女性，文子渴望得到家庭和社会的认可，她不惜离婚，并一直在努力寻找家庭和事业的最佳结合点。

四女儿生于农历8月（叶月），取名叶子。叶子生性自由，因为过继给姑姑到夏威夷生活过，思想比较开放，她婚姻多波折，经历过短暂的婚姻后选择独身。叶子自立意识非常强，比较注重自己实力的培养，考取了建筑师证，后觉得照明设计会更有用，就又考取了照明设计证。叶子的自立、自强遭到了来自社会的打击，当她和第一个男朋友发展到谈婚论嫁时，婆家拥有产业不希望儿媳妇在事业上抛头露面，单方面取消了和考取了建筑师资格证的叶子的婚约。在一些传统日本人的陈旧思想中，女性的职责就是照顾家里，只有在迫不得已需要养家时才出来劳动，认为抛头露面总是不太好。叶子热衷于社会工作，她的想法是遭到一些人排斥的，因此经过了几场恋爱她最终放弃了婚姻，选择了更能实现自我价值的单身生活。

小女儿生于农历9月（长月），取名长子。长子的婚姻也经历了坎坷，大学毕业后到银行工作，因车祸偶然认识了妻子去世、带着女儿的肇事者并相爱结婚。后来丈夫去世，她在医院找到了工作，并结识了第二任丈夫。长子年纪较轻、接受过高等教育，因此受传统思想影响较小，主张男女平等。在与第二任丈夫结婚时，长子提出婚后夫妇俩要共同分担家务，这令婆婆和娘家妈妈都感到不解。结婚生育后，长子坚持边做家务边在家做翻译的工作，工作带给长子极大的自尊感和满足感。

此外，在《冷暖人间》中，还可以明显地感觉到很多传统观念的投影。例如，冈仓家的五个女儿在结婚后无一例外地改姓了丈夫家的姓氏。战后新《民法》规定夫妇必须同姓，但是取哪一方的姓氏由夫妇协商，但是我们看剧中所反映出的全部是女性改姓了丈夫家的姓氏，传统的以男方家为主的观念仍然根深蒂固。再如，小女儿在第一任丈夫去世时，依照法律程序是享有财产等的继承权的，但是亡夫的哥哥以由自己照顾弟弟的孩子为借口，几乎是强行剥夺了长子的继承权，长子对此也没有提出太大的异议。还有，关于家的继承问题，冈仓大吉夫妇多次表示因为女儿们都要出嫁，没有可以继承冈仓家的人，感到非常遗憾。再看长子家，长子的丈夫要留在东京，家族的医院由小姑子夫妇来继承，当小姑子生育时，小姑子的丈夫和姐姐实际控制了医院，长子婆婆、丈夫、小姑子都感觉自己的家业被抢了去，为此，小姑子还离了婚。可见，现代日本还是有一部分人非常重视家业继承的。

传统观念与现代法治的碰撞也在该剧中得到了充分的体现。例如二女儿五月家经营着拉面馆，两个小姑子出嫁后，五月与丈夫及公婆为拉面馆操劳着。公公在世的时候，五月听从法律意识较强的姐妹们的建议，劝说丈夫让公公立个遗嘱，将来拉面馆由五月夫妇来继承。婆婆为此大骂五月财心太重，还说嫁出去的女儿已经是别人家的人了，不会回来抢遗产的。结果，公公因为急症突然去世后，两个小姑子上门要求分割爸爸的遗产，五月家为此差点卖房子分遗产，后来在多方劝说下，两个小姑子同意以其他条件换取放弃遗产继承权。战后新法律赋予女性与男性一样平等享有继承权，在没有立遗嘱的情况下，嫁出去的女儿也享有娘家财产的继承权。而传统观念中，女性结婚后是丈夫家族一员、已经与娘家没有关系，不可能继承娘家的财产。旧的传统观念与战后人人平等的法律思想在现实生活中发生了碰撞、产生摩擦。

另外，现代日本女性的一些其他特征在该剧中也表现得比较突出。如在婚姻问题上，现代日本女性普遍比较自由，剧中的女性多数为自由恋爱结婚，对婚姻不满时则选择离婚。离婚在该剧中并不是什么奇怪和稀罕的事情，冈仓家的五个女儿中三女儿文子和四女儿叶子都离过婚，小女儿长子因为丈夫去世第二次结婚，大女儿弥生家的女儿成年后也有离婚的经历，二女儿五月婆家的两个小姑子都离了婚，当代日本社会离婚现象还是比较普遍的。而且剧中并没有表现哪个女性因为离婚被周围的人看不起或者自己认为离婚是件丢人的事，人们对离婚的容许度还是比较高的。再如，本剧也出现多个单亲妈妈，如五月家的两个小姑子、弥生的女儿、离婚后的文子等，这些单亲妈妈或寄居在娘家，或自己带着孩子艰难生活，这几个单亲妈妈家庭都是因为离婚造成的，她们的生活状况不容乐观。另外，透过本剧也可以明显看出日本女性对子女教育的重视。弥生的女儿是女子大学毕业，一向忍受婆婆管教而很少顶撞的，五月因为女儿的教育问题多次与婆婆理论，文子为了儿子的教育费尽心思。细细品味，很多现代日本女性的生活状况都可以在本剧中找到影子，这里不再一一列举。

第 六 章

终　章

女性被誉为世界的"母亲",担负着人类繁衍的重任;女性被誉为人类社会的"半边天",与男性共同创造着人类的物质财富和精神文明。然而女性也曾被冠以"弱者"的代名词,在人类社会发展的历程中一度处于同男性不平等的地位。20世纪以来,国际社会对实现女性解放和男女平等进行着不断的呼吁和不懈的追求,世界各国女性权益和社会地位都有了不同程度的改善,日本作为发达的资本主义国家,较早地实现了经济现代化,但是在政治和社会领域仍存在许多落后之处,在这种既发达又保守的社会体制下,日本女性权益的实现与保障较之其他发达资本主义国家起步较晚。二战后,在美国为首的盟军司令部的强制命令下,日本颁布了《日本国宪法》,确立"人人平等"的原则,日本女性的权益得以逐步实现和维护,如今的日本女性跟全世界的女性一样,正在打碎桎梏、摆脱枷锁,意识觉醒、个性张扬,迎接和走向"一个女性权利时代,一个妇女意识觉醒的时代,一个以权利来确认和张扬女性社会主题的时代"。[①]

第一节　现代日本女性权益状况基本评价

女性权益能否得到保障,利益问题是根本,如何保护和实现女性自身利益以及如何保证女性实现与男子平等享有利益是关键点。通过前文对日本女性参与政治、劳动就业、文化教育、婚姻家庭等角度的权益考察,我们可以得出这样的结论:长期以来,由于人们对日本的关注和了解过多地集中于经济和技术等方面,对日本女性的权益及社会地位状况的认识上存

---

① 袁锦绣:《女性权益保护法律制度研究》,人民出版社2006年版,第1页。

在着模糊印象和"思维定式"。实际上,日本女性的思想意识和生活方式正在进行着"静悄悄的变革"①,一般人印象中的"专职主妇""贤妻良母"开始慢慢走进和融入社会,日本女性的各项权益和社会地位在逐渐改善和提升。

二战以来,日本女性权益保障事业的发展变化具体体现在以下几个方面:

(1) 参政议政权益。二战后获得参政权益,对日本女性而言是个全新的概念,是战后日本女性权益发展的重大突破。战前,在《明治民法》《大日本帝国宪法》等所确立和维护的传统家族制度体系下,日本女性无论在家庭还是社会均处于无权地位,女性从属于家庭,是丈夫的附属物,连最基本的公民权都没有,更谈不上参政议政的权利。二战后,美国将"赋予妇女参政权"列为对日本进行民主化改革的重要内容之一,拉启了日本女性享有政治权益的序幕。日本政府制定了一系列法律法规保障和维护女性的政治权益,一些妇女团体、地方组织也积极采取各种措施激发女性行使政治权利的热情。获得参政权后的日本女性参政意识不断提高,广泛参与在管理国家以及社会各项事务中,参政、议政能力不断增强,在立法、司法、行政、政党及外交事务等领域中妇女的政治权益得以发挥,妇女参政的影响不断扩大,日本女性在国家政治活动中渐渐活跃并正在发展为一支不可忽视的力量。另外,现代日本女性政治权益的发挥仍多局限在投票选举等参与层面,实际参政人数少、比例低,参政的力量仍然比较单薄,参政的领域也相对偏窄,参政能力有待于进一步提高。

(2) 劳动参与权益。二战后在劳动就业领域,日本女性的权益取得了较大的成就。明治时代以来,日本社会已经出现了女工等职业女性,但是女工的工资待遇低、工作环境差、人身自由受到限制,劳动权益受到严重侵害。《工场法》的颁布虽然在一定程度上从立法角度维护了包括女工在内的劳动者的权益,但由于法律和现实生活中的男女不平等,战前女性的劳动就业权益得不到保障。战后日本政府先后颁布《劳动基准法》《男女雇佣机会均等法》《育儿介护休假法》等一系列具体的法律法规,切实保障女性的劳动就业权益。日本官方和民间组织还多渠道实施提高女性职

---

① 1998年,日本经济新闻社出版的《女性静悄悄的革命——"个性"时代的开始》,将日本女性在政治、经济、社会生活等方面表现出的变化描述为"静悄悄的变革"。

业能力、创造女性就业环境等措施维护女性的劳动就业权益。战后日本女性的劳动就业权益有了较为明显的发展：结婚生育后辞职回家，已不再是日本女性的基本选择；辞职后重新就业的女性在逐渐增多；更多的女性进出职场，呈现良好的女性形象；年青一代女性愿意同男性一样不中断就业的已渐渐成为主流；她们在日本社会发展的不同阶段，默默支持和推动着跌宕起伏的日本经济，并且日益成为日本重要的劳动力资源。另一方面，女性就业与男性相比仍只是劳动力市场的"调节阀"、男女工资待遇差距仍然较大、职场中的性别歧视依然存在，这些问题阻碍了女性劳动就业权益的充分发挥。

（3）文化教育权益。二战后日本大力发展女子教育事业，真正赋予女性接受教育的权益。战前日本女子已经获得了接受学校教育的机会，但是战前女子教育的出发点不是基于保障女性自身的受教育权益，而是为了培养能够担负起养育下一代重任的"贤母"和更好服务家庭的"良妻"。战后，《教育基本法》《学校教育法》等确立了"男女平等"的教育理念，保障女性与男性享有平等的文化教育权益。由此现代日本逐步实现了男女共学、男女课程内容一致等，战前几乎没有的女子高等教育也发展起来。现代日本教育将女性作为女性自己、作为一个社会人来培养，女子的教育权益得到了有效维护和发展。女性在各学龄段的入学率不断提高甚至超过男性，接受高等教育和从事研究工作的女性逐渐增多，女性的文化教育水平有了较大提高。另外，受到传统社会性别分工意识等的影响，在升学选择、专业倾向、就业指导等方面，旧的"良妻贤母主义"教育理念的影响依然存在，教育中男女不平等的现象仍然较为显著。

（4）婚姻家庭权益。二战后日本女性在婚姻家庭方面的权益比战前发生了翻天覆地的变化。战前传统家族制度建立在男尊女卑的基础上，强调家业的继承，重视父子关系的传承，女性完全从属于男权，无任何权利，更谈不上保障。战后日本政府确立了民主化的改革方针，制定颁布了《宪法》、新《民法》等一系列法律法规保障女性的权益，日本妇女挣脱了传统家族制度的束缚，从战前家庭的"女仆"变为"女主人"，在婚姻家庭中拥有了自由权和独立权，拥有了与男性平等的恋爱权、婚姻权、亲权、财产继承权等。在法律的保障下，日本女性在现实婚姻、家庭生活中的权益状况比战前有了较大改善，女性的择偶观、家庭观等随着日本社会的发展也在不断发生着变化。同时，在现代日本女性婚姻家庭权益的发展过程中也出现了一些新的问题与矛盾，如徘徊于个人自由与家庭、工作选择之间的晚婚、不婚的女性呈增多趋势，离婚率上升、单亲妈妈家庭增多等。日本社会在保障女性享有婚姻家庭生活自由的同时，开始着手进一步完善维护女性这些自由权益的具体机制，如提高女性的职业能力、建立可以兼顾家庭和事业的女性就业环境等。

现代日本女性权益发展促进了日本女性自身的进步。伴随着女性权益的发展，日本女性开始频繁参与社会公共事务，参政议政能力提高，就业人数和比例不断提高，就业领域不断拓宽，教育文化也水平有了更大提高，在婚姻家庭中的地位明显改善。现代日本女性展示出自立、自信、自尊、自强的一面，在各项权益得到有效保障的前提下，自身素质也在不断提高，她们掌握了与社会发展相适应的文化知识和科学技术，有能力参加社会劳动实践，充分发挥女性自身的创造性和聪明才智，获得经济上与生活上的自立，以积极勇敢、开拓进取的姿态在政治、经济、文化、社会等各个领域施展才华，实现女性自我的人生价值。

现代日本女性权益发展同时也推动了日本社会的进步。女性在家庭、社会生活各个领域中的权益得到维护，为提高女性的综合素质、构建男女平等社会提供了重要的保障。女性综合素质的提高不仅关系女性自身的发展进步，而且通过与丈夫相互扶持、照顾子女而间接带动了整个日本社会国民素质的提高。通过保障女性权益，日本女性的自主意识增强，开始自觉摆脱传统观念束缚，冲破性别障碍的误区，走出家庭自由选择自己喜欢的工作、生活方式，更加充实、健康、科学地生活。这些有利于增强女性的自信，争取女性应有的社会地位和社会角色。妇女的自尊、自立、自信、自强意识的树立必将促进日本男女平等社会的建设，推进整个日本社会的发展。

第二节　促进日本女性权益保障事业发展的因素

二战后至今，日本女性权益保障事业取得了长足的进步，这得益于国际社会的影响、日本政府的立法探索、男女共同参与社会计划、政府及民间团体的组织保障等，他们共同推动着现代日本女性各项权益的实现，共同影响着发生在日本女性身上的所谓"静悄悄的变革"，现代日本女性的社会地位明显改善和提高。

其一，国际社会对女性权益问题的推动。

提高和改善女性地位是人类社会文明进步的重要标志，保护女性权益问题一直被现代国际社会所重视，日本女性权益的发展与进步离不开国际社会对女性权益问题的推动。1945年联合国的成立，开启了国际社会对女性权益保护的新篇章。成立至今，联合国一直将提高女性地位、促进男女平等作为自己的神圣职责。《联合国宪章》在序言中重申了男女平等的理念，在第8条中表述"对于男女均得在其主要及辅助机关在平等条件下，充任任何职务，不得加以限制"；另外，《宪章》中关于人权的条款都明确规定基本人权的享有不分性别。《联合国宪章》规定的男女平等和防止性别歧视等原则被此后每一个国际人权条约或宣言遵守。1948年联合国制定了《世界人权宣言》，首次将男女平等权利具体化为"一切权利和自由"，特别规定了男女在婚姻家庭中的平等权利。

为了进一步提高女性地位、促进女性发展，国际社会还制定了一系列的专门性条约和文件保护女性权益。1967年通过的《消除对妇女歧视宣言》是第一个以妇女为主题阐明妇女各方面人权的国际性文件；1979年通过的《消除对妇女一切形式歧视公约》是最主要的保护女性人权、实现男女平等的国际人权文书；1993年的《消除针对妇女的暴力宣言》是专门针对妇女暴力的国际公约；1995年通过的《北京宣言》和《行动纲领》是由189个联合国会员国通过的保护女性权益的国际性文件，是各国政府——包括联合国在内的国际组织和民间社会内部以及彼此之间对话和交流的成果，是一项促进女性人权、两性平等和赋予女性权利的全球性议程。此外保障女性平等权的公约还有1952年的《政治权利公约》、1957年的《已婚妇女国籍公约》、1962年的《关于婚姻的同意、结婚最低年龄及婚姻登记的公约》、国际劳工组织1951年通过的第100号公约，《关于男女同工同酬的公约》以及1975年通过的《关于妇女的平等地位和她们对发展与和平的贡献的墨西哥宣言》等。以上条约和文件构建了国际社会对女性权益保护的立法网络，大大促进了对女性权益的尊重和保护。

联合国成立的第二年，联合国经济及社会理事会就设立了一个妇女地位委员会，专门就有关妇女权利的紧迫性问题进行研究，制定促进措施。迄今为止已举办四次的世界妇女联合大会更是对全世界女性权益的获得提供了良好的社会环境和舆论氛围。1975年被联合国定为"国际妇女年"，同年6月，第一次世界妇女大会在墨西哥城召开。1980年7月，联合国在哥本哈根召开第二次世界妇女大会。1985年7月第三次世界妇女大会在肯尼亚首都内罗毕召开，大会讨论并通过了《到2000年提高妇女地位内罗毕前瞻性战略》（简称《内罗毕战略》）。1995年9月，第四次世界妇女大会在北京召开。会议的主题是"以行动谋求平等、发展与和平"，次主题是"教育、健康和就业"，制定和通过了旨在提高全球妇女地位的《北京宣言》和《行动纲领》。

在国际社会"妇女要解放，男女要平等"的历史潮流中，作为发达的资本主义国家，日本政府认真配合联合国开展的各种妇女解放活动，积极派出代表参加各次世界妇女大会，参与联合国开展的"国际妇女年""联合国妇女十年"等活动。1955年，日本政府加入联合国《妇女参政权公约》，承诺保护本国妇女参政、维护妇女的政治权利。另外，自1955年起，日本政府先后举办了妇女取得参政权10周年、20周年、30周年、50周年的纪念活动。1985年日本签署加入联合国《消除对妇女一切形式歧视公约》，实践和遵守该《公约》规定"采取一切必要措施，推行政策，消除一切形式对妇女的歧视及其现象"。

其二，女性权益问题上的法律保障。

女性的权益往往受到社会制度、文化传统、风俗习惯、思想意识等诸多因素的制约，千百年来，日本社会传承的"男尊女卑"观念塑造了日本女性"顺从""温和""贞淑""忍耐""勤劳"等形象。日本社会秉承的"男主外、女主内"性别模式，将日本女性限制在家庭，与社会较大程度地隔离，女性权益长期处于被漠视状态。二战后至今，日本政府从关注女性权益的角度审视和调整有关立法，女性权益得到保障，女性的社会地位得到有效改善。

（1）政治权益方面。战后民主化改革开始后，在盟军司令部的指挥下，1945年10月11日颁布了日本民主化五大改革指令，其中第1条就是"赋予妇女参政权，实现妇女解放"。同年12月17日《众议院议员选举改正法案》获得通过，赋予了女性与同龄男性一样的选举权与被选举权。1947年5月3日《日本国宪法》开始实施。宪法中明确规定了男女平等，保障了女性的参政权，男女平等的政治权利在制度层面得以确保。从此，女性有了合法的参政权。1947年10月，日本政府又颁布了《国家公务员法》，其中规定国家公务员的采用要遵循平等原则，"该法适用于所有国民，不分人种、信条、性别、身份、门第"。1950年《地方公务员法》公布，这两个法律使得日本女性拥有了与男性平等的就任公职的权利。

（2）劳动就业参与方面。1947年日本制定并实施了《劳动基准法》，该法第4条明确体现了男女同工同酬原则。1972年日本政府制定了《劳动妇女福利法》，该法旨在协调女性的工作、育儿、家务等家庭生活，有效地发挥女性的能力，使她们忠实于自己的工作。1986年4月1日，日本历史上从《福利法》进一步发展而来的平等法——《男女雇佣机会均等法》终于得以颁布实施。1997年6月，日本对1986年实施生效的《男女雇佣机会均等法》进行了修改，称为《改正均等法》。《改正均等法》重点将招工、录用、工作安排、晋升过程中歧视女性的"努力义务"改为"禁止规定"，强化了法律的实际效果。为了帮助日本妇女更好地兼顾工作与家庭，1992年4月1日，日本政府颁布实施了《育儿休假法》（1995年又进行修订并更名为《育儿介护休假法》），1997年修改了《儿童福祉法》，《劳动者派遣法》（1985年制定，1996年修改），《小时工劳动法》（1993年制定）等。以上法律为女性走出家庭，参与社会提供了较为全面的法律保障。

（3）教育权益方面。早在明治维新后，日本政府就确立了教育在发展经济、推动国家进步中的重要地位，主张男女要同等接受教育。1945年12月4日，内阁会议讨论并通过《女子教育刷新纲要》，明确女子教育的方针为"以男女相互尊重为目标，促进男女间教育机会均等、实现教育内容同一化，推进女子教育改革"。1946年颁布的《日本国宪法》中明确规定，全体国民依其能力同等享有接受教育的权利。1947年3月《教育基本法》颁布，明确了教育的目的，确立了现代日本教育的基础。其中第3条明确提出教育机会均等，规定日本男女公民都有平等的受教育权利。由于日本对教育的高度重视，女性受教育的年限与层次均有了较大提高，同时日本发展成为世界上教育最发达的国家。

（4）婚姻家庭权益方面。战后一系列新的法律保障了"民主化"的新家庭制度的确立。1946年11月公布的《日本国宪法》以"主权在民""尊重基本人权"为基本原则，针对家族制度和女性，作出了专门的规定，如第14条规定："国民在法律面前人人平等，不因性别而有差别对待"；第24条进一步规定："废除战前旧的封建式家庭制度，夫妇应该平等"。1948年1月1日开始颁布实施《新民法》，以宪法第24条尊重两性平等为基础，涉及婚姻自由、妻子的继承权、财产管理权、离婚自由等七个方面，从而确立了新的家族制度。

其三，日本政府积极推进男女共同参与社会计划。

在国际社会潮流以及日本国内妇女运动的推动下，日本政府为保障女性权益作出了积极努力。1975年，日本政府设立了"妇女问题规划推进本部"，本部长为内阁总理大臣，同时还设立了妇女问题办公室。"妇女问题规划推进本部"为实现男女平等，1977年开始制定《国内行动计划》《促进妇女参政特别行动推进纲要》等并积极付诸实施，1987年制定了《面向2000年新国内行动计划》，并于1991年进行了第一次修改。1994年，日本政府在总理府设置"男女共同参画室"和"男女共同参画审议会"，将"妇女问题规划推进本部"改组为"男女共同参画推进本部"。

1999年6月，颁布实施《男女共同参画社会基本法》，该法由序言和28条构成，其主要理念包括尊重男女人权、适当考虑当前社会制度下的既成惯例、共同参与政策等的立案及决定、家庭生活中的活动与其他活动的并立、国际性协调等五个方面。该法是日本推进男女平等的基本法律，它强调从社会制度和传统习惯方面改善男女机会不平等的状况，以内阁府等中央省厅为中心，调动各个地方公共团体、民间组织共同参与，确保男女作为社会对等的成员，能够根据自己的意愿参与社会活动，平等地享有政治、经济、文化利益。日本众多的地方行政机关及公共团体、学校、企业等均依此制定了相应的行动计划。《男女共同参画社会基本法》的制定，使日本脱离了旧式的"妇女问题"的框架，进入了以"社会的、文化的性别平等"为视点，寻求男女真正平等的"男女共同参画"的新的阶段。该法的颁布同时也显示了日本政府在保障女性权益、推进男女平等方面的决心和努力。

2000年12月颁布了《男女共同参画基本计划》，从《男女共同参画基本法》及男女共同参画政策制定的基本思路、今后男女共同参画实施的详细目标与对策、实施男女共同参画的推进机构等方面对建设男女共同参画社会提出了具体要求。其中，对于今后的实施方向方面，将11个方面列为重点，即扩大女性在政策方针制定过程中的参与；以男女共同参与的视角重新审视社会制度与习俗，推进意识领域的改革；确保雇佣领域男女机会均等；确立农林渔业男女共同参画；支援男女双方兼顾工作劳动与家庭生活；为老年人营造安心的生活环境；杜绝对女性的一切形式暴力；

关注、支援女性一生的健康；媒体方面尊重女性的人权；推进、充实多样化的教育、学习体制；为全世界"平等、发展、和平"作出贡献。

2001年，日本政府进一步在内阁府设立"男女共同参画局"和"男女共同参画会议"，作为对应首相及相关大臣的咨询以及提出意见的机构，继续开展保障女性权益、促进男女平等的工作。其中的"男女共同参画会议"设有专门委员会，以内阁官房长官为议长，成员包括各部门大臣及各领域的资深学者。此外还根据不同时期的不同任务另设专门调查委员会，如支援工作与育儿兼顾调查会（2001年1月23日—2001年6月19日）、生活与工作协调调查会（2007年2月14日—2011年2月15日）、对妇女暴力的专项调查会（2001年4月20日至今）等。

2005年12月，内阁府男女共同参画局在对2000年第一次《男女共同参画基本计划》进行重新审视和修订的基础上颁布了第二次《男女共同参画基本计划》，对12个重点领域男女共同参画提出了具体目标要求和施策重点，包括支持女性就业，特别是支援女性的二次就业；健全和充实男女平等的教育；对遭受暴力的女性给予保护和支援等。2010年12月，颁布第三次《男女共同参画基本计划》，将推进男女共同参画的重点领域具体划分为15个方面，新增了调动男性在男女共同参画方面所应发挥的积极性和科研领域的男女共同参画等，内容更加翔实，保障措施更为具体。

总之，日本政府将构建男女共同参画社会作为21世纪的重要课题，在政府制度层面设立专门机构、制定具体措施，以保障和维护女性的权益，并且将女性作为与男性平等的社会公民来对待，积极推进男女共同参画社会的建设。

其四，政府及民间团体的组织保障。

除了在法律上保障女性权益外，日本中央政府和地方自治体还设置了相关机构，以保证有关女性权益法律法规得以实施。

就中央系统而言，1994年6月在日本总理府设立了"男女共同参画室"。1996年改组"妇人问题推进总部"，设立了以首相为本部长，内阁官房长官（女性问题担当大臣）为副本部长的"男女共同参画推进总部"和"男女共同参画审议会"。1999年在内阁府中又设置男女共同参画委员会，作为对应首相及相关大臣的咨询以及提出意见的机构。下设的内阁府共同参画局，专门负责料理妇女事务。这也在体制上保证了将妇女发展纳入国家经济和社会发展的总体规划之中，使妇女的发展成为了政府行为。

日本的都道府县市各级政府以及企业、学校、社会团体等都设有妇女中心这样的机构，也有属于民间财团性质的妇女中心。它们的主要职责有：配合总理府"男女平等参画推进室"的工作，制定相关的男女共同参画条例，推动男女共同参与社会；培养女性各项技能，提供女性参与社会的能力；为女性提供心理、就业、婚姻等问题咨询。

同时，日本的妇女运动家们积极行动起来，为争取女性权益做了大量的工作。在日本国内，那些在战前就热衷于妇女参政权运动的妇女运动家们，在战争结束伊始就开始投入新一轮的妇女运动，继续为取得妇女的参政权而努力。1945年8月25日，日本投降后的第10天，"战后对策妇女委员会"宣布成立，提出改善妇女地位的具体要求，如要求妇女的公民权、选举与被选举权、政治结社权、就任公职权等。此后，各种妇女团体纷纷成立，妇女民主俱乐部、妇女议员俱乐部、大学妇女协会、民主妇女协会、日本妇女协议会、妇女团体协议会、妇女人权拥护同盟、妇女就业促进中心等先后成立。这些妇女团体活跃于日本各地，组织妇女集会、定期举办讲座、出版机关刊物、开展咨询与交流，在提升日本女性各项权益方面发挥着积极的作用。

第三节　现代日本女性权益状况反思

二战后日本女性的权益保障事业在获得长足发展的同时，我们也注意到，法律上的要求并没有完全成为生活中的现实。现代日本女性的实际权益状况仍不容乐观：女性参政的比例较低、政绩不明显，成功的女政治家更是凤毛麟角；在教育领域，女子的大学入学率接近男子，但是女大学生多集中于私立大学、短期大学，所选专业也偏重文科；女性的就业领域狭窄，很多女性因为结婚生育不得不中断工作，就业呈"M"型特征；虽然现代日本女性拥有了较大的婚姻自主权，在家庭的地位也较之战前有较大提高，但是在新的形势下出现了普遍晚婚、离婚率高等一系列问题，这些状况已经不仅仅是女性自身的权益问题，也深深地困扰着现代日本社会。正确面对这些问题并积极采取相应对策，以切实保障和维护女性权益，成为日本社会不得不面对的一个重要课题。

其一，意识层面：应强化对"男女平等"的道德认同。

女性权益应当鲜明地体现男女平等的人权基本原则,改变和消除歧视女性的心态和行为。在战前旧的家族制度之下,妇女是丈夫的奴仆,在社会中处于无权地位。二战至今,围绕"男女平等"问题,虽然日本的社会结构和国民意识都发生了深刻而巨大的变化,但时至今日,真正意义上的"男女平等"还没有实现。历史证明,法律的规定固然重要,更需要人们在"男女平等"问题上的道德认同。

千百年来在日本社会形成的"男尊女卑"思想还在支配着人们的思想和行为;"男主外,女主内"的传统性别分工意识已经成为了日本社会分工的定式。这种"男女不平等"的思想意识在女性的政治、就业等现实生活中具有相对的稳定性和社会的能动性作用。据日本男女共同参画局每隔几年的"世论调查"[①]显示,1979年赞成"男性工作、妇女持家"的高达72.6%,而反对的只有20.4%。2009年赞成的为41.3%,反对的为55.1%。从性别看,男性有45.9%赞成,妇女有37.3%赞成,男性比妇女更赞成这种性别分工。从年龄层看,60—69岁的人有42.2%赞成,20—29岁的有30.7%赞成,高年龄段中有这种意识者更多,即使是低年龄段中也有接近三分之一的人赞成。[②] 可见,直到如今的21世纪初期,这种性别分工意识仍在日本社会占据主要的地位,很多人仍然认为女性的终身职业是家庭主妇,伺候丈夫、养育孩子、操持家务是妇女的本分,甚至有相当一部分人对"男女平等"这个词语比较反感,认为过分强调"平等"会破坏家庭的和谐。

日本"男主外,女主内"的传统性别分工规范在人们的意识中并非天生就有,其形成与传承有着深刻的背景渊源,传统家族制度下,女性处于无权地位,活动范围被限定于家庭内部;战后,企业社会为了最大限度地发掘"生产效益",倡导女性持家,为"企业战士"提供良好的"体力恢复和休息场所"。实际上,家庭教化启蒙了这种男女性别分工意识,学校教育中依据性别学科专业分化严重,社会环境不断对分工意识进行强化,大众传媒更是潜移默化、推波助澜。

---

① [日]世论调查:《社会舆论、意识调查》,http://www8.cao.go.jp/survey/h21/h21-danjo/images/z15.gif。

② [日]男女共同参画局主页:《公表资料·世论调查》,http://www8.cao.go.jp/survey/h21/h21-danjo/images/z15.gif。

改变传统性别分工意识对于保障女性权益、实现男女平等至关重要。首先，学校的学生处在易于接受新思想的年龄，学校是培养男女平等思想意识的最容易出成果的场所。实行男女共学、一起选修家庭科、使用男女混合点名簿等，都可以培训学生从小树立性别平等的思想意识。其次，关注女性自身的性别意识，应多渠道促进女性就业，女性参加社会工作，实现经济上的自立，有助于自身平等权益意识的觉醒、成长。再次，不可忽视男性在"男女平等"认同中的地位。目前日本各地女性中心等的男女平等讲座的听众多是女性，没有男性的参与，实际上达不到开办讲座的预期效果。因此，应该采取具体措施如把讲座场所安排在比较接近男性的公司附近、把时间安排在工薪阶层的休息日等来吸引男性参加，以提高男性"男女平等"的思想认识。唯有如此，才有可能从根本上保障和维护女性权益。

其二，制度层面，改进立法保护中的不足。

立法是女性权益保护的基石，女性权益的立法保护指的是通过立法来确立女性权益的法律地位和保障机制，为女性权益的获得提供规范上和法理上的保障条件。二战至今，日本在女性权益保障方面作出了积极的努力和探索，从将"男女平等"精神写进《日本国宪法》而开启了男女平等的新篇章。依照宪法精神颁布了《新民法》《男女雇佣机会均等法》《男女共同参画社会基本法》等保障女性权益的法规，在内阁府设立专门的男女共同参画局，实施一系列政策来维护女性的权益，试图从法律的角度改变千百年来妇女被压迫的状况。

同时我们也注意到，随着日本社会和女性自身的发展变化，日本现行法律法规中的一些弊端逐渐暴露出来，如现行《民法》规定，离婚时妇女可以向男方主张分割财产（《民法》第768条第1项）。对于战前没有离婚权的女性而言，拥有离婚权，并且有权要求分割财产，这无疑在一定程度上保障了女性的权益。但是，在现实的离婚案例中，拥有稳定工作的丈夫在财产分割中拥有更大的主动权。因此，本着男女公平、夫妇平等的原则，法律应该明确规定，离婚时对夫妇共用财产应该实行平均分割，以切实确保女性权益。还有一些保障女性权益的法规已经不能及时有效地保护妇女的现实权益，如《民法》规定离婚后妇女有6个月的再婚等待期，以确认是否有孕及孩子的生父（《民法》第733条第1项）。从这种规定仍可以看到以父子为中心的传统家族制度的影子，以现在医疗科学手段的发达程度，完全可以通过 DNA 检测等手段获取答案。对女性单方面作出等待 6 个月的规定，显然是对女性权益的侵犯。日本现行法律法规中还有很多不合理和不合宜的内容，因此改进和加强对有关法律法规的完善，并加强执行检查力度，保障女性各项合法权益，是当今日本保障女性权益实现的重要前提。

其三，实践层面，为女性参与劳动提供便利。

经济上的自立是女性真正能够保障自身权益、与男性平等的前提和基础，而在劳动就业方面有所参与才能有经济上的自立，因此促进女性参与社会劳动就业是促进现代日本女性权益实现的重要途径。日本现行《宪法》第 27 条明确规定"所有国民拥有劳动的权利和义务"，保障妇女与男性同等享有劳动权益。在"男主外、女主内"的社会性别分工影响下，现实日本社会中男性多从事社会工作，领取工资用于家庭支出，女性的主要精力在家庭内部，从事家务、育儿、养老等繁重的、无报酬的家事劳动。从形式上看，丈夫的劳动支撑着一家的生活，因此工资的有无直接影响到夫妇关系中的平等意识和实际地位。当代日本社会，从事社会劳动的女性逐渐增多，但是她们多为非正规就业的小时工、临时工，工作也多是技术含量不高的服务行业等，工资收入方面也与男性存在很大差别。要改变女性在现实就业中与男性的不平等局面，保障女性劳动就业权益的充分发挥非常重要。

首先，女性较之男性，在劳动参与时可能会遇到更多的冲突和矛盾，政府应该引导女性自身树立自立意识、具备自立能力。政府机构、地方团体等要有针对性地对女性进行职业能力培训、再就业教育等，提高女性的就业能力，同时提供可靠的就业信息、扩宽女性就业的途径，为女性就业创造条件、提供平台。其次，应加强政府对企业的宏观指导，调动企业吸纳女职工的积极性、支援企业进行女性职业培训、要求企业改善短期工劳动环境、最大限度地减少男女间的工资差异、实施长效监督机制检查执行情况等，切实保障雇佣领域的女性权益。再有，目前束缚女性就业的主要原因是育儿、护理等家务负担较重，女性在家庭与工作间不容易协调，因此应完善配套服务设施，将女性从家务劳动中解放出来，如建立保育园、幼儿园、养老院等减少妇女的育儿、护理压力；鼓励男性参与分担家务，推进家务劳动社会化；营造女性可以在家工作的环境等。另外，当今日本社会是一个高龄化社会，而且女性的平均寿命高于男性，因此应采取具体措施促进高龄者再就业，既可以充实中老年人的生活，同时也弥补了劳动力不足的现状。另外，国家在加大和完善社会服务设施、提高人们的福利水平的同时，可以在养老、医疗等领域为女性就业提供更多的机会。

  总之，战后以来日本女性在实际权益方面取得了一些成就，有了长足的发展。但是，随着社会的发展，原有体系的一些不足逐渐暴露出来，而且在男女共同参与社会的新形势下，一些新的矛盾也不断产生，这些问题困扰着日本女性和日本社会，保障和维护女性的权益已经成为一个日益深刻的社会问题。日本社会和日本女性自身都在为实现女性权益的充分发挥、建立真正男女平等的社会而努力，但这将是一个非常困难、漫长而复杂的过程。

附　录

日本女性史年表（1945—2005 年）

年份	月　日	事件
1945 年	8 月 15 日	接受《波茨坦宣言》（战争结束）
	8 月 25 日	组建战后妇女对策委员会（市川房枝、赤松常子、山室民子、久布白落实等）
	10 月 10 日	币原内阁的初次内阁会议上决定赋予妇女参政权
	10 月 11 日	驻日盟军总部总司令官麦克阿瑟提出日本民主化改革五大改革指令（赋予妇女选举权等）
	11 月 3 日	组建新日本妇女同盟（会长：市川房枝）（→1950 年 11 月改名为日本妇女有权者同盟）
		《日本妇女报》（松崎弥造）创刊（→1948 年改名为《妇女年鉴》）
	11 月 21 日	废止治安警察法，女性的政治活动实现自由化
	12 月 4 日	内阁会议通过《女子教育革新纲要》，拉开女子教育民主化改革的序幕
	12 月 17 日	修订《众议院总选议员选举法》（20 岁以上的男女拥有选举权，25 岁以上男女拥有被选举权）
	12 月 22 日	《工会法》颁布（工会运动方面的男女平等）（→1946 年 3 月 1 日施行）
1946 年	1 月 21 日	驻日盟军总部发表《关于废止在日本公开营业的娼妓事项》备忘录
	3 月 16 日	组建妇女民主同好会（委员长：松冈洋子）
	3 月 18 日	警视厅首次采用 63 名女性警官。
	4 月 10 日	在第 22 次的众议院举上初次行使妇女参政选举权（39 名女性当选）
	7 月 7 日	由神近市子等提倡，召开日本民主主义妇女大会（议长：山川菊荣）
	9 月 27 日	修订《东京都法制》《府县法制》《北海道会法》《市法制》《町村法制》（妇女获得公民权）（→10 月 15 日施行）
	11 月 3 日	《日本国宪法》颁布（男女平等明文化）（→1947 年 5 月 3 日施行）
	12 月	民生委员会成立，诞生女性民生委员

续表

年份	月 日	事件
1947年	3月9日	战后首个国际妇女节，以后每年3月8日举行
	3月31日	《教育基本法》实施，《学校教育法》颁布（男女同校，实行6.3.3学制）
	4月1日	《教育基本法》，《学校教育法》实施（教育机会均等原则及根据男女同校、新学制而创立小学、初中，针对女子的高等教育的开放）
	4月7日	《劳动基准法》颁布（男女同酬原则，女性劳动者保护规定）（→9月1日施行；→11月1日部分施行）
	4月20日	第一次参议院议员选举，10名女性当选
	4月30日	第一次统一地方选举（都道府县、市区町村议会议员），22名女性当选都道府县议员，771名女性当选市町村议员
	4月26日	民主妇人协会创立（山川菊荣、神近市子等）（→后改为：民主妇人联盟）
	5月3日	《日本国宪法》施行
	9月1日	开设劳动省，设置妇女少年局[局长：山川菊荣；妇女劳动课长：谷野节（音译）；妇女课长：新妻丝（音译）]
		《劳动基准法》施行（男女同酬原则、女性保护规定等明文化）。
	10月21日	《国家公务员法》颁布（女性也能取得国家公务员资格）（→1948年7月1日施行）
	10月26日	颁布《刑法》（修订案）（废除通奸罪）（→11月15日施行）
	11月1日	《女性未成年人劳动基本准则》《企业附属集体宿舍规则》施行
	11月30日	《职业安定法》颁布（禁止性别歧视）（→12月1日施行）
	12月22日	颁布民法修订案（废除传统的家制度）（→1948年1月1日施行）
1948年	1月17日	东京教职员工会，首次实行男女同酬
	2月	此时存在关于妇女节的争论：定于初次妇女参政权行使日（4月10日）还是定于国际妇女节（3月8日）
	4月1日	创立新学制女子大学
	4月19日	女性保护会解散，组建日本民主妇女协议会（会长：松冈洋子）（1949年11月正式加盟国际民主妇女联合会）
	5月15日	在各都道府县，设立妇女少年局地方职员室
	5月31日	作为劳动大臣的咨询机构，设立妇女少年审议会[（会长：藤田多歧（音译）]

续表

年份	月　日	事件
1948年	7月13日	《优生保护法》颁布（人工终止妊娠的条件缓和）（→9月11日施行）
	8月13—14日	全国青年妇女代表大会召开
	9月15日	奥梅绪（音）创立主妇联合会
	10月5日	首次教育委员选举（都道府县及5大市），38名女性当选
1949年	4月10—16日	劳动省妇女少年局实施首次"妇女周"
	5月2日	妇女团体协商会成立
	8月	石渡满子、三源嘉子出任最早的女性助理判事
	11月15日	门上チエ子（俗称：千惠子）被任命为首位女性检察官
	12月16—17日	日本妇女大会召开［议长：羽仁说子、柿田蔬（音译）等］
	*	这一年，在全国部署生活改良普及员288人（全部为女性），开始启蒙活动
1950年	6月26日	平塚雷鸟（音译）、上代多野（音译）、野上弥生子、植村环等将日本女性对于和平的希冀书亲手交给美国国务院顾问杜勒斯
	7月5日	妇女团体协商会发表休会声明
	11月19日	新日本妇女同盟改称为妇女有权者同盟（会长：市川房枝）
	11月29日	组建全国遗孀团体协商会；要求母子养老金制度及母子福利设施扩充等（→1982年，建立全国母子寡妇福利团体协商会）
1951年	2月26日	妇女劳动协会设立（会长：赤松常子）
	3月20日	日本消费生活协同组合联合会创立（贺川丰彦）
	4月14日	全国农协妇女团体联络协商会成立大会［会长：市川津谷（音译）］
	9月11日	设立反对受理生理休假洽谈会
1952年	3月28—29日	第一届全国女性教员研究协商会
	4月12日	反对"破坏活动防止法"的妇女团体开始统一行动
	7月9日	全国地域妇女团体联络协商会成立［会长：山高繁子（音译）］
	9月11—12日	日本煤矿主妇协商会成立（会长：野仲妻（音））
	10月20日	总评议会妇女协商会成立（会长：千叶千代世）
	12月3日	反对公娼制度复活协商会改组，卖春禁止法制定推进委员会成立（委员长：久布白落实）

续表

年份	月　日	事件
1953 年	4 月 5 日	日本妇女团体联合会成立［会长：平塚雷鸟（音译）］（→1958 年 11 月日本妇女团体联合会）
	5 月 23—24 日	首届日本妇女大会，选出 10 名代表参加世界妇女大会（→母亲大会）
	8 月 15 日	全日本青年妇女会议，反对（美军）基地的全国青年妇女总动员会召开（大阪）
	12 月 2—4 日	全日本女子学生大会召开
1954 年	2 月 8 日	召开期待禁止卖春法制定成功的全国妇女大会
	3 月 8 日—4 月 16 日	举行首届妇女月活动
	5 月 9 日	以妇女为中心的禁止原子弹氢弹签名运动的杉并协商会设立，发展为世界性的禁止原子弹氢弹运动
	6 月 2 日—9 月 16 日	召开近江绢丝工会总奋起大会，各工厂的女子劳动者振奋起来，为人权而罢工
	6 月 19 日	修订《未成年女子劳动基本准则》（批准扩大女性深夜劳动的范围）（→7 月 1 日施行）
	11 月 13 日	召开反对家族制度复活的联络协商会组建大会（会长：田边繁子）
	12 月	开办劳动母亲之会
1955 年	1—2 月	稻取妇女学级（第一年次）的实施
	2 月	石垣绫子在《妇人公论》发表《主妇第二职业论》，引发主妇问题论争
	6 月 7—9 日	召开第一回日本母亲大会，成立日本母亲大会联络会［河崎夏子（音）］
	6 月 12 日	朝日新闻《一时》栏目投稿人之会——草根会第一次总会（发起人：关根敏子、宫下喜代等）
	8 月 5 日	《产休补助教员设置法》颁布（→1956.4.1 施行）
	9 月 3 日	新生活运动协会成立［会长：前田多闻、奥梅绪（音译）、山高繁子（音译）、市川房枝］

续表

年份	月 日	事件
1956 年	1—2 月	稻取妇女学级（第二年次）的实施
	3 月 21—22 日	召开第一次部落解放全国妇女大会
	4 月 14—15 日	第一次劳动妇女的中央集会
	4 月 21 日	家庭制度复活反对总集会
	5 月 24 日	《卖春防止法》公布（→1958.4.1 全面施行）
	5 月	设立主妇会馆［理事长：奥梅绪（音译）］
	6 月 3 日	颁布《新教育委员会长》（由公选制到任命制）（10.1 施行）
1957 年	2—3 月	稻取妇女学级（第三年次）的实施
	2 月	第一部女性周刊《周刊女性》创刊
1958 年	4 月 10 日	第一次妇选会议
	4 月 26 日	日本妇女科学家之会结成（代表干事：佐佐木理喜子）
	10 月 31 日	关于社会教育法改正的妇女研究恳谈会［秋山千枝子（音）、市川房枝、丸冈秀子、山高繁子（音译）等］
1959 年	4 月 16 日	《国民年金法》公布（创设母子寡妇年金及母子福祉年金制度等）（→11.1 施行）
	7 月 20 日	反安保条约修订的母女大集会
1960 年	7 月 19 日	中山真佐（音），成为第一个女性大臣（厚生大臣）
	7 月 22 日	成立总评主妇之会全国协议会［会长：桂田礒子（音译）］
	*	本年度，扩充教育振兴费（妇女教育预算从 636 万提升到 9300 万，变成 14 倍。妇女教育调查指导，妇女学级生大会，妇女国内研修，妇女海遣等），文部省委托大幅增设妇女学级，实施都道府县补助事业
1961 年	3 月 18 日	全国地区妇联，召开第一回全国地域妇女大会
	5 月 1 日	文部省开设妇女教育课（首任教育课长：外村てい）
	9 月 28 日	全国妇女会馆协议会成立［会长：奥梅绪（音）］
	12 月 7 日	主妇联合会，开设投诉苦情窗口
1962 年	3 月	晖峻康隆，在《妇人公论》上发表《女子学生专横于世》，引发女子学生亡国论的争议
	4 月 14 日	成立日本妇女会议（松冈洋子等）
		创立妇女问题恳谈会（山川菊荣、田中寿美子等）
	4 月 24 日	高中全员入学问题全国协议会成立大会（会长：务台理作）

续表

年份	月　日	事件
1962 年	7 月 18 日	近藤鹤代就任科学技术厅长官
	10 月 19 日	新日本妇女之会成立（代表：平塚雷鸟）
	11 月 1 日	设立财团法人妇选会馆（理事长：市川房枝），解散妇女问题研究所（→1983 财团法人市川房枝纪念会）
1963 年	1 月 14 日	经济审议会，报告了《在经济发展上有关妇女效率的课题和对策》，促进妇女再就业，倡导有效利用短时工制度
1964 年	5 月	东京都国立市文化馆开设托儿所
1965 年	7 月 1 日	《母子福祉法》公布并施行
	8 月 18 日	颁布《母子保健法》（根据《儿童福祉法》等法律中有关母子保健的规定整理扩充而成）（1966.1.1 施行）
	9 月 7 日	首相设置家庭生活审议会，第一个以家庭生活为课题的首相咨询机关
1966 年	6 月 27 日	劳动省设置家内劳动审议会
	6 月 30 日	修订《风俗营业等取缔法》（→7.1 施行）
	10 月 31 日	中央教育审议会，报告了《关于后期中等教育的扩充与整治》（附带《被期待的人物形象》），在女子教育的关照项目中，强调女子特性
1967 年	10 月 1 日	东京实施早晚两个小时的长时间保育
	10 月 4 日	在总理府设置关于妇女关系诸多问题的恳谈会
	*	这一年，女子受雇人超过了 1000 万人
1968 年	2 月	开始援助东京无许可保育所
	3 月 27 日	家庭生活问题审议会，进行了《在现代社会生活中家庭所应当担当的职责和在家庭生活问题上应当采取的行政政策的基本方针政策》的报告
	10 月 13 日	陆上自卫队进行了首次女性自卫官选拔考试
1969 年	5 月 1 日	文部省发表《学校基本调查结果》，小学女子教员数超过 50%，女子高中升学率（79.5%）首次高于男子（79.2%）
	8 月 15 日	妇女少年问题审议会，提出关于女子短时工雇佣的建议书
	9 月 9 日	劳动省，确定了 20 所托儿所，13 所劳动妇女之家的增设计划
	11 月 5 日	召开第一回农村妇女问题专家会议（主持人：並木正吉）

续表

年份	月 日	事件
1970 年	4 月 1 日	中根千枝成为东京大学首位女教授。
	5 月 16 日	《家内劳动法》颁布并施行（6 月 1 日部分施行，到 10 月 1 日全面施行）
	6 月 1 日	长野县上田市针对女性职员实施育儿休假制度，成为第一个实施育儿休假制度的地方自治体
	7 月 10 日	《冲绳卖春防治法》颁布（1972 年 7 月 1 日全面施行）
	8 月 22—23 日	根据松冈洋子的号召，"与侵略和歧视做斗争的妇女大会"召开
	11 月 14 日	在日本第一次妇女解放运动大会上，展开了为了解放的讨论会"性别歧视的告发"（亚纪书房主办）
1971 年	4 月 1 日	全国妇女馆开馆［负责人：山高繁子（音译）］
	6 月 15 日	缝田晔子任东京都民生局局长，成为日本历史上首位自治体的女局长
	8 月 10 日	要求解决冲绳妇女问题中央集会召开
	11 月 6 日	"推进理想选举市民之会"成立（会长：市川房枝）
1972 年	2 月 15 日	齐藤千代创办《广场》（《あごら》）
	4 月 11 日	市川房枝等人组织成立"解决冲绳卖春问题之会"
	5 月 5—7 日	召开首次妇女解放运动大会
	5 月 23 日	内阁决定部分修改《优生保护法》
	6 月 14 日	反对妊娠中止法，要求解禁避孕药，成立女性解放联合（负责人：榎美沙子）
	6 月 15 日	三渊嘉子担任新潟家庭法院院长，成为日本历史上首位法院女院长
	6 月 22 日	总理府内成立"关于妇女诸问题会议"，实施"关于妇女诸问题的综合调查"
	7 月 1 日	《确保雇佣领域男女机会及待遇均等增进女子劳动的福祉的法律》，即《勤劳妇人福祉法》颁布
1973 年	1 月 22 日	"卖春对策国民协会"与"解决冲绳卖春问题之会"改组，成立"解决卖春问题之会"（负责人：市川房枝、藤原道子等）
	4 月 1 日	《一般家庭》成为高中女子的必修课（京都教育委员会规定四个学分中有两个学分为男女共修）
	5 月 21 日	劳动大臣的咨询机构"母性健康管理专家会议"召开首次会议

续表

年份	月 日	事件
1974年	1月26日	"建议家庭科男女共修之会"成立（成员：市川房枝、和田典子、樋口惠子等）
	3月29日	"关于妇女的诸问题会议"发表《现代日本女性的意识与行动》，提出提高妇女地位的建议
	7月	中ピ连的有志者成立了"女子不再沉默"协会
	8月27日	以国际妇女年为良机，成立了"妇女运动准备大会"（临时命名）（→1975.1.13 以国际妇女节为契机发起行动的女性之会）
	8月	"亚洲女性之会"成立（负责人：五岛昌子）
	11月6日	总理府设置"妇女诸问题恳谈会"（会长：中村善之助）
	12月11日	由学识经验者成立了作为劳动大臣的咨询机构的关于就业中的男女平等问题的研究会
	12月28日	公布《雇用保险法》（→1975.4.1 施行）
1975年	1月13日	"以国际妇女年为契机发起行动妇女之会"结成（市川房枝、田中寿美子等，1986年改为"行动妇女之会"）
	4月1日	公立专门对零岁婴儿实施保育的保育所"中野区立野方婴儿保育园"设立
	4月5日	全日本妇人团体联合会发行《妇女白皮书》
	6月13日	众议院社会劳动委员会为应对国际妇女年，首次对妇女问题集中审议
	6月17日	众议院通过《国际妇女年提高妇女地位决议》（→6.18 参议院也通过决议）
	7月11日	《义务教育诸学校等女性教职员及医疗实施、社会福祉设施等护士、保健妇等育儿休假的法律》（《育儿休假法》）颁布（1976年4月1日施行）
	9月10日	妇人少年问题审议会提出《关于在职场促进男女平等的建议》案
	9月23日	内阁决定在总理府设置"妇人问题企划推进本部"（本部长：内阁总理大臣）。内阁会议了解"妇人问题企划推进会议"（事务局是总理府问题担当室，首任室长：久保田真苗）
	11月5—6日	劳动省、总理府、日本国际联合共同召开"为纪念国际妇女年日本妇女问题会议"
	11月22日	"国际妇女年日本大会"召开，呼吁"消除性别歧视，增强妇女力量"

续表

年份	月 日	事件
1975年	12月1日	国际妇女年日本大会执行委员会解散,"实现国际妇女年日本大会决议联络会"成立（市川房枝、大羽绫子、中村纪伊）（2001年改称"国际妇女年联络会"）
1976年	4月1日	绪方贞子出任联合国日本政府代表公使
	4月10日	妇人问题企划推进会议发表中间报告
	5月14日	妇人实行委员会要求查明洛克希德飞机公司重大受贿事件的真相
	6月15日	《民法》修改并施行,关于离婚后婚氏继称制度的新设,离婚后姓氏更改自由
	10月5日	妇人少年问题审议会发表《促进雇用领域男女机会均等及待遇平等的建议》
1977年	1月27日	"妇人问题企划推进本部"制定《国内行动计划》（1977—1986年）
	3月15日	《儿童福祉法施行令》修改,男性也可担任保育员
	4月1日	中ピ连、申报日本女性党为政治团体（榎美沙子）
	4月15日	"东京都妇人母子紧急临时保护中心"于新宿开业
	6月13日	劳动省发表《改善年轻时退职制度、结婚离职制度的年度计划》
	6月14日	"妇人问题企划推进本部"制定《促进妇女参与政策决定的特别活动推进要纲》
	7月1日	文部省设置"国立妇人教育会馆"（馆长：缝田晔子）
	7月	农林省设置"农村妇人之家"
	8月27—28日	第一届"女性史会议"召开
	8月	农林省为推进农村妇女的家庭生活与农业劳动的适当化,开始了"开设妇女农业从事者研讨会事业"
1978年	1月10日	总理府发表《妇女的现状与政策——国内行动计划第一次报告》
	4月11日	"推进联合国妇女的十年议员联盟"成立
	8月1日	"妇人问题企划推进本部"《新闻简报》创刊
	9月25日	成立"制定男女雇用平等法大会"
	11月20日	劳动基准法研究会提出劳基法中对于女子工作时间外劳动限制及生理休假废止等条例

续表

年份	月 日	事件
1979年	5月24日	石原一子，高岛屋的董事，成为第一位一家上市企业的女性CEO
	5月25日	《东京都中野区教育委员准公开选举条例》公布
	6月18日	日本女性学会诞生（负责人：渥美育子）
	8月27日	"不投票给与贪污有关的候选人的运动之会"成立（负责人：市川房枝）
	11月20日	"妇人问题企划推进本部"与兵库县共同召开"推进妇女问题地域会议"
1980年	1月4日	劳动省召开"男女平等问题专家会议"
	3月29日	高桥展子出任日本国驻丹麦大使，成为日本历史上首位女大使
	5月17日	《民法》及《家务审判法》部分修改，配偶继承份由原来的三分之一上升到二分之一
	10月7日	国际女性学会主办者ベティ・フリーダン来日本开演讲会
	11月22日	联合国妇女的十年中间年日本实行委员会召开"联合国妇女的十年中间年日本大会"
	12月7日	"不允许走战争道路的女性联络会"成立
1981年	2月17日	妇女问题企划推进会议向内阁总理大臣提出"面向联合国妇女的十年后半期"的意见
	5月15日	"妇人问题企划推进本部"发表《为推进有关女性政策实施的〈国内行动计划〉后期重点目标》
	6月11日	《母子福祉法》修改（改称为《母子及寡妇福祉法》等）（→1982.4.1施行）
	6月15日	《儿童福祉法》修改（对托儿旅馆等入内调查的权限）（6.25施行）
	7月9日	神户商船大学决定女性可报考1982年度大学考试，由此，国立大学全部向女性开放
	10月1日	劳动省设置临时工职业介绍所
1982年	4月23日	《旅行业法》修改（干预禁止卖春团体旅行的旅行业者）（1983.4.1施行）
	5月8日	男女平等问题专家会议，向劳动大臣"关于在雇用中男女平等的判断基准的方法"做了报告
	6月1—10日	劳动省规定了育儿休假制度的普及及促进月

续表

年份	月 日	事件
1982年	7月1日	全国妇联受劳动省的委托,在东京等十三个都市成立妇女劳动能力开发事业(家庭服务俱乐部)
	7月	河村喜久荣任税务署长,成为日本历史上首位女税务署长
	8月29日	"82阻止恶改优生保护法联络会"成立(东京—全国)
	9月10日	召开首次针对女性老龄化问题的研讨会(发起人:樋口惠子)
1983年	4月26日	内阁会议上发表了在总理府总务长官、首相、审议会等职位上推进对女性的任用的发言
	5月20日	成立亚洲女子劳动者交流中心(塩沢美代子)
	6月1日	寺泽光子成为历史上首位女性地方法院院长
	10月22日	"10.22集会",呼吁制定真正的有利于男女雇用平等的法律
	11月15日	财团法人"市川房枝纪念会成立",市川房枝基金创设
1984年	1月30日	妇女问题企划推进会议向首相提出了与废除女性歧视条约早期批准有关的志愿书
	3月22日	妇女问题企划推进本部召开"亚洲太平洋地区妇女国际会议"
	3月26—31日	亚太经济社会委员会民间的公共研讨会实行委员召开了"加深亚太地区经济社会的联系—民间女性的会议"
	4月19日	劳动省向妇女少年问题审议会咨询《男女雇用机会均等法》纲要(5.9汇报)
	4月	农水省总结了"为使农村妇女社会地位提高的提议"
	5月	修改《国籍法》《户籍法》部分内容,出生时父母一方为日本国民时可取得日本国籍(1985.1.1施行)
	6月4日	文部省成立"家庭科检讨会议"
	7月1日	劳动省妇人少年局改组为妇人局
	7月21—22日	地方自治体妇女团体召开首届全国规模女性会议"日本女性会议84名古屋"
	7月27日	《男女雇用机会均等法》在众议院获得通过
	11月22日	妇女问题企划推进本部召开了"'联合国妇女的十年'世界会议之全国会议'联合国妇女的十年'的成果与展望"会议
	总结	这一年度,文部省将家庭教育综合研讨会改组为家庭教育综合推进事业,实行新规预算化

续表

年份	月　日	事件
1985 年	4 月 1 日	生活保护基准的男女差别解除
	4 月 9 日	总理府发表《妇女的现状与政策实施》国内行动计划报告书（第四次）
	5 月 1 日	修改后的《国民年金法》确立了"妇女年金权"（妇女领取养老金的权利）（1986.4.1 施行）
	6 月 1 日	《男女雇用机会均等法》颁布
	6 月 25 日	国会批准《消除对妇女一切形式歧视公约》（7.25 生效）
	10 月 14 日	妇女问题企划推进本部召开了"面向公元 2000 年的全国会议"，举行了首次女性劳模表彰仪式
	11 月 8 日	"推进联合国妇女的十年议员联盟"改称为"推进联合国妇女 2000 年议员联盟"
	11 月 22 日	妇女年联络会召开"联合国妇女的十年日本大会——平等、发展、和平，面向 2000 年的行动"
1986 年	1 月 27 日	制定《女子劳动基准规则》
	3 月 24 日	"妇人问题企划推进会议"改组为"妇人问题企划推进有识者会议"（会议主席：高桥展子）
	4 月 1 日	《男女雇用机会均等法》施行
		修改施行《劳动基准法》，废止一部分保护妇女的规定，扩充了对母性保护的规定
	4 月 21 日	财团法人女性职业财团成立（高桥展子）（1993 年改为财团法 21 世纪职业财团）
	4 月 23 日	临时教育审议会发表了"关于教育改革的第二次汇报"（向终身学习体系过渡、家庭教育力的恢复、社会教育的激活等）
	9 月 8 日	土井多贺子担任社会党委员长，成为日本政治史上首位女性党首
1987 年	1 月 28 日	野田爱子就任日本历史上首位女性高等法院长官（札幌）
	5 月 7 日	妇女问题企划推进本部决定"面向公元 2000 年的新国内行动计划——指向男女共同参加型社会的形成"
	8 月 7 日	临时教育审议会在关于教育改革第四次汇报（最终汇报）中，倡导终生学习体制的整治
	12 月 24 日	教育课程审议会提倡中学、高中家庭科男女共修

续表

年份	月 日	事件
1988 年	3 月 10 日	农林省设立农山渔村妇女节
	12 月 10 日	国际妇女节联络会发表"面向 2000 年的民间行动计划"
1989 年	3 月 24 日	制作了"妇女现状和施策与新国内行动计划相关的报告书"
	7 月 23 日	参议院选举中 22 位女性当选参议员,创历史纪录
	8 月 3 日	包括短期大学在内的大学升学率,女性首次超过男性
	8 月 25 日	森山真弓任内阁官房长官
1990 年	2 月 8 日	国际协力事业集团(JICA)设置"开发与女性"援助研究会
	6 月 9 日	厚生省发表了 1989 年的合计特殊出生率 1.57% 为史上最低
	11 月 17 日	召开 1990 年民间女性会议
	11 月	女性学研究会主办刊物《女性学研究》创刊
	12 月 7 日	妇女问题企划推进本部发动了"面向公元 2000 年的全国会议—接受内罗毕未来战略的重新评估"
1991 年	1 月 1 日	绪方贞子出任联合国难民署高级官员
	4 月 10 日	向首相报告了《妇女问题企划推进有识者会议意见—为了变革与行动的五年》
	5 月 3 日	"妇人问题企划推进本部"决定《面向 2000 年新国内行动计划》(第一次修订)
	5 月 15 日	《育儿休假法》颁布(男女均能获得此权利的可能)(1992 年 4 月 1 日施行)
	10 月 15 日	《关于育儿休假等有关法律施行规则》及基于育儿休假等有关法律《关于业主应该采取措施的方针》颁布(1992 年 4 月 1 日施行)
1992 年	6 月 30 日	政府发表《生活大国五年计划》
	7 月 13 日	劳动省制定《关于介护休假制度等的指导方针》
	12 月 12 日	官房长官河野洋平担任首位妇女问题负责大臣
	12 月 18 日	总理府公布《女性的现状与政策实施——新国内行动计划有关的报告》(第二次)
1993 年	1 月 13 日	总理府召开第一届"妇女问题全国女性领导会议"
	4 月 1 日	初中家庭课实施男女生必修
	6 月 18 日	《改善短时间劳动者雇用管理制度的法律》(《计时工劳动法》)颁布并施行(→12.1 施行)
	8 月 6 日	土井多贺子当选日本历史上首位女众议院议长

续表

年份	月 日	事件
1994年	2月9日	高桥久子成为第一个女性最高法官
	4月1日	高中家庭课实施男女必修
	5月20日	召开关于女子学生就业问题的部长集会
	6月24日	总理府设置男女共同参与审议会,总理府男女共同参与室
	7月	向井千秋成为日本历史上首位女宇航员
	7月12日	法务省公布《婚姻制度等民法改革要纲试行方案》
	12月16日	制定了"关于今后的育儿支援政策实施的基本方向"(即《天使计划》)
1995年	3月1日	告知希望能够将居民卡上的亲缘关系全部统一为"子"
	6月9日	《育儿休假法局部修订法案》颁布(护理休假制度法制法)(→10月1日施行;→1999年4月1日开始施行护理休假)
		国际劳工组织ILO批准有关"拥有家庭责任的男女劳动者的机会与待遇均等"即家族责任条约(156号)
	7月19日	"为了女性的亚洲和平国民基金"设立
1996年	2月26日	在法制会议上,向法务大臣汇报民法修正纲要,引进选择性夫妻别姓制度,吸纳废止非婚生子女继承的区别对待等
	4月	城西国际大学大学院首次设立女性学专业的硕士课程
	5月11日	御茶水女子大学在国立大学中首次设立性别研究中心
	6月26日	部分修改《优生保护法》《母体保护法》颁布(删除了对残疾人歧视的规定)(→9月26日实施)
	7月30日	男女共同参与审议会,汇报"男女共同参与展望——21世纪新的价值创造"
	12月13日	男女共同参与推进本部,制定《男女共同参与2000年计划》
1997年	2月7日	内阁会议裁定有关为确保在雇佣领域的男女机会均等及待遇等的劳动省关系法律的整治的法案
	3月26日	《男女共同参与审议会设置法及法令》颁布(→4月1日施行)
	6月11日	《儿童福祉法部分修订案》颁布(保育所选择利用制度、母子生活支援设施等)(→1998年4月1日施行)
	6月18日	《男女雇用机会均等法》《劳动基准法》修订(禁止招募、采用、分配、晋升上的区别对待,防止性骚扰,"女子保护"规定废止等)(1999年4月1日施行;1998年4月1日部分实行)

年份	月 日	事件
1997年	7月1日	松原恒子担任首位女性事务次官（劳动事务次官）
	7月28日	文部省内设置"教育机关中性骚扰对策省内检查会"
	9月25日	颁布了"伴随着关于为确保在雇佣领域的男女机会均等及待遇等的劳动省关系法律的整治的法案的部分实行的有关关系省令的整备等的省令"及"为了能够保护妊娠中和生产后的女性劳动者进行的保健指导或基于健康检查的指导事项，业主应采取措施的方针"（1998年4月1日施行）
	10月1日	劳动省妇人局改为女性局，都道府县妇人少年室改为女性少年室等劳动省组织名称进行变更
	10月4日	为纪念参议院创立50周年，召开女性国会
	11月8日	"思考性与健康的女专家之会"成立（堀口雅子）
	12月3日	行政改革会议最终报告（内阁府重置有关男女共同参与的计划调整，并且男女共同参与会议被决定安置在内阁府）
	12月5日	养老金审议会发表《21世纪的养老金选择——养老金改革的五项选择》
	12月15日	劳动省发表《职场上的性骚扰研究会》的报告书
1998年	5月12日	琦玉医科大学伦理委员会在国内首次获得对性别认知障碍的女性患者进行变性手术的认可
	5月16日	日本家庭暴力防止信息中心成立（大协雅子）
	5月27日	北京，JAC（日本山岳会）就"目标50%女性议员——让永田町成为男女共同参与事业的地方"
	11月4日	男女共同参与审议会汇报《男女共同参与社会基本法——构筑男女共同参与社会的基本条件》
	12月12日	"护理者网络"成立（一番濑濑康子）
	12月21日	思考少子化对策的有识者会议中，向首相提出"为构建梦想中的家庭及能育儿的社会（提出建议）"
1999年	4月1日	施行《为了确保在雇佣领域的男女机会均等及待遇均等的有关劳动省关系法整治的法律》以及《关于育儿休假·看护休假等进行育儿或家庭看护的劳动者的福祉的法律》
	5月26日	《禁止儿童卖春法》公布并施行
	5月27日	男女共同参与审议会报告发布《以构筑没有对妇女施暴的社会为目标》

续表

年份	月　日	事件
1999 年	6 月 23 日	《男女共同参与社会基本法》颁布并施行
	7 月 7 日	颁布《关于修正一部分确保劳动者派遣事业的正当运行及整治派遣劳动者就业条件法的法律》（→12.1 施行）
	7 月 16 日	《食品、农业、农村基本法》（促进女性参与）颁布并施行
	11 月 1 日	农林水产省策划制定《农村山村男女共同参与推进方针》，通知都道府县的知事，农林水产业关系团体的领导等
	12 月 17 日	少子化对策推进关系部长会议，制定《少子化对策推进基本方针》
2000 年	1 月 20 日	"女性与工作未来馆"开馆（东京，首任馆长：樋口惠子）
	2 月 6 日	太田房江任大阪府知事，成为日本历史上首位女性知事
	3 月 10 日	参议院通过了在规定的请假理由中增加"生产"的修订案
	6 月 8 日	日本学术会议大会采纳《关于改善女科学工作者环境的希望》
	7 月 31 日	男女共同参与审议会发表《关于对女性施暴的基本方针政策》
	9 月 26 日	男女共同参与审议会发表《制定男女共同参与基本计划的基本构想》
	12 月 12 日	《男女共同参与基本计划》制定
2001 年	1 月 6 日	内阁府设置男女共同参与会议（议长：福田康夫），男女共同参与局（局长：坂东真理子）；厚生劳动省设置雇用均等儿童家庭局（局长：岩田喜美枝）
	4 月 14 日	《防止配偶间的暴力及保护被害者的法律》颁布并施行
	6 月 23—29 日	第一届男女共同参与周实施
	11 月 16 日	修订《育儿介护修业法》（导入了儿童看护休假制度，禁止育儿、看护休假理由中的无薪待遇等）（除去一部分→2002.4.1 施行）
2002 年	8 月 2 日	公布《健康增进法》（→2003.5.1 施行）
2003 年	7 月 8 日	第 29 次联合国废除女子歧视委员会对日本政府的报告进行审议，提出间接歧视，对女性的暴力行为、拐卖妇女（人口买卖）、歧视少数民族女性、非婚生子女等问题（8.7 公布）
	7 月 16 日	男女共同参与会议处理、监视投诉专门调查会发表"收集、整理、提供关于男女共同参与信息的调查讨论结果"
		《次世代育成志愿对策推进法》公布并施行
	7 月 30 日	《少子化社会对策基本法》颁布（→9.1 施行）

续表

年份	月 日	事件
2004 年	4月17日	女权主义者经济学日本公共论坛设立大会
	5月25日	厚生劳动省发表第一个《母子家庭白皮书》
	6月2日	《防止配偶间的暴力及保护被害者的法律》（扩大到原配偶，暴力概念也扩大了）部分被修改，颁布并施行（→12.2施行）
	6月13日	《劳动者派遣法》修改（解禁了对制造业的派遣管制）
	7月30日	扇千景任参议院议长，成为日本历史上参议院首位女议长
	12月3日	首次《少子化社会白皮书》公布
	12月8日	《修订一部分关于育儿休假·看护休假等进行育儿或家庭看护的劳动者的福祉法的法律》（→2005.4.1施行）
2005 年	4月1日	《次世代育成支援对策推进法》修改后颁布并施行
	12月27日	《男女共同参与基本计划（第二次）》制定

参考文献

中文文献

1. 吴廷璆：《日本史》，南开大学出版社 1994 年版。
2. 王金林：《简明日本古代史》，人民出版社 1984 年版。
3. 吕万和：《简明日本近代史》，人民出版社 1984 年版。
4. 万峰：《日本近代史》，中国社会科学出版社 1981 年版。
5. 宋成有：《新编日本近代史》，大学出版社 2006 年版。
6. 李卓：《中日家族制度比较研究》，人民出版社 2004 年版。
7. 尚会鹏：《中国人与日本人》，北京大学出版社 2000 年版。
8. 王家骅：《儒家思想与日本文化》，浙江人民出版社 1990 年版。
9. 李卓：《日本近现代社会史》，世界知识出版社 2010 年版。
10. 胡澎：《性别视角下的日本妇女问题》，中国社会科学出版社 2010 年版。
11. 杜芳琴：《女性观念的衍变》，人民出版社 1988 年版。
12. 赖肖尔：《日本人》，译文出版社 1980 年版。
13. 李小江：《历史、史学与性别》，江苏人民出版社 2002 年版。
14. 胡澎：《战时体制下的日本妇女团体（1931—1945）》，吉林大学出版社 2005 年版。
15. 乔素玲：《教育与女性》，古籍出版社 2005 年版。
16. 张萍：《日本的婚姻与家庭》，中国妇女出版社 1984 年版。
17. 王桂：《日本教育史》，教育出版社 1987 年版。
18. ［日］幻石井透：《日本战后教育的回顾与反思》，王符等译，暨南大学出版社 1991 年版。
19. ［日］大田尧：《战后日本教育史》，王智新译，教育科学出版社 1993 年版。

20. 梁忠义：《战后日本教育研究》，教育出版社1993年版。
21. 梁忠义：《日本教育》，教育出版社2000年版。
22. 祝淑春：《明治教育思想研究》，博士学位论文，南开大学，2002年。
23. 陈永明：《日本教育》，高等教育出版社2003年版。
24. 于洪波：《日本教育的文化透视》，河北大学出版社2003年版。
25. 王慧荣：《近代日本女子教育研究》，中国社会科学出版社2007年版。
26. 吴佩军：《日本企业雇佣制度的历史考察》，中国社会科学出版社2010年版。
27. 赵敬：《当代日本女性劳动就业研究》，中国社会科学出版社2010年版。
28. 李卓：《家族制度与日本的近代化》，人民出版社1997年版。
29. 崔世广：《日本现代化过程中的文化变革与文化建设研究》，河北人民出版社2009年版。
30. 李卓：《家族文化与传统文化——中日比较研究》，人民出版社2000年版。
31. ［日］独立行政法人国立女性教育会馆编著：《日本的女性与男性》，全国妇联妇女研究所译，当代中国出版社2007年版。
32. ［日］井上清：《日本妇女史》，周锡卿译，生活·读书·新知三联书店，1958年版。
33. ［日］日本内阁总理大臣官房男女共同参与规划室编：《日本妇女的现状与政策的实施》，郝玉珍等译，辽宁人民出版社1995年版。
34. 单艺斌：《女性社会地位评价方法研究》，九州出版社2004年版。
35. 祝平燕、周天枢、宋岩：《女性学导论》，武汉大学出版社2007年版。
36. 周颜玲（Esther Ngan-Ling Chow）、［美］凯瑟琳·W.伯海德（Catherine White Berheide）主编：《全球视角：妇女、家庭与公共政策》，王金玲等译，社会科学文献出版社2004年版。
37. 魏国英：《女性学概论》，北京大学出版社2000年版。
38. 袁锦绣：《女性权益保护法律制度研究》，人民出版社2006年版。
39. 李银河：《女性权利的崛起》，文化艺术出版社2003年版。
40. ［日］坂胁昭吉、中原弘二：《现代日本的社会保障》，杨河清、冯喜良、吕学静等译，中国劳动社会保障出版社2006年版。
41. 崔万有：《日本社会保障研究》，北京师范大学出版社2009年版。

42. 吕学静：《日本社会保障制度》，经济管理出版社 2000 年版。

日文文献

1. 社会保障研究所編：『女性と社会保障』，東京大学出版会 1993 年版。
2. 日本婦人団体連合会：『格差社会と女性』，ほるぷ出版 2006 年版。
3. 植野妙実子、林瑞枝：『ジェンダーの地平』，中央大学出版部 2007 年版。
4. 高島道枝：『現代の女性労働と社会政策』，御茶の水書房 1993 年版。
5. 伊藤陽一、杉橋やよい：『男女共同参画統計データブック：日本の女性と男性』，ぎょうせい 2009 年版。
6. 高橋保：『女性をめぐる法と政策：原理・体系・課題』，ミネルヴァ書房 2008 年版。
7. 塩田咲子：『日本の社会政策とジェンダー：男女平等の経済基盤』，日本評論社 2000 年版。
8. 日本婦人団体連合会：『男女平等＝前進と逆流』，ほるぷ出版 2003 年版。
9. 日本婦人団体連合会：『少子化と女性』，ほるぷ出版 2007 年版。
10. 高橋保：『法律でみる女性の現在：ライフサイクルと法』，ミネルヴァ書房 1999 年版。
11. 日本図書センター：『女性と社会階層』，2007 年版。
12. 佐々木静子：『女性のライフサイクルと法：家庭・職場・社会』，ミネルヴァ書房 1987 年版。
13. 笠原一男：『女性が変わる社会が変わる』，リブリオ出版 1997 年版。
14. 網野善彦：『女性の社会的地位再考』，御茶の水書房 1999 年版。
15. 三木妙子：『家族・ジェンダーと法』，成文堂 2003 年版。
16. 大沢真理：『21 世紀の女性政策と男女共同参画社会基本法』，ぎょうせい 2002 年版。
17. 神野直彦：『福祉国家とジェンダー』，明石書店 2004 年版。
18. 藤井治枝：『日本型企業社会と女性労働：職業と家庭の両立をめざして』，ミネルヴァ書房 1995 年版。
19. 岩間暁子：『女性の就業と家族のゆくえ：格差社会のなかの変容』，東北大学出版会 2008 年版。

20. 辻村みよ子：『ジェンダーと法』，不磨書房，信山社（発売）2005年版。
21. 嵩さやか、田中重人：『雇用・社会保障とジェンダー』，東北大学出版会 2007 年版。
22. 労働調査会出版局：『社会保障法令便覧』，労働調査会 2005 年版。
23. 坂東眞理子：『日本の女性政策：男女共同参画社会と少子化対策のゆくえ』，ミネルヴァ書房 2009 年版。
24. 堀江孝司：『現代政治と女性政策』，勁草書房 2005 年版。
25. 天野正子［ほか］編，斎藤美奈子編集，天野正子解説：『ジェンダーと教育』，岩波書店 2009 年版。
26. 日本労働研究機構：『高学歴女性の労働力率の規定要因に関する研究』，2000 年版。
27. 久場嬉子、竹信三恵子：『「家事の値段」とは何か：アンペイドワークを測る』，岩波書店 1990 年版。
28. 女性史事典編集委員会：『日本女性史事典（コンパクト版）』，新人物往来社 2002 年版。
29. 久武綾子：『夫婦別姓：その歴史と背景』，世界思想社 2003 年版。
30. 江守五夫：『母権と父権：婚姻にみる女性の地位』，弘文堂 1973 年版。
31. 岡本英雄、直井道子：『女性と社会階層』，東京大学出版会 1990 年版。
32. 盛山和夫、原純輔：『ジェンダー・市場・家族における階層』，日本図書センター 2006 年版。
33. フィフティ・ネット女性と政治・政策センター：『女性議員比率上昇に関する影響調査：女性は違いをつくれるか』，2004 年版。
34. 大森真紀：『現代日本の女性労働：M 字型就労を考える』，日本評論社 1990 年版。
35. 女性史総合研究会：『日本女性史研究文献目録』，東京大学出版会 2003 年版。
36. 橘木俊詔：『現代女性の労働・結婚・子育て：少子化時代の女性活用政策』，ミネルヴァ書房 2005 年版。
37. 木本喜美子、深澤和子：『現代日本の女性労働とジェンダー：新たな視角からの接近』、ミネルヴァ書房 2000 年版。
38. 真橋美智子：『女子の高等教育と職業および家庭の問題』、日本図書センター 2004 年版。
39. 仙波千枝：『良妻賢母の世界』、慶友社 2008 年版。
40. 金子幸子［ほか］：『日本女性史大辞典』、吉川弘文館 2008 年版。
41. 福武直：『日本社会の構造』、東京大学出版会 1987 年版。
42. 江原由美子、山田昌弘：『ジェンダーの社会学入門』、岩波書店 2008 年版。
43. 山田昌弘：『「婚活」現象の社会学：日本の配偶者選択のいま』、東洋経済新報社 2010 年版。
44. 佐藤宏子：『家族の変遷・女性の変化』、日本評論社 2007 年版。
45. 藤原千賀、武見李子編集、原ひろ子監修：『変わりゆく婦人労働』、日本図書センター 2006 年版。
46. 藤原千賀、武見李子編集、原ひろ子監修：『はたらく女性のための育児休職』、日本図書センター 2006 年版。
47. 本田由紀：『女性の就業と親子関係：母親たちの階層戦略』、勁草書房 2004 年版。
48. 鹿野政直：『現代日本女性史：フェミニズムを軸として』、有斐閣 2004 年版。
49. 日本経済新聞社：『女たちの静かなる革命――「個」の時代が始まる』、日本経済新聞社 1998 年版。
50. 落合恵美子：『21 世紀家族へ』、有斐閣 2004 年版。
51. 内閣府男女共同参画局：『男女共同参画白書：国際比較でみる男女共同参画（平成 15 年版—平成 18 年版）』、国立印刷局 2003 年版。
52. 内閣府男女共同参画局：『逐条解説男女共同参画社会基本法』、ぎょうせい 2004 年版。
53. 内閣府男女共同参画局監修：『わかりやすい男女共同参画社会基本法』、有斐閣 2001 年版。
54. 内閣府男女共同参画局：『男女共同参画基本計画』、財務省印刷局 2001 年版。
55. 総理府：『男女共同参画白書（平成 10 年版—平成 22 年版）』、大蔵省印刷局 1998 年版。

56. 黒川俊雄、嶋津千利世、犬丸義一等：『労働者の生活と家事・育児』、日本図書センター 2006 年版。
57. 水谷英夫：『ジェンダーと雇用の法』、信山社 2008 年版。
58. 辻村みよ子：『ジェンダーの基礎理論と法（東北大学 21 世紀 COE プログラムジェンダー法・政策研究叢書；第 10 巻）』、東北大学出版会 2007 年版。
59. 水野紀子：『家族：ジェンダーと自由と法（東北大学 21 世紀 COE プログラムジェンダー法・政策研究叢書；第 6 巻）』、東北大学出版会 2006 年版。
60. 佐々木静子：『女性が変える生活と法：男女共同参画社会をめざして（シリーズ「女・あすに生きる」；14）』、ミネルヴァ書房 2000 年版。
61. 白石玲子：『資料で読む女性・家族と法』、フォーラム・A1997 年版。
62. 労働政策研究・研修機構：『女性の働き方と出産・育児期の就業継続：就業継続プロセスの支援と就業継続意欲を高める職場づくりの課題（労働政策研究報告書；No. 122）』、労働政策研究・研修機構 2010 年版。
63. 山田昌弘、白河桃子：『「婚活」時代』、ディスカヴァー・トゥエンティワン出版 2008 年版。
64. 労働政策研究・研修機構：『出産・育児期の就業継続と育児休業：大企業と中小企業の比較を中心に（労働政策研究報書；No. 109）』、労働政策研究・研修機構 2009 年版。
65. 労働政策研究・研修機構：『結婚・出産・育児期の退職と再就職：女性のキャリア形成と課題（労働政策研究報告書：No. 105）』、労働政策研究・研修機構 2009 年版。
66. 神崎智子：『戦後日本女性政策史：戦後民主化政策から男女共同参画社会基本法まで』、明石書店 2009 年版。
67. 林千代：『婦人保護事業五〇年』、ドメス出版 2008 年版。
68. 労働政策研究・研修機構：『子育て後の女性の再就職課題とその解決（労働政策研究報告書；No. 96）』、労働政策研究・研修機構 2008 年版。

69. 辻村みよ子、河上正二、水野紀子：『男女共同参画のために：政策提言（東北大学 21 世紀 COE プログラムジェンダー法・政策研究叢書；第 12 巻）』，東北大学出版会 2008 年版。
70. 舟橋恵子、宮本みち子：『雇用流動化のなかの家族：企業社会・家族・生活保障システム（家族社会学研究シリーズ：6）』，ミネルヴァ書房 2008 年版。
71. 嵩さやか、田中重人：『雇用・社会保障とジェンダー（東北大学 21 世紀 COE プログラムジェンダー法・政策研究叢書；第 9 巻）』，東北大学出版会 2007 年版。
72. 生田久美子：『ジェンダーと教育：理念・歴史の検討から政策の実現に向けて（東北大学 21 世紀 COE プログラムジェンダー法・政策研究叢書：第 4 巻）』，東北大学出版会 2005 年版。
73. 労働政策研究・研修機構：『研究調整部研究調整課．介護休業制度の導入・実施の実態と課題：厚生労働省「女性雇用管理基本調査」結果の再分析［本編］，サマリー（労働政策研究報告書：No. 21）』，労働政策研究・研修機構 2005 年版。
74. 愛知淑徳大学ジェンダー・女性学研究所：『ジェンダーの交差点：横断研究の試み』，彩流社 2009 年版。
75. 横山文野：『戦後日本の女性政策』，勁草書房 2002 年版。
76. 北九州市立男女共同参画センター"ムーブ"：『結婚：女と男の諸事情』，明石書店 2010 年版。
77. 大海篤子：『ジェンダーで学ぶ政治社会学入門：男女平等の未来のために』，世織書房 2010 年版。
78. 大山七穂、国広陽子：『地域社会における女性と政治（東海大学文学部叢書）』，東海大学出版会 2010 年版。
79. 川人貞史、山元一：『政治参画とジェンダー（東北大学 21 世紀 COE プログラムジェンダー法・政策研究叢書；8）』，東北大学出版会 2007 年版。
80. 井上輝子，江原由美子編；浅野千恵［ほか著］：『女性のデータブック：性・からだから政治参加まで第 4 版』，有斐閣 2005 年版。
81. 女性の政治・社会参画をめぐって：『女性の政治意識及び社会意識の形成過程に関する研究』，東京女性財団 1994 年版。

82. 市川房枝記念会出版部：『女性と政治：進出への実践と方法：市川房枝生誕 100 年記念国際シンポジウム』，市川房枝記念会出版部 1994 年版。
83. 市川房枝記念会出版部：『女性参政関係資料集：女性参政 60 周年記念』，市川房枝記念会出版部 2006 年版。
84. 金井景子：『女学校と女子教育（コレクション・モダン都市文化／和田博文監修：47）』，ゆまに書房 2009 年版。
85. 進藤久美子：『ジェンダーで読む日本政治：歴史と政策』，有斐閣 2004 年版。
86. 一番ヶ瀬康子、奥山えみ子編：『婦人解放と女子教育（現代日本女子教育文献集／真橋美智子編集；第 3 期，男女平等からの提言；26）』，日本図書センター 2005 年版。
87. 一番ケ瀬康子：『現代女子教育批判（現代日本女子教育文献集／真橋美智子編集；第 2 期．思想と職業の自立を求めて；20）』，日本図書センター 2004 年版。
88. 藤井治枝：『これからの女性と女子教育（現代日本女子教育文献集／真橋美智子編集；第 2 期．思想と職業の自立を求めて：19）』，日本図書センター 2004 年版。
89. ハンネローレ・ファウルシュティッヒ＝ヴィーラント：『著池谷壽夫監訳．ジェンダーと教育：男女別学・共学論争を超えて』，青木書店 2004 年版。
90. 三浦展：『下流社会第 2 章：なぜ男は女に" 負けた" のか』，光文社 2007 年版。
91. 橋本紀子、逸見勝亮：『ジェンダーと教育の歴史』，川島書店 2003 年版。
92. 一番ケ瀬康子：『高齢社会の女性福祉（論集女性解放における福祉と教育問題；1）』，ドメス出版 2003 年版。
93. 深谷昌志：『良妻賢母主義の教育（新装版，増補）』，黎明書房 1990 年版。
94. 池木清：『女共同参画社会と教育』，北樹出版 2000 年版。
95. 松井真知子：『短大はどこへ行く：ジェンダーと教育』，勁草書房 1997 年版。

96. 吉田熊次：『女子教育の理念（近代日本女子教育文献集；第29巻）』，日本図書センター1984年版。
97. 『高等教育と女性：その社会的還元』，大学婦人協会1995年版。
98. 高橋伸子執筆監修：『新・女性の選択：P就職，結婚，子育て，転職，昇進』，マガジンハウス2008年版。
99. 李尚波：『女子大学生の就職意識と行動』，御茶の水書房2006年版。
100. 東京都生活文化局婦人青少年部婦人計画：『課都市型産業の進展と女性の再就職に関する研究』，1991年。
101. 社会政策学会：『婦人労働問題（近代女性文献資料叢書；29．女と職業；第5巻）』，大空社1993年版。

网络资料

1. 中国妇女网，http：//www.women.org.cn/。
2. 日本内阁府男女共同参画局，http：//www.gender.go.jp/index.html。
3. 日本政府统计窗口，http：//www.e-stat.go.jp/SG1/estat/eStatTopPortal.do。
4. 日本内阁府：《国民生活白书》，http：//www5.cao.go.jp/seikatsu/whitepaper/index.html。
5. 日本厚生劳动省，http：//www.mhlw.go.jp/。
6. 日本文部科学省，http：//www.mext.go.jp/。
7. 日本社会实况数据图录，http：//www2.ttcn.ne.jp/honkawa/index.html。
8. 东京大学，http：//www.u-tokyo.ac.jp/index_j.html。
9. 青山学院，http：//www.aoyamagakuin.jp/index.html。
10. 中国网・观点中国，http：//opinion.china.com.cn/opinion_73_14773.html。

后　记

　　本书是在笔者的博士学位论文基础上完善成稿的。2008年9月，笔者有幸考入南开大学日本研究院，师从李卓教授攻读日本社会文化史方向的博士研究生。

　　由于自己才疏学浅，博士论文选题期间，多有困惑与迷茫。现代化进程中，日本女性在参政、就业、教育、婚姻家庭等方面的权益有了翻天覆地的变化，笔者希望以女性的视野对日本女性发展与权益问题进行观察与思考，在导师李卓教授指导与鼓励下，笔者最终确定了现代日本女性的权益问题作为研究选题。

　　选题确定之后，2009年笔者有幸获得日本文部奖学金的资助，作为交换留学生赴日留学一年半。期间，笔者收集了大量的最新资料，并走访了日本一些女子大学、女性活动中心等，为论文撰写提供了一手资料，奠定了坚实基础。进入论文撰写阶段，导师李卓教授悉心指导，从构思、框架到写作、修改、成文，一字一句，一点一逗，无不渗透着老师的严谨和心血。在学术成长道路上，李卓教授以她开阔的国际视野、扎实的治学态度影响、激励着我，带领我从懵懂无知走向日本研究的新世界，不仅传授宝贵的学术知识，更传承对学术的执着追求、永不放弃的精神。本部书稿出版之际，又在百忙之中欣然撰写序言，在此谨向恩师李卓教授致以诚挚的谢意！

　　在此书即将出版之际，还要衷心感谢南开大学日本研究院的杨栋梁教授、宋志勇教授、赵德宇教授、刘岳兵教授、温娟老师、乔林生老师、臧佩红老师等，各位师长的教诲和指导进一步开拓和丰富了笔者的研究视野和研究内容。感谢日本史研究专家宋成有教授、张健教授、程永明研究员、胡澎研究员、陈秀武教授，女性史研究专家杜芳琴教授等诸位师长，他们在答辩之际提出了许多宝贵的修改意见，使笔者获益匪浅。赴日留学期间，笔者有幸得到日本立教大学社会学部野吕芳明教授的热情指导，他从日本学者的视角对论文的构思与写作提出了很多中肯意见，日语指导老师田森侑子等也对笔者的留日生活给予很大帮助，在此一并表示感谢。同时，感谢读博期间并肩学习、互相鼓励的同窗们。感谢爱人、父母和女儿，一路走来，其中的艰辛与付出，我会铭记在心并以加倍的努力来回报。

本书能够出版，得益于河南师范大学学术专著出版基金、河南师范大学外国语学院重点学科项目的资助，感谢中国社会科学出版社的张林等诸位编辑同志为本书出版所给予的热忱帮助。

在日本研究领域特别是日本女性问题研究方面，我还是一名新人，受自身学术水平与文献资料的局限，书中一定存在不少疏漏谬误之处，恳请学界专家及各位读者不吝赐教，我也将在以后的学习和研究中更加努力，将本课题的欠缺之处更加完善，以此来回报各位对我的鞭策与鼓励。

张冬冬

2014 年 10 月于河南新乡